マーケティングのための因果推論

偶然と相関の先へ進む因果思考
― マーケ戦略を再定義する分析スキルとは

漆畑充、五百井亮 [著]

ソシム

■注意
(1) 本書は著者が独自に調査した結果を出版したものです。
(2) 本書の一部または全部について、個人で使用する他は、著作権上、著者およびソシム株式会社の承諾を得ずに無断で複写／複製することは禁じられております。
(3) 本書の内容の運用によっていかなる障害が生じても、ソシム株式会社、著者のいずれも責任を負いかねますのであらかじめご了承ください。
(4) 本書に掲載されている画面イメージ等は、特定の設定に基づいた環境にて再現される一例です。また、サービスのリニューアル等により、操作方法や画面が記載内容と異なる場合があります。
(5) 本書の内容についてのお問い合わせは、弊社ホームページ内のお問い合わせフォーム経由でのみ受け付けております。電話でのお問い合わせは受け付けておりませんので、あらかじめご了承ください。
(6) 商標
本書に記載されている会社名、商品名等は、一般に各社の商標または登録商標です。

はじめに

　広告を出稿する理由は、突き詰めれば「売上を向上させるため」です。一方で、その効果が他の要因（他の広告や季節性、広告配信対象者の偏りなど）とどう絡み合っているのかを見極めるのは簡単ではありません。本書は、こうした課題に対して因果推論という科学的な手法をマーケティングに応用することで、「どの広告・施策がどれだけ効果をもたらしたのか？」という問いに答えます。

　因果推論に関する書籍を最近よく目にするようになりました。しかし、これらの多くは医療や公共政策をテーマにしたもの、あるいは一般論を扱う学術書が中心です。一方で本書は、ある程度の厳密さを保ちながらも、学術書のような難解さを避け、数式を極力使わずに因果推論の基本を丁寧に解説しています。その上で、マーケティングに焦点を当て、具体的かつわかりやすく示しています。

　そもそもマーケティングとは何でしょうか？
　マーケティングは複数の要素で構成されており、様々なフレームワークが研究者や実務家によって提案されています。そして、それらは概ね類似しており、大体が「①誰が顧客なのか」「②顧客の課題を解決するものは何か」「③それをどうやって提供するか」「④どのように顧客に伝えるか」という要素から成り立っています。
　一般的に、マーケターは仮説にもとづきこれら変数を設定し、テスト → 検証 → 再度仮説設定というサイクルを繰り返します。その中でも特に、マーケターは「④どのように顧客に伝えるか」、つまり広告やキャンペーンに莫大な時間とお金を使ってきました。一方で、その効果は藪の中でもあります。

19世紀末の実業家ジョン・ワナメーカーの至言は、今日までのあらゆるマーケターの疑問を代弁しています。

広告費の半分が金の無駄使いに終わっている事はわかっている。
わからないのはどっちの半分が無駄なのかだ。

彼ら（彼女ら）がデータに期待するものは広告投資の効果測定と定量的な説明ですが、それは難易度が高いと考えられています。一般的に広告出稿費と売上は連動しているように見えますが、このような関係を統計学では「相関」と呼びます。しかし、複数広告媒体で同時にキャンペーンを行った場合、仮にその期間売上が上昇しても、どの広告媒体の効果であったのかを知るのは困難です。また、需要に季節性があるような商材に対して、需要が大きくなる季節のみに広告を投下し売上が増加したとしても、それが季節要因なのか、広告効果なのかは判別できません。つまり、標語的に言えば「相関は必ずしも因果を示さない」ということです。

しかし、マーケティングにおいて効果測定のための実験を行うことは、あまり現実的ではありません。なぜならば、貴重な予算を実験のためだけに使用するという意思決定ができるステークホルダーは少ないからです。また仮に実験ができたとしても、商材やブランドの違いからその結果を一般化することができません。そもそも理科の対照実験のように、効果を測定したい量以外が全て同じ条件であるという前提には無理があります。従って、マーケティングでは実際のキャンペーンの後に得られたデータをもとに個別検証することになります。このような方法を、観察研究と呼びます。

観察研究は先述したように、検証したい広告媒体の出稿費と売上の連動を見れば良いという簡単なものではありません。観察研究で得られたデータは実験データと異なり、広告出稿量が他の変量（例えば、

他の媒体の出稿量や季節性）に依存しているからです。そのために因果仮説を立案し、それをもとに季節性のような出稿費と売上双方に影響を与えるものに対して適当な処理を行うことで、観察研究データをあたかも実験で得られたデータのように見なします。大雑把に言ってしまえば、この考え方こそが因果推論の骨子となります。

冒頭でも述べましたように近年、医療や公共政策における因果推論の話題を見聞きする機会が増えてきています。その中で本書は、マーケティングをテーマに因果推論の基本から応用までを解説しています。ただし、因果推論を用いたマーケティングの実験やその結果を紹介するのではなく、あくまで「マーケティングを舞台として因果推論を学ぶ」というスタンスであることにご留意ください。

本書の第 1 章では 2 つの変数の関係の一般論を紹介し、相関と因果、そして偶然の違いを説明します。またシンプソンのパラドックスなど、因果の誤謬の例も紹介します。第 2 章では舞台をマーケティングに移し、マーケティングの問いに対する因果推論の必要性を述べ、第 3 章ではマーケティングにおける実験デザインと因果推論の適用について説明します。

第 4 章では、因果推論の大家である Pearl のフレームワークである DAG やバックドア基準について、そして第 5 章では時系列に関する因果推論の話題として Causal Impact などを、第 6 章では Rubin らの傾向スコアについて解説します。そして第 7 章では、機械学習との接点を含む最近のトピックについて取り上げます。

本書が、マーケティングにおける意思決定をデータに基づくより科学的なものへと進化させる一助となり、読者の皆様が新たな発見と知見を得るきっかけとなれば筆者としては望外の喜びです。

目次

はじめに ……………………………………………………………………… 003

第1章 データは重要であるが万能ではない
データは因果を語ってはくれないのか？

1.1 相関か因果か、それともただの偶然か
-データの限界 ……………………………………………………………… 014

- ■ マーケティングにおける相関と因果
- ■ 相関と因果の違いを理解する
  ［データと散布図］
  ［与えられたデータの相関係数］
  ［因果関係にあっても相関関係を見いだせない例］
- ■ データだけでは相関・因果の識別は難しい
  ［「図1.1.5 生成された因果と疑似相関データ」の補足］
- ■ たまたま相関があるように見える
  ［因果探索について］

1.2 下手の考え、休むどころか損をすることも
-誤った推論による帰結 …………………………………………………… 028

- ■ 身近にある眉唾なジンクス
- ■ 背景要因の見落とし
  ［論文をエビデンスにした誇大広告に注意］
- ■ 偏った対象を分析してしまう
- ■ 誤りのパターンを理解する

1.3 地域別でのキャンペーンは大成功でも、全地域で見たら逆の結果に？
-シンプソンのパラドックス ……………………………………………… 036

- ■ 地域別キャンペーンとその効果
- ■ 背後にある第3の変数の影響
- ■ どのように分析するのか
  ［体重が増えると足が速くなる？］

1.4 年度末に契約した人の解約率はなぜ高いのか?
-合流バイアス ……………………………………………………… 043

- ■年度末契約者の解約率
   [イケメンは嫌なやつ?]
- ■どのように分析するのか
   [選択バイアスと機械学習モデル]

第2章 マーケティングにおける因果関係
その広告・キャンペーンにはどれだけの意味があったのか?

2.1 ゼロではないが、どの程度なのかはわからない
-広告はどれくらい有効なのか ……………………………………… 054

- ■マーケティングにおける広告・キャンペーン
- ■広告費用の行方
   [広告効果についての研究例]
   [今まで以上に広告効果が注目を集める理由]

2.2 できそうで、できない…
-正確な効果検証はなぜ難しいのか ………………………………… 062

- ■広告効果の検証が難しい理由
- ■商習慣による制約
- ■媒体によって利用できるデータが異なる
- ■同時多発的な広告プロモーション時の各種広告効果
- ■広告以外の売上に与える要素の影響
- ■広告の長期的効果
   [マーケティング・ミックス・モデリング(MMM)]

2.3 マーケティングの舞台設定
-マーケティングにおける因果推論の位置付け ……………………… 072

- ■マーケティングのメカニズム
   [コインモデルで考える]
- ■因果推論の役割

2.4 当たればいいのか? わかればいいのか?
-予測問題と因果推論 ………………………………………………… 084

- ■因果関係は不明だけど予測は可能

- ■因果関係の解明より予測で十分な場面もある
- ■予測の仕組みを通して因果と相関を比較する
  [線形回帰モデルによる予測]
  [広告を費用ではなく投資と考える]

第3章 手間はかかるが信頼できる「実験」によるアプローチ
実験のあり方と、その実行可能性について

3.1 科学的に効果を検証したければ、科学のやり方を真似よ
-実験の必要性 ……………………………………………………………… 096

- ■実験と観察
- ■因果推論の定式化
- ■ランダム化比較試験
  [潜在的アウトカムと処置の独立性の仮定]

3.2 A/Bテスト
-施策検証からランディングページの最適化まで ……………………… 111

- ■A/Bテスト
  [いろいろなA/Bテスト]
- ■適切なサンプルサイズ
  [ベイジアンA/Bテスト]

3.3 ただのA/Bテストとは違う
-実験をもっと効率良く行いたい ………………………………………… 126

- ■走りながら試すバンディットアルゴリズム
- ■多因子のA/Bテスト

3.4 ランダム化実験はビジネスの現場では無理なのか
-観察研究と因果推論への第一歩 ………………………………………… 137

- ■ランダム化実験の倫理的・常識的観点からの制約
- ■ランダム化実験の経済的観点からの制約
- ■成り行きで取得したデータで因果推論

第4章 目で見る因果推論
点と線を描いて因果関係を説明する

4.1 広告と成果の関係を図示する
-DAG ……………………………………………………………………………… 146
- ■共通要因が生み出す分岐型
  ［構造方程式モデル］
- ■共通の結果に到達する合流型
- ■ドミノ倒しに因果が伝播する連鎖型
- ■いろいろな因果構造をグラフで表す -DAG-

4.2 変数を固定して独立、従属をコントロールする
-交絡因子と層別分析 ………………………………………………………… 158
- ■分岐型DAGのバックドアパスを塞ぐ
- ■合流型で層別すると何が起こるのか
  ［DAGと条件付き独立性］
- ■連鎖型の中間点を層別すると何が起こるのか
- ■調整すべき変数を発見するために便利なDAG

4.3 大量の変数があった場合に有効なバックドア基準
-最小の労力で裏道を閉じる ………………………………………………… 172
- ■改めて、バックドアパスについて
- ■バックドア基準
- ■ツールで探すバックドア基準を満たす変数集合

4.4 連続変数の層別のための重回帰分析
-現実的な問題への処方箋 …………………………………………………… 186
- ■具体的に変数を調整するとはどういうことか
- ■重回帰モデルと因果推論
- ■マーケティング・ミックス・モデリングとの関連

第5章 時系列で見る因果推論
分岐した未来を比較する - あの時にこうしていたら

5.1 時系列データと因果関係
-ごく単純な原則とやっかいな特徴 ……………………………………………… 202
- ■ CM効果の測定と時系列データ
  ［いろいろな視聴率とその意義］
- ■ 時間は信頼できる因果関係
- ■ 時系列データ分析の難しさ
- ■ 時系列データの特徴

5.2 ローカルCMの効果を検証する
-差分の差分法 ……………………………………………………………………… 211
- ■ ローカルCMを利用した効果検証
- ■ 差分の差分法
- ■ 平行トレンド
- ■ 実務上の方針案
- ■ 実装例に入る前に〜プログラミング関連の用語説明
- ■ 差分の差分法の実装

5.3 ローカルCMの効果をさらに検証する
-合成コントロール法 ……………………………………………………………… 223
- ■ 差分の差分法が使えない場合
- ■ 平行トレンド仮定が成り立っていなくても使える合成コントロール法
- ■ 合成コントロール法の実装

5.4 全国CMの効果を検証する
-CausalImpact ……………………………………………………………………… 231
- ■ 差分の差分法も合成コントロール法も使えない場合
- ■ 比較対象がなくても使えるCausalImpact
  ［目的変数と説明変数］
- ■ CausalImpactの実装
- ■ 差分の差分法、合成コントロール法、CausalImpactの比較

5.5 トレンドを持ったデータの罠
-見せかけの回帰 …………………………………………………………………… 238
- ■ つい早合点したくなる見せかけの回帰
- ■ 見せかけの回帰への対処法

第6章 比べる因果推論
データを使って「似たもの」を見つけだし比較する

6.1 簡単でわかりやすいが万能ではない
-層別分析の振り返りとその限界 ……………………………………………………… 244

- ■層別分析の振り返り
- ■共変量とバランス
- ■重み付き平均に捉われすぎない方が良い場合
- ■層別分析と次元の呪い

6.2 結局どんな人が自分に投票してくれたのか？
-選挙運動の例から考える層別分析 …………………………………………………… 251

- ■街頭演説の効果測定
- ■データについて注意すべき点

6.3 街頭演説を聴きに来そうな人はどんな人？
-傾向スコアとマッチング ……………………………………………………………… 256

- ■層別分析からマッチングへ
- ■次元の呪いを乗り越える傾向スコア
  ［次元の圧縮としての傾向スコア］
- ■傾向スコアマッチングの実装
  ［マッチングの方法といろいろな距離］

6.4 もう1つの傾向スコアの使い方
-逆確率重み付けと、その他の傾向スコア関連トピック ……………………………… 267

- ■逆確率重み付けの考え方
- ■逆確率重み付けの実装
- ■共変量のバランスの確認
- ■傾向スコアの注意点

6.5 その効果測定結果は、どれほど信用できるのか？
-感度分析 ………………………………………………………………………………… 275

- ■抜け落ちた要因への対応としての感度分析
- ■E-Value
- ■その他の感度分析の手法

6.6 時系列で見る因果推論と比べる因果推論をまとめて理解する
　　－マッチングと差分の差分法・合成コントロール法の比較 ······················· 280
　　■マッチングという観点からの比較

第7章 その他、様々な因果推論
機械学習と因果推論の交差点はどこにあるのか？

7.1 因果推論の機械学習への広がり
　　－アップリフトモデリング ·· 284
　　■因果推論と個別の介入効果
　　■機械学習で商品の購買モデルを構築する
　　　［予測や解釈のために求められる性能］
　　　［教師あり学習と教師なし学習］
　　■アップリフトモデリングとメタラーナーで、個別の介入効果を測定する
　　■決定木とランダムフォレスト
　　■もう1つのアップリフトモデリング、コウザルフォレスト

7.2 マーケティング・ミックス・モデリング
　　－因果推論だけでは終わらないマーケティング運用の枠組み ······················ 303
　　■マーケティング・ミックス・モデリングとは
　　　［インターネット広告市場の成長とマーケティング・ミックス・モデリング］
　　■マーケティング・ミックス・モデリングに特徴的なモデル構造
　　■マーケティング・ミックス・モデリングに使われる手法
　　■マーケティング・ミックス・モデリングの実装

あとがきに代えて ··· 321
参考文献 ··· 322
索引 ··· 328
筆者紹介 ··· 331

第1章

データは重要であるが万能ではない

データは因果を語ってはくれないのか？

　データは「21世紀の石油」と言われています。20世紀に石油がエネルギーインフラとして産業を牽引したのと同様に、データは21世紀のテクノロジーやビジネスの発展において中心的な役割を担ってきました。最近では生成AIの学習にも大規模な言語データが使用されており、その重要性はますます大きくなっていくと考えられます。

　一方で、データは発生した事象の結果を数字及び文字列などで記録したものに過ぎないため、その結果に至った原因は教えてくれません。例えば、マーケティングにおいては広告の出稿と売上の関係が重要ですが、仮に「広告出稿額を増加すると売上も増える」といったデータが得られた場合、広告は売上に寄与したと結論付けるのは早計かもしれません。なぜならば、ある季節によく売れるようなもの（例えば、引っ越し業者など）について、その季節に広告を投下したとすると、それは広告要因ではなく季節要因かもしれないからです。

　この章では、2つの変数間の関係を「相関」「因果」「関係がない」の3つに大別し、特に相関関係と因果関係の違いをデータのみから判別することの難しさを確認します。さらに、因果関係の誤謬（ごびゅう）の有名な例についても紹介します。

1.1
相関か因果か、それともただの偶然か
−データの限界

■ マーケティングにおける相関と因果

データマイニングの有用性を示すエピソードとしては、「おむつとビール」が有名です。手垢の付いた事例ですので、ご存知の方も多いのではないでしょうか[1]。具体的には、子どもをもつ男性がおむつを買うために夕方にスーパーに来店し、そのついでにビールを買っていくという傾向があるため、これらの売り場を近くすることでビールの売上が増加したという話です。詳細は異なるかもしれませんが、大体このように伝えられています。

このような併売ルールを発見し販促に活かすということは、今では当たり前のように行われています。閲覧・購買履歴データをもとにしたレコメンドアルゴリズムは、AmazonやYouTubeなどのビッグテック企業にとっては欠かせない技術です。この技術はアイテム間の購買傾向の類似性を利用しており、その代表的なものとして「相関」という概念があります[2]。

---

[1] POSシステムなどを提供しているNCR社のThomas Blischok氏が、1992年にOsco Drugs社に対して行った分析で発見されたという説が主流のようです。[参考] Tech Monitor「URBAN MYTH DISPROVED: BEER AND DIAPERS DON'T MIX」(1998.4.6)

[2] 古典的なレコメンドアルゴリズムであるGroupLensなどは、相関係数を直接利用する方式です。近年は様々なレコメンドアルゴリズムが提案されており、他の類似性指標を用いる方式や機械学習ベースのものもあります。

このケースにおいて、相関はアイテム間の併売の起こりやすさを示しています。つまり、商品Aと商品Bの相関が高いとは、AとBが同時に購入されやすいことを示唆しているのです。一方で、Aを買ったことが原因でBを買うのか（あるいは、その逆なのか）については何も教えてくれません。

併売されやすいことと、片方の消費がもう一方の商品のニーズを生み出している（つまり、片方の消費がもう一方の消費の原因になっている）ことは異なります。プリンターとインクのような補完財の関係にある場合は、プリンターの購入がインクのニーズを生じさせていることは自明ですが、一方でおむつの購入がビールのニーズを生じさせているとは考えにくいです。プリンターの購入はインクの購入の原因であり、インクの購入はプリンター購入の結果であるため因果の関係にあります。一方で、おむつとビールはただ併売されやすい関係、つまり相関の関係にすぎません。

これらの例をデータで見ると、いずれも2つの商品が併売されやすいことがわかりますが、そのデータの発生メカニズムは明確に異なります。

この違いを理解していないと、「ビールを売るためにおむつの販促をする」という誤った意思決定をしてしまいます。データ・ドリブンマーケティング全盛期の時代であるからこそ、この差異を認識し理解することはマーケターとして重要なのです。

次節では、より一般的な相関と因果について説明したうえで、その違いについて議論します。

相関と因果の違いを理解する

統計学という分野について少しでも学んだことがある方なら、「相

関」という言葉を必ずどこかで耳にしたことがあるはずでしょう。相関は統計学の中心的な考え方であり、この概念を無視した統計学の教科書は存在しません。一方で、「因果」は統計の標準的な教科書ではほとんど触れられていない、または簡単な補足説明として扱われている程度です。ですから。一般的な言葉としては耳にしていても、統計の文脈でお目にかかるのは初めてという方もいるかもしれません。しかし、因果推論を理解するための入り口として、因果と相関の違いを理解することは必須となります。

本節では、これら2つの概念 – 相関と因果 – について、具体的な例を用いて詳しく説明します。また、それぞれの概念がどのように異なるのか、そしてそれらをデータから判別するのが困難であるかについても具体的に確認していきます。

対応している相異なる2つの変数の値が関連して動く傾向にあるとき、この2つは相関していると言います。

この用語は、統計学だけでなく日常的にも広く使用されています。相関を直感的に理解するには、散布図が非常に有効です。散布図は、2つの変数の値をそれぞれ横軸（X軸）と縦軸（Y軸）の座標としてプロットしたものです。図1.1.1の散布図を用いて、相関について詳しく説明していきます。

データと散布図

一般的に、データには表形式データ、画像データ、音声データなど様々なものがありますが、本章ではデータと言えばこのような表形式のデータ及びこれを加工、グラフ化したもののことを指します。

ユーザ	X: 年間来店回数	Y: 購買単価（円）
1001	0	0
1002	2	7,000
1003	1	20,000

> 列を「変数」と呼び、同じ行同士の変数は「対応している」と言います。散布図は1つの行を、対応している2変数の値にもとづいてプロットしたものです。

　図1.1.1 (a) では、Xの値が大きくなるにつれてYの値も大きくなる傾向があります。(b) の図では、Xの値が大きくなると、Yの値は小さくなる傾向があります。いずれも、一方の変数が他方の変数とあるルールにもとづいて関連して動いているように見えるため、(a) (b) ともにXとYは相関関係にあります。特に前者を正の相関、後者を負の相関と呼びます。図1.1.1 (c) では、Xの中心付近までXの増加に対してYは減少し、それ以降はその逆になります。この例でも、XとYは相互に関連して動いているため、相関関係にあると言えます。

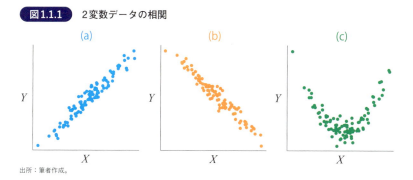

図1.1.1　2変数データの相関

出所：筆者作成。

　一般的な統計学では、相関を「単調に増加または減少する直線関係」として説明していることが多いため、統計学を学んだ方は3つ目 (c) の例に違和感を覚えるかもしれません。しかし、本書では非直線的な関係も相関関係と考えます[3]。この方が、因果関係と相関関係の違いを論じる際に見通しが良いからです。

---

[3] 数理統計学には、無相関より強い独立という概念があります。本書においての相関（無相関ではない）は、「独立ではない」という概念に近いです。

なお、全く関連がない場合は、図1.1.2のようにランダムに点が出現しているように見えます。これを「相関関係なし」としても異論はないはずです[4]。

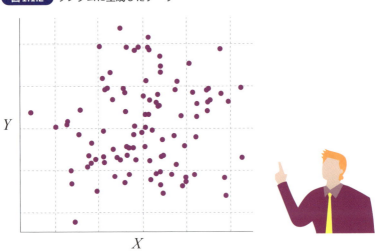

図1.1.2 ランダムに生成したデータ

出所：筆者作成。

> ### 与えられたデータの相関係数
>
> 相関係数は2つの変数の直線的な相関の度合いを、−1.0〜1.0の数値で表したものです。符号が正（負）で、正（負）の相関と呼びます。つまり、双方の増加と減少が同じ方向（反対方向）になっているものです。
>
> 正確な定義は以下の通りです。

---

4) 統計学の教科書では「2つの変数の相関係数が0となるとき、それらは無相関」と定義していることが多いです。しかし、与えられたデータでそれが0となることは現実的にはないため、実務的には、相関しているかどうかは散布図を作成して直感的な判断を下すことが多いです。

> 与えられた2変数のn個のペア $(x_1, x_2, .., x_n)$、$(y_1, y_2, .., y_n)$ に対して、相関係数は
>
> $$\frac{\sum_{i=1}^{n}(x_i-\bar{x})(y_i-\bar{y})}{\sqrt{\sum_{i=1}^{n}(x_i-\bar{x})^2}\sqrt{\sum_{i=1}^{n}(y_i-\bar{y})^2}}$$
>
> で定義されます。ただし、$\bar{x}$、$\bar{y}$ はそれぞれの変数の平均値です。
>
> 相関関係があるかないかを判断するための、相関係数の絶対的な基準はありません。相関係数=0となる場合を「無相関」と言いますが、我々が見ているのは実現したデータですので、そのようなことは現実的にはありません。また、相関係数は直線関係の相関の度合いを表してものであるため、図1.1.1(c)のような場合、2つの変数の相関係数は仮に因果関係があっても小さくなります。

次に、因果とは何かについて考えてみます。文字通り、2つの変数の関係が「原因」と「結果」の関係になっているようなものですが、相関同様、厳密に定義しようとすると哲学的な問いに踏み込んでしまいます[5]。そのため、本書ではもう少しカジュアルに、一方の変数を変化させる（その変数以外は動かさない）と他方の変数の値も変わるような、2つの変数の関係を因果関係と呼びます。

例えば、広告代理店に頼んで広告出稿額を増やすと。広告表示回数も増えます。広告代理店は金額に応じた広告枠を売っているわけですから、そうなっていないなら問題です。従って、この2つの関係は因果関係です（ただし、広告出稿額と売上についての因果関係について言及しているわけではないことに注意してください）。また、一般的に

---

[5] 興味ある方は、ジューディア・パール、ダナ・マッケンジー、夏目大『因果推論の科学「なぜ?」の問いにどう答えるか』（2022）を参照願います。

はこの逆、つまり結果を変動させても原因は変動しません[6]。

この特徴により、因果関係にあるものを散布図にすると相関関係にあることがわかります。つまり、多くの例においては「因果関係があれば相関関係がある」と言えるのです。なお、「多くの例」と述べたのは一部に例外があるからです。例外については、次の「因果関係にあっても相関関係を見いだせない例」を参照してください。

因果関係にあっても相関関係を見いだせない例

因果があっても相関関係にない（ように見える）、非常に極端な例を作ることができます。以下に、『The Incidental Economist』の創設者であり経済学者でもある、Austin Frakt博士の『Causation without Correlation is Possible』（2009）にある例を紹介します。

治療をすればほぼ確実に治り、そうでなければほぼ死亡するという病気と治療を考えます。このとき、病気を罹患している場合はほぼ必ず治療を受けるとすると（つまり、病気と治療の相関が非常に高い場合）、治療と死亡の相関はほぼ消えてしまいます。つまり、一見すると治療の効果がないように見えるのです。

これは、病気の人はほぼ確実に治療を受けるため生存し、そうでない人は死亡しないため、治療の有無によらず（病気以外の要因による死亡を除けば）全員生存というデータが得られるためです。

直感的な説明はこの通りですが、構造方程式でモデリングし、以下のように説明することも可能です。少々内容が難しいので、興味のない方は飛ばしてください。

まず、変数 X、Y、T の取りうる値と状態は次の通りとします。

---

[6] ただし、指定した広告表示回数に応じて後から請求が来る場合は、原因と結果が逆になります。

値	Y	X	T
0	生存	病気ではない	治療なし
1	死亡	病気	治療

またモデル式は、次のように記述できます。

$$T = X + U_T,$$
$$Y = (1 - T) X + U_Y,$$

U_T、U_Y は、この3つの変数以外の影響をざっくりまとめて入れたものです。2番目の式は治療をすれば（$T = 1$ ならば）、病気は必ず治るということを表しています。1番目の式を2番目に代入し Y を計算していくと、次のようになります。

$$Y = X - X^2 + U_T X + U_Y,$$

X は 1 or 0 であり、X と T の相関が非常に高いことから（つまり、U_T は無視できるほど小さい）、次のようになります。

$$Y \approx U_Y.$$

このように、Y は X に依存していないと見なせます。最後の近似は、X と T の相関が非常に大きいという仮定を利用しています。当然、近似なので僅かな X の影響は残りますが、得られたデータだけ見ると、因果があるのに相関がないように見えます。

この命題を議論している因果推論の教科書は、あまりないようです。おそらく、学術的にも実務的にもあまり意義がないからだと筆者個人は考えています。

ところでこの逆、つまり「相関関係があれば因果関係はある」は成立するのでしょうか？

図 1.1.3 は、相関と因果の違いを説明するための極めて有名な例で、

アイスクリームの生産量を横軸、水難事故の件数を縦軸にした散布図です。これは令和4年の日本全国のアイスクリームの生産量と愛知県の水難事故件数から作図したものです。この図から、アイスクリームの売上と水難事故の件数は相関関係があると言えます。図1.1.3内の赤い直線は相関の様子がわかるように記述した近似線です。

図1.1.3　令和4年　アイスクリームの生産量と水難事故件数

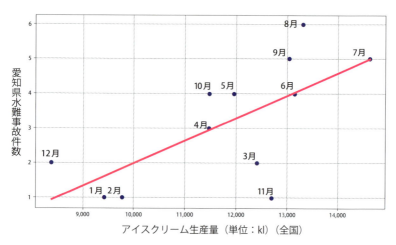

出所：農林水産省「令和4年牛乳乳製品統計」、愛知県警察「水難事故の発生状況」を元に筆者作成。

では、アイスクリームの生産を止めた場合、水難事故は減るのでしょうか？ あるいは、水難事故を減らすためにすべての湖、海を遊泳・立ち入り禁止にした場合、アイスクリームの生産は減るのでしょうか？

常識的に考えれば、いずれもNoです。従って、2つの変数に因果関係はないと考えるのが自然です。

上記の議論から、「相関関係があれば因果関係はある」という主張は必ずしも成り立たないことがわかります。図1.1.3の右上には6月か

ら9月のような暑い季節の点が集中していることから、アイスクリームの生産量と事故の発生は暑い季節に増加することが見て取れます。これは、暑い季節という共通の要素がこれら2つの変数に相関関係を生じさせているのです。因果関係が存在しないにもかかわらず相関関係が見られるとき、これを疑似相関と呼びます[7]。

図1.1.4 背景の暑い季節

暑いとアイスの需要が増加

暑いと水のレジャーが増加

出所：筆者作成。

データだけでは相関・因果の識別は難しい

前述の例の場合、常識から考えて2つの変数間に因果関係はないということが自明でしたが、一般的に相関関係が因果関係を示すのかをデータから判断するのは困難です。図1.1.5は、筆者が人工的に作成したデータです。青色の点は、XY間に因果関係はなく共通変数Zの値に依存するように生成されています。一方、赤色の点はXがYの値に依存するように生成されており、XとYには因果関係があります。

2つとも相関関係にあるということはわかりますが、XとYのどち

---

[7] 1897年にピアソンが提唱した「Spurious Correlations」を日本語に訳したものです。個人的には「疑似因果」の方が適切な表現だと思います。『統計学辞典』（共立出版）では「無意味相関」とも記述されています。『tylervigen.com』（https://tylervigen.com/spurious-correlations）というサイトでは、様々な疑似相関の例が掲載されています。

らが原因・結果の関係にあるのか、またはただの疑似相関なのかは、データを見ただけでは判断が不可能です。もっと複雑なものになると、疑似相関と因果の効果が混在しているようなものもあります。

図1.1.5 生成された因果と疑似相関データ

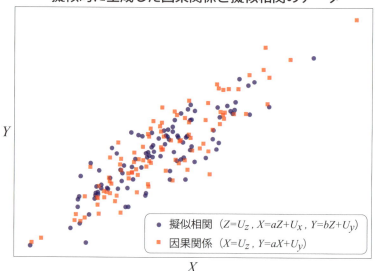

擬似的に生成した因果関係と擬似相関のデータ

凡例：
- 擬似相関（$Z=U_Z$, $X=aZ+U_X$, $Y=bZ+U_Y$）
- 因果関係（$X=U_Z$, $Y=aX+U_Y$）

出所：筆者作成。

「図1.1.5 生成された因果と疑似相関データ」の補足

図1.1.5 のデータの生成方法について、ここで補足しておきます。

・**疑似相関（青色の点）**

他の変数に依存しない乱数を3つ生成し、U_X、U_Y、U_Z とします。$Z=U_Z$ として、適当な定数 a,b を用いて $X=aZ+U_X$、$Y=aZ+U_Y$ とします。Z を通して、X と Y に相関が生じます。

・**因果関係（赤色の点）**

他の変数に依存しない乱数を2つ生成し、U_X、U_Y とします。$X=U_X$

> として、適当な定数 a を用いて $Y = aX + U_Y$ とします。
>
> 以上で用いた方程式は「構造方程式モデル」と言い、データの生成過程をモデル化する便利な道具です。

　このように、データは相関関係を教えてくれるのですが、因果関係については可能性を示唆するにとどまります。

　因果推論の基本は、常識やドメイン知識から検証すべき因果仮説を構築し、データの限界を補いながらその仮説を検証することです。これが本書の主題となります。

たまたま相関があるように見える

　観察されたデータのサンプルサイズ[8]が少ない場合、その出現パターンがたまたま相関しているように見えることがあります。例えば、年間に3品しか売れない商品が3日とも雨の日に注文された場合などです。このとき、天気とこの商品の購買傾向が相関していると考えるでしょうか？

　偶然そうだった可能性も十分あります。よって、このようなときには「相関があるかないかは確定できない」と態度を保留することが考えられます。

　サンプルサイズが十分であると判断するのに、明確な基準はありません。しかし、統計的仮説検定では、結果が偶然とは言い難いと判断する手法が存在します。例えば、商品が販売された100日すべてが雨だったという場合、それが偶然とは言えないという判断を下す方法です。

---

8) 実現したデータの個数のことです。「標本の大きさ」とも呼ばれます。

ただし、その基準が 100 日であるか 50 日であるかは、問題設定者に委ねられます。また、どんなに雨の日数が多くても、それが偶然起きる可能性はゼロではありません。そのため、相関関係があるように見えても、因果関係にないどころか、それもただの偶然かもしれないということです。

因果探索について

因果推論は因果仮説をもとに、その原因となる変数が結果に与える影響を正確に推定することが主なテーマです。そのため、因果仮説自体についてはデータやドメイン知識などから分析者が設定する必要があります。

他方、因果探索はデータから因果仮説をアルゴリズムで発見することがテーマです。本節でも記述した通り、データのみから機械的に判断することは不可能であるため、ある制約を課すことでデータから因果関係を発見できるアルゴリズムが考案されています。

主なアルゴリズムとして、PC アルゴリズム、Greedy Equivalence Search や LiNGAM などがあります。興味のある方は、『統計的因果探索』(清水昌平 (2017)) をご参照ください。

因果推論の陰に隠れがちですが、マーケティングのような多変量データを扱うテーマに対しての適用が今後期待されます。

1.1のまとめ

- 2つの異なる変数の変動が互いに関連しあっている場合、「相関している」と言う。
- 2つの異なる変数が互いに原因、結果の関係になっている場合、「因果関係がある」と言う。
- （例外を除いて）因果関係があれば相関関係にある。その逆は成立しない。
- データのみから、この2つの関係を識別するのは難しい。
- 疑似相関は共通した背景要因によるものと、偶然、相関があるように見える場合がある。

1.2
下手の考え、休むどころか損をすることも
−誤った推論による帰結

■ 身近にある眉唾なジンクス

　アメリカで最も人気のあるスポーツ興行は、NFL（アメリカンフットボールのプロリーグ）だそうです。そしてその中でも、2つのカンファレンスの優勝チーム同士が対決するイベントがスーパーボウルです[9]。1978年にニューヨークタイムズのスポーツライターであるLeonard Koppett氏は、次のような仮説を提唱しました。

> NFL（現在のNFC）所属のチームがスーパーボウルで勝利した場合、その年の残りの期間に株価が上昇し、反対に勝者がAFL（現在のAFC）所属のチームであれば、株価は下落する傾向にある。

　このことからスーパーボウルの勝敗結果を株式市場の先行指標と見なして「スーパーボウル・インジケーター」と呼ぶ人もいます。2022年までに開催された過去55大会と株式市場を比較すると、約7割程度の正答率があるとされています[10]。
　図1.2.1は、スーパーボウルの結果とS&P500のパフォーマンスを示したものです。平均的なS&P500のパフォーマンスは8.5%です

---

[9] 日本人の多くはNFLにあまり馴染みがないためピンとこないかもしれませんが、メジャーリーグ（MLB）で言うところこのワールドシリーズみたいなものとお考えください。
[10] Wikipedia「Super_Bowl_indicator」https://en.wikipedia.org/wiki/Super_Bowl_indicator

が、NFC が勝利した翌年に限れば 10.0% です。

図1.2.1 スーパーボウルの結果と株式パフォーマンス クロス集計表

Metric	Average Year	NFC Wins	AFC Wins
Average Return	8.5%	10.0%	6.9%
Up Years	40	22	18
Down Years	16	7	9
Total Super Bowl Wins	56	29	27
% Higher	71.4%	75.9%	66.7%

出所：NASDAQ「The Super Bowl Indicator: Which Team Should Investors Root For?」(https://www.nasdaq.com/articles/the-super-bowl-indicator%3A-which-team-should-investors-root-for) より筆者作成。

　これまで、統計の愛好家などにより様々な議論がなされてきましたが、アメフトの結果と株式市場の間に科学的な因果関係を仮定することは現実的ではないという見解が主流です。つまり、ただの偶然[11]であるとか、この説が有名になるにつれ、皆がその仮説に従って行動する（例えば、アメフトの勝敗で株の購入を検討するなど）結果として起こっているのではないかと考えられています。

　日本でも、阪神タイガースが優勝すると株価が上がるというジンクスが存在します[12]。話題として楽しむ分には良いでしょう。しかし、ビジネスにおける意思決定の根拠とするには眉唾です。一部の経営者がこのような縁起を担ぐことも事実ですが、あくまで気持ちの整理のためです。

---

11) Investpedia「Super Bowl Indicator: Premise and History」（2024.2.11）(https://www.investopedia.com/terms/s/superbowlindicator.asp)
12) 関西では局地的な経済効果があるようです。会社四季報オンライン「サプライズ⑥ " 猛虎伝説 " 再び？ 関西地盤「夏号」増額 5 銘柄 阪神優勝なら株価上昇のジンクス」（2024.05.31）。 なお、本来ジンクスとは縁起の悪いものだけを指していたようですが、近年日本では良いほうも含めて使われているそうです。

このような半ば冗談みたいなジンクスの類ではなく、一見するだけでは因果関係なのかそうなのかがわからないタイプの問題となると少し厄介でしょう。特にマーケティングでは、それなりの説得力を持つ相関関係を持つデータが得られることが多々あります。そしてデータを眺めているだけでは、事象の因果関係はわからないため、その仮説の妥当性などの検討を怠ると思わぬ落とし穴にはまるかもしれません。

以降の話は多少の脚色をしていますが、筆者の身近であった話です。

背景要因の見落とし

ある月額利用サービスがユーザの解約を防止するために試みたのは、解約者の行動からその特徴を抽出し施策を行うということでした。担当者は、解約前数ヶ月のサービスサイトのアクセスログと解約者の相関分析を行います。その結果、解約に最も相関が強そうな変数は、サービスサイトへの解約日から直近1週間前のアクセス数であり、それが多いほど近いうちに解約しやすいという傾向が見つかりました。

では、皆さんならこの相関関係からどのような仮説を立てるでしょうか？

考えられる仮説としては、次のようなものがあります。

①因果がある。自社サイトへのアクセスが「解約」の原因になっている。
②自社サイトへのアクセスと解約には、前項のアイスクリームと水難事故のような背景要因があり、疑似相関を生じさせている。

本来なら、変数間に因果があるパターンで2通り（$X{\rightarrow}Y$ と $Y{\rightarrow}X$）、疑似相関で1通り、計3通りの仮説が考えられますが、「解約」→「サービスサイトへのアクセス」は利用したデータの時系列的に考え

なくて良いので省略します。

　ユーザが自社サイトへアクセスすればするほど、その態度が解約に変容するとはあまり考えられません。これが仮に正しいとすれば、自社サービスサイトへのアクセスを制限することで解約率を減らすことができてしまいます。これは明らかに不自然です。

　そこで、背景要因がないかを検討します。まず「解約直前のアクセス数」に注目すると、解約するために解約方法を探し回っている可能性が考えられます。つまり、背景要因としてそもそも「解約したいという意思」があり、それが解約方法を探すために「サービスサイトへアクセスする」、及び「解約」という事象の直接の原因となっているのではないかということです。仮説①と比較して、随分妥当な結論だと思いませんか？

　このように、因果関係か疑似相関かどうかは、データを見ているだけでは識別できません。つまり、ドメインの知識や常識などから判断するしかないということです。

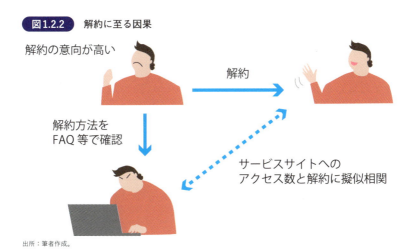

図1.2.2　解約に至る因果

出所：筆者作成。

ところで、このプロジェクトでは解約予兆のあるユーザをリストアップしてフォローするという施策が打ち手でした。そのため、解約予測ができれば良かったため、因果と相関の違いにそこまで神経質にならないで済んだのですが（予測モデルの場合は当たればOKのスタンスであるため、因果か相関かは特に興味がない。詳細は2章で説明）、それでもモデルの説明資料の一部に「アクセス数が多いユーザは、まもなく解約する可能性がある」という一見不思議な文言が残ることになったのです。皆さんの会社の謎ルールは、もしかしたらこのような誤った推論の帰結なのかもしれません。

論文をエビデンスにした誇大広告に注意

　M.B. Purbaらの2001年の論文『Skin wrinkling: can food make a difference?』では、たくさんの野菜とオリーブオイルを食べる人は皮膚のしわが少ないことを示唆しています。しかし、一般的にオリーブオイルは高価であり、それを購入する余裕がある人はオフィスワーカーが多いと考えられます。オフィスワーカーは日光にさらされる時間が相対的に少なく、その結果としてしわが少ない可能性があるわけです。

　だから、この研究結果をそのまま受け入れて、オリーブオイルを摂取すればしわがなくなると結論付けるのは短絡的です。しかし、オリーブオイルの販売業者は、その効果のお墨付きを得たとして宣伝をするのでした。

　医師であり『デタラメ健康科学――代替療法・製薬産業・メディアのウソ』の著者でもあるBen Michael Goldacre氏は、このような科学（のようなもの）に対して警笛を鳴らしています[13]。

---

13) TED（https://www.ted.com/talks/ben_goldacre_battling_bad_science?l）。ベン・ゴールドエイカー：「悪い科学とのバトル」

偏った対象を分析してしまう

　とある法人用サービスを提供している会社では、売上高の大きさによって優先的に営業を行う「見込み顧客」を定義しています。具体的には、売上高が300億円以上の見込み顧客に対しては積極的に電話やアポイントメントの設定を行い、それ未満の会社に対しては問い合わせが来た場合のみ対応するというやり方です。

　このような運用が正しいかどうかを検証するために、実際にこのサービスを購入した会社に対して「継続してサービスを購入する意向」があるかの調査を行いました。その結果、売上高が300億円未満の会社の方が、それ以上の会社より「継続してサービスを購入する意向」の割合が高いという結果が出ています。つまり、普段の運用で積極的に営業・提案してきた先よりも、そうでない先の継続意向が強かったのです。
　さて、この会社は営業戦略を見直すべきでしょうか？

　この結果に納得するのも1つの選択肢ですが、少し考えてみてください。売上が300億円未満の会社は、営業が売りに来てくれないので自分で商品を見つけ自ら足を運んで買った会社が多いため購入意向が高い、とは考えらないでしょうか？
　一方で、売上300億円以上の企業は、そこまで購入意向が高くなかったとしても押しに押されて満更でもなくなっただけではないかとも考えられます。すると、購入者は「購入意向が元々高い」もしくは「会社の売上が300億円以上」の層が多くなりますよね。そのため、購入企業に限って分析すると、売上が小さい会社（300億円未満）は購入意向が高く、売上が大きい会社（300億円以上）はその逆という傾向が見出せるわけです。つまり、2つの変数に負の相関関係（疑似相関）が生じてしまうのです。

ということは、これだけで「300億円未満先を優先するように営業戦略を変える」というのは早計だということになります。

図1.2.3　購入に至る因果

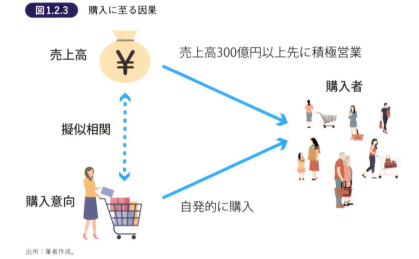

出所：筆者作成。

ところで、この問題は「購入企業に限って分析した」ために起きています。正しく分析するには、顧客になりうる企業全体で行うべきでしょう。今でこそ、このような話は常識になりつつありますが、筆者が広告会社に中途入社したころ（2013年くらい）は、購買ユーザだけを分析して購買者の特徴を捉えようとしている人たちがまだ大勢いました。

結論としては、「購買者を知りたければ、購買していない人たちと比較せよ」ということです。

誤りのパターンを理解する

ここまでで、「データを見ているだけでは相関関係に対して誤った判断をしてしまう」ということをご理解いただけたかと思います。

誤りのパターンは、大別すると次の2つです。

①因果のあるものを見落としてしまう。
②疑似相関を因果関係と見なしてしまう。

　これは筆者の経験則なのですが、①はあまり問題にならないことが多いようです。（例外もありますが）相関は因果の必要条件であるため、散布図を描画するなどして、因果関係にありそうかどうかをスクリーニングするのは難しくないからです。一方、②の疑似相関による誤謬（ごびゅう）は、背後にある要因によりバイアスが生じるため、一筋縄では見抜けません。また、人間自体が関連性のないものをこじつけるように思考しやすいというのも、これに拍車をかけています。

　本節で紹介した2つの事例は、いずれも②のパターンです。次節以降では、隠れた因果構造が生み出す、間違いやすい代表的な問題について詳しく述べていきます。

1.2のまとめ

- 因果関係をこじつけたジンクスは、ビジネスの世界でもよく見られる。しかし、このようなもので意思決定してはいけない。
- 得られたデータをそのまま分析しただけでは、一見すると正しそうに見える因果関係っぽいものに騙されやすい。
- これらは背後の共通要因によって起こるものと、背後の異なる要因の共通結果によって起こるものがある。

1.3
地域別でのキャンペーンは大成功でも、全地域で見たら逆の結果に？
—シンプソンのパラドックス

■ 地域別キャンペーンとその効果

　消費財の製造業者であるA社は、マーケティング戦略の一環として、地域別の広告キャンペーンを展開しました。このキャンペーンの対象地域は、関西と関東の2つの主要エリアです。A社は元々、関西地域を主要な市場としていて、その地域での商品浸透率やブランドの知名度は非常に高い状態でした。しかし、関東地域においてはその浸透が十分ではなく、知名度もまだまだ改善の余地があったのです。そのため、今回の広告キャンペーンでは、主に新規のお客様に対してA社のブランドや商品をより広く知ってもらうため、関東地域における広告出稿の割合を増やしました。

　広告キャンペーンの実施後、A社は調査会社を通じて効果測定を行います。具体的には、広告を見た人々と見ていない人々の間で、A社の商品の購買割合がどのように変化したかを調査しました。

　調査結果は、図1.3.1 (a)に示している通りです。これを見ると、関東・関西いずれも、広告を見た人々の方がそうでない人と比較して購買割合が高いことから、広告の成果は十分あったと言えます。担当者は上長に報告するため、関西と関東の両地域を合わせた購買割合の比

較表を作成しました（図 1.3.1 (b)）。しかし、全体で見ると広告を見ていない人の方がA社の商品の購買割合が高かったことがわかり、これには担当者も困惑しました。

図1.3.1 広告の閲覧有無と購買有無のクロス集計表

(a)

関東	購買無	購買有	横小計	購買割合
広告閲覧有	1,980	117	2,097	5.6%
広告閲覧無	200	7	207	3.4%
縦計	2,180	124	2,304	5.4%

関西	購買無	購買有	横小計	購買割合
広告閲覧有	110	12	122	9.8%
広告閲覧無	550	42	592	7.1%
縦計	660	54	714	7.6%

(b)

全体	購買無	購買有	横小計	購買割合
広告閲覧有	2,090	129	2,219	5.8%
広告閲覧無	750	49	799	6.1%
縦計	2,840	178	3,018	5.9%

出所：筆者作成。

　このように、ある変数で切り出した一部分（この例では「関西」「関東」の部分に分けている）のデータで集計した場合と、全体のデータで集計した結果に整合性がなくなる現象を、シンプソンのパラドックスと言います[14]。

背後にある第3の変数の影響

　不整合な結果が出た場合、担当者はどちらを正解として報告すべきでしょうか？

　何度も話してきていますが、これはデータからだけでは判断することができません。データの解釈は、その背後にあるデータの生成過程に深く依存しています。つまり、一見して明確な答えがない場合、因果の仮説を立てて、それが妥当かどうか判断する必要があるのです。

---

[14] シンプソンは1951年に発表した『THE INTERPRETATION OF INTERACTION IN CONTINGENCY TABLES』の中で、クロス集計表を用いて、部分での集計と全体での集計で結果の整合性が異なる例を提示しています。当時はパラドックスという言葉は使われていなく、背後要因も共通因子（交絡因子）に限定したものでなかったようです。

このように考えてみます。今回は関東に多く広告を投下するということでしたので、地域は広告出稿量に影響を与えます。また関西においての浸透率は関東においてのそれより高く、広告によらない普段からの購買量は関西の方が大きいと考えられます。そのため、地域は広告出稿量と関係なく売上にも影響を与えます。つまり、地域は 1.2 節の例で見たような、原因と結果双方に影響を与える第 3 の変数です。結論から言えば、この変数の存在がシンプソンのパラドックスの原因です。広告の場合、地域や消費者の属性などが第 3 の変数となり得ます。

このケースにおいて、第 3 の変数がどのような悪さをしているか確認してみましょう。まず多くの広告が投下された関東は、浸透率が低いため元々の購買割合も小さいです。一方で、関西は広告出稿こそ控えめでしたが元々の購買割合が高いため、ボリューム層である広告を見ていない人々の購買割合もそれなりに高い水準になってしまいます。そのため、地域を合併させて全体で集計を行うと、地域ごとの結果と矛盾が生じるのです。

図 1.3.2 を見ると、比較的ボリュームの大きい「関東で広告を見た」層と、「関西で広告を見ていない」層の購買割合に、全体のそれが引っ張られている様子がわかります。

つまり、このようなパラドックスは地域性が広告の閲覧有無のみならず、購買そのものにも影響を与えることから生じているのです。第 4 章で詳しく説明しますが、この地域性のような第 3 の変数を、交絡変数（因子）と呼びます。

このケースでは、広告閲覧の有無が購買意向に影響を与えるため、自社サービスサイトへのアクセス数と解約の関係とは異なり、さらに 1 本、因果関係の線が多い図になります。本来ならないはずの因果に

図1.3.2 地域ごとの広告閲覧有無による購買割合の違い[15]

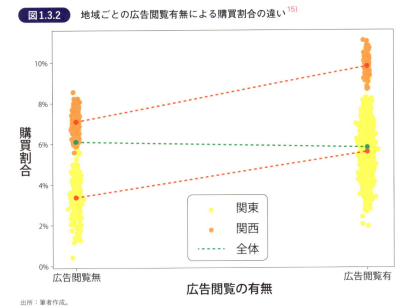

出所：筆者作成。

相関が生じるのではなく、この例のように、疑似相関が本来あるはずの因果関係を打ち消し、広告効果を過小評価してしまうと考えられるのです。

図1.3.3 本件の因果仮説と交絡因子の図

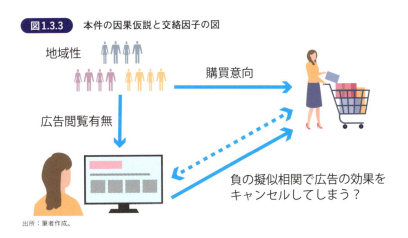

出所：筆者作成。

[15] 散布図を見やすくするために、クロス集計表の購買割合の値を中心に点が散らばるようにしています。

どのように分析するのか

シンプソンのパラドックスのような関係が見られた場合、正しく分析をするためにはどうしたら良いのでしょうか？

先の例の図 1.3.1 のような因果関係があると仮定すると、ユーザの地域という変数を通して、広告の閲覧有無と購買割合に存在しない負の相関を生じさせています。そこで、地域性が与える 2 変数の影響の線の、どちらか一本を切断できないか考えてみましょう。

これに対する素朴なアイデアは、中学生の頃に理科で習った対照実験です。つまり、広告の閲覧有無以外、全く同じ条件（もしくはそれに近い）のグループ同士の購買割合を比較すれば良のです。こうすると、地域性と広告閲覧の関係はスパッと切れてしまう訳です。

それを実現する 1 つの方法は、関東・関西の人々を一括りにし、ランダムに広告を「配信する人」「配信しない人」に分けて、事後の購買割合を比較するという方法です[16]。この方法はシンプルで強力ですが、ランダムに広告を出すという戦略が受け入れられるかどうかは疑問でしょう。なお、この方法はランダム化実験と言い、第 3 章で詳しく扱います。

もう 1 つは、なるべく「広告閲覧有無」以外の諸条件が同じと見なせるように、適当な加工をデータに施すという方法です。例えば、本例のように「関東だけ、関西だけ」と切り出して分析する方法は、地域の差をなくして諸条件がなるべく同じになるようにしています。この方法は、第 4 章で扱う層別分析のアイデアです。その他にも、「比較対象がなるべく同じものと見なせるように、対象のペアを作る」という傾向スコアを用いた手法があり、これは第 6 章で取り上げます。

---

[16] ただし、配信された広告を熱心に見るか・見ないかなども地域性に依存している場合はこれも考慮しないといけませんが、本例は簡単な説明のため、その影響はないものとします。

疑似相関の多くの例が、この背後要因におけるシンプソンのパラドックスと同じ構造を持っています。そしていずれの例でも、因果関係において妥当な仮説を構築することが重要なのです。

体重が増えると足が速くなる？

シンプソンのパラドックスを理解するには、連続値を使うとわかりやすいです。以下の図は、体重と短距離走の関係を簡単な例で示したものです（実際のデータではないことに注意）。

学年の違いを無視して全体で集計した場合、体重が増えれば足が速くなる（50m走のタイムが小さくなる）という傾向が見えます。言うまでもなく、これは第3の背後要因として、学年というものがあるからです。当然、低学年の子どもと高学年の子どもでは、体格も運動能力も違います。

なお、学年ごとの散布図を見てみると、体重が増えれば足が遅いという直感に矛盾しない結果になります。

図　学年帯ごとの小学生の体重と50M走のタイムの関係

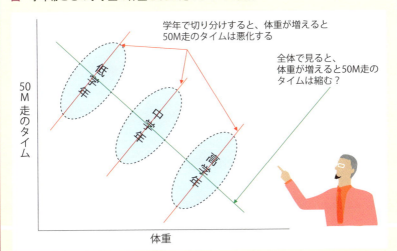

出所：筆者作成。

1.3のまとめ

- ある変数の値で切り出した部分における集計と、全体の集計結果に矛盾が生じる場合がある。これを、シンプソンのパラドックスと呼ぶ。
- これは、背後にある第3の変数の影響によって生じる。
- 正しく分析するためには、まず妥当な因果仮説を立て、それを元に効果を検証したい（本節の例では、広告の閲覧有無の効果）変数以外が同じ条件になるような2群を比較する。
- その方法として、ランダム化実験や層別分析、傾向スコア分析などがある。

1.4 年度末に契約した人の解約率はなぜ高いのか？
－合流バイアス

年度末契約者の解約率

　昔から金融機関では、クレジットカードのような付随するサービスの販売ノルマを若手の従業員に課していることが多いようです。最近では、中小企業向けのWEBビジネスプラットフォームサービスなどにも販売ノルマがあるようです[17]。

　D銀行では、融資先に対して月額制のWEBビジネスプラットフォームサービスの加入を勧めています。若手行員は販売ノルマを課せられ、その締めは年度末です。そのため、特に1–3月はノルマ未達の行員が新規取引先に対して、融資と同時に「お願いセールス」を熱心に行います。結果、すんなり契約しれくれれば良いのですが、残念ながらそうはいきません。やむを得ず行員はノルマのために、「すぐに解約しても良いので契約してください」などと言って契約してもらいます。

　さて、しばらくしてから当該サービスにおけるユーザの解約率を分析したところ、年度末に新規融資を実行したユーザのサービス解約率が非常に高いという結果が出ました。

---

[17] 若手銀行員にはクレジットカードの販売ノルマが課せられることが多いようですが、最近はWEBのプラットフォームサービスなど販売する商材の内容も変わってきています。

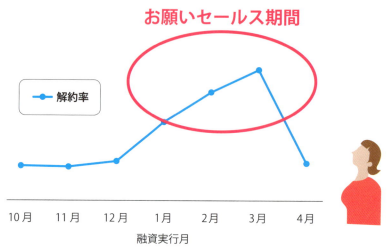

図1.4.1　融資実行月ごとの解約率

出所：筆者作成。

　言うまでもなく、無理をお願いして契約したユーザはすぐに解約します。営業やマーケティングの経験を持つ人にとって、この話は「あるある」として納得していただけるのではないでしょうか。
　このような現象を、因果推論の言葉で合流バイアス[18]と言います。2つ以上の異なる変数が同一の結果の原因になっており、図で書くと結果変数で合流しているように見えるため、この名が付いているのです。合流している事象を、合流点と言います（図1.4.2）。この例では、「融資実行月」と「需要」という2つの原因から契約有無という結果が生じています。

　合流点は契約有無の2通りの値を取りますが、これを契約有のみに限ると、融資実行月と需要に相関が生じます。以下で、このメカニズムについて詳しく説明します[19]。

---

18) バークソンのパラドックス（Berkson's paradox）とも言われます。バークソンは入院患者のみを対象にして分析を行うと、異なる疾患が強い相関関係を持つことを指摘しました。
19) ただし、お願いセールスをするかどうかは、年度末かそうでないかのみに依存するとします。

1.4 年度末に契約した人の解約率はなぜ高いのか？ －合流バイアス

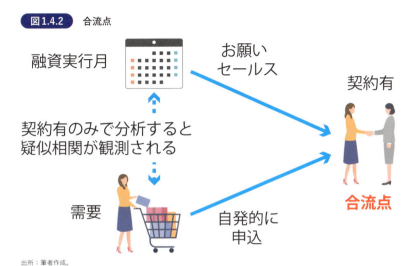

図1.4.2　合流点

　まず、本サービスを契約している先は融資実行が年度末であり、「お願いセールス」を受けたユーザか、需要が高く自発的に契約したユーザ、もしくはそのどちらかが多いはずです。その散布図を簡略化し可視化したのが、図1.4.3です。

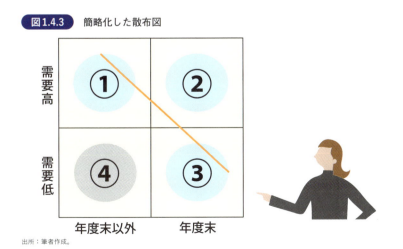

図1.4.3　簡略化した散布図

図内の4つの円は、本サービス契約者の集団だと思ってください。契約者に限れば、年度末以外に新規融資を実行した（つまり、お願いセールスを受けていない）ユーザは、当該WEBサービスへの需要が比較的高いユーザが多く（①）、逆に年度末に新規融資を実行した（つまり、お願いセールスを受けた）ユーザは、そうでないユーザと比較して需要が低いユーザが多く含まれていると考えられます（③）。また、需要が低いユーザはセールスを受けない限り、契約することは稀です（④、全くいないわけではない）。そのため、融資実行月と需要の間に、無意味な相関関係（オレンジの線）が生じます。需要が低い層は継続意向が小さいため、年度末に融資を実行したユーザは解約率が高いという結果になってしまいます。

　ここで、合流バイアスを理解するための簡単な例を紹介しましょう[20]。

　$Z = X + Y$ という因果モデルを考えます。Z は X と Y によってのみ決まり、X と Y には何の関係もありません。つまり、X から Y の値はわかりません。しかし、$Z = 5$ と固定し（値を固定しています。契約者のみで分析することと同じです）、$X = 2$ であることがわかったとすると、$Y = 3$ ということがわかります。X と Y は何の関係もなかったはずですが、Z を固定することで相関関係が生じるのです。

イケメンは嫌なやつ？

　時代的に適切な例かどうかはわかりかねますが、合流バイアスの観点から表題に対しての考察を紹介します。これは数学者 Jordan Ellenberg 博士による『データを正しく見るための数学的思考』を参考に、筆者がアレンジした例です。

---

[20] Pearl, J., Glymour, M., & Jewell, N. P. Causal Inference in Statistics (2016) に、より詳しく書いてあります。

女性が男性と付き合っても良いと判断する基準としては、容姿や性格があります。どちらを重視するかは人それぞれ異なりますが（現実的には好みも異なります）、ある人は総合点で評価するものとします。容姿、性格をそれぞれ50点満点とし、合計が50点を超えた人と付き合うわけです。

容姿の点数をX、性格をYとすると、合計点は$Z=X+Y$で、$Z \geq 50$の点を図示すると次のようになります。赤色の線より上（色が塗ってあるエリア）にあれば、お付き合い可能です。

図　性格得点と容姿得点の散布図

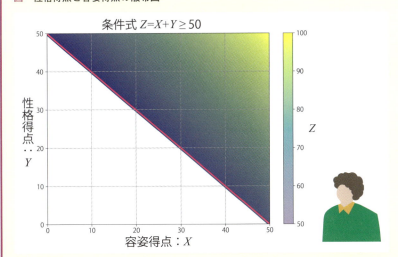

出所：筆者作成。

左下、つまり容姿・性格ともに好みではない場合、お付き合いの関係には至りません。右上は完璧人間ですから、手放してはいけません。

問題は、容姿のみで得点を稼いだタイプです。このタイプは「イケメンなのに、性格に難あり」というケースも多いでしょう。一方、性格で得点を稼いだタイプはこの逆です。従って、お付き合いした男性のみで分析をすると、容姿と性格の間には負の相関があるように見え

> てしまいます。とは言え、必ずしも性格を悪くすればイケメンになるわけでもないですし、イケメンになれば（どうすればなれるのだろうか？）性格が悪くなるわけでもありません。

ところで、1.2節の「偏った対象を分析してしまう」に出てきた例も合流バイアスです。図1.2.3では、購入者という事象で矢印が合流しています。

どのように分析するのか

分析するためには、まずそれぞれの変数間の因果仮説と、因果関係を調べたい変数の組を整理する必要があります。図1.4.4 (a-1) は、X、Yとその両方に影響を与える変数Zからなる図です。これは、1.3節で扱ったシンプソンパラドックスの特殊な場合です。図1.4.4 (b-1) は、X、Yとその両方を原因とする結果変数Zからなる図です。図1.4.4 (a-1) と図1.4.4 (b-1) は、X、Y、Zの区別をなくせば実はまったく同じ図であることがわかります。

ここで、$X \to Y$（赤い矢印）の因果仮説を検証したい場合、図1.4.4 (a-1) のケースでは、1.3節で行ったように部分に切りだして（つまり、Zの値を固定して、1.3の例で言うとZ=関西のように）XとYの集計をします（図1.4.4 (a-2)）。合流バイアスの対処法は、図1.4.4 (b-1) のケースです。この場合はX、YがZで合流しているため、Zの値を固定してしまうと図1.4.3のように無意味な相関が生じてしまうため（図1.4.4 (b-2) の状態）、Zの値で切り出さずに全体で集計・分析します。

このように、まずは因果仮説を設定し、合流バイアスによる影響があるかを確認します。もしそれがある場合はZの値を固定せず、全体

図1.4.4　3変数の因果仮説

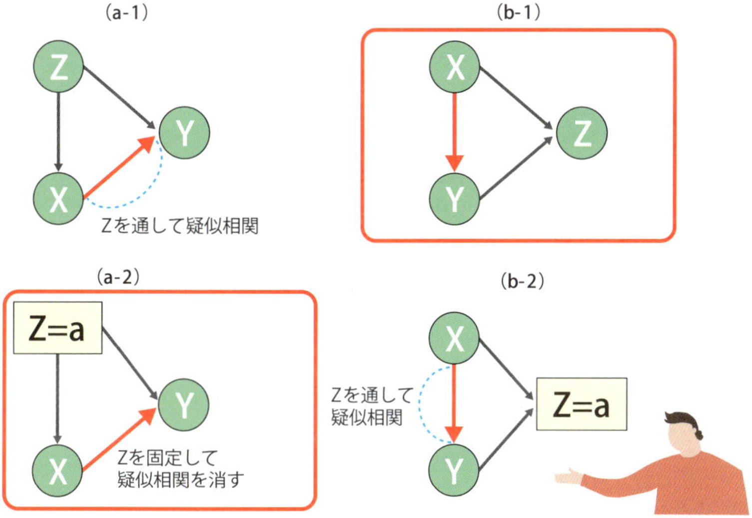
(a-1)
Z
Y
X
Zを通して疑似相関
(b-1)
X
Z
Y
(a-2)
Z=a
Y
X
Zを固定して
疑似相関を消す
(b-2)
X
Zを通して
疑似相関
Z=a
Y

出所：筆者作成。

（本節の例では、契約者のみでなく契約者以外も合わせた全部）で分析するのが定石です。1.3 節の例では地域性が広告と購買に影響を与えるため、関東、関西のように Z の値を固定し分析しましたが、同じ要領で固定しようとすると失敗します。どんな場合でも、X、Y 以外の第 3 変数 Z の値で固定し分析すれば良いわけではなく、因果関係を調べたい 2 変数とその他の変数の因果構造に応じて、柔軟な対応が必要ということです。

なお、この例からも、データだけを眺めていても因果関係の検証はできないということがわかります。因果構造を図 1.4.4 のように可視化する道具を、有向非巡回グラフ（Directed Acyclic Graph: DAG）と呼びます（第 4 章で詳しく説明します）。

ところで、実務内容によっては、合流バイアスの対処が難しい場合もあります。例えば、解約率はそもそも契約者しか算出することがで

きません。このような場合、解約に至る根本要因である「需要の有無や強さ」を、非契約者も含めた全体からのサンプルに対してアンケートで調査するなどします。

　また、もっと簡単に契約時のコンテキストをデータとして記録しておき、そのコンテキストで分類して分析する方法もあります。例えば、「お願いセールス」で契約したのか、自然流入したのかをデータとして記録しておき、「お願いセールス」先を除いて分析するという方法です。インターネット広告の評価の際、流入キャンペーンや流入元メディアなどを取得して、それごとに分析するのも同じ理由からです。

　さて、本章では因果関係と相関関係の違いについて説明してきました。

　因果関係があれば（一部例外を除けば）相関関係もありますが、その逆は成立しません。データのみから因果関係を特定するのは難しく、共通の背景要因による疑似相関が存在する場合があります。共通の背景要因に対して適切な対処をしないと、マーケティングの施策を過大・過小評価してしまうでしょう。

　正しく分析するためには、まずは妥当な因果仮説を立て、それを元に効果を検証したい変数以外が同じ条件になるような2群を比較します。その方法として、ランダム化実験や層別分析、傾向スコア分析などがあります。本書では、これらの因果推論フレームワークを学んでいきます。

選択バイアスと機械学習モデル

　一般的に分析対象とするデータ（標本）は、関心のある集団全体から満遍なくサンプリングされていなければなりません。しかし、データの取得過程で偏りを持つデータがサンプルされることがあります。これを、選択バイアスと呼びます。合流バイアスは選択バイアスの一

因ですが、選択バイアスはより一般的な、サンプル方法に依存した偏りが生じていることを示す概念です。

例えば、法人融資の債務不履行のリスクを分析する場合、関心があるのは企業全体の集合です。しかし、手元にあるデータは自社で実行した融資先のデータのみです。当然、融資実行先に限れば審査の段階でスクリーニングが行われているため、比較的優良な先に限られてしまいます。

分析するだけではなく、機械学習（データを使ってモデルを作り、予測・分類・最適化などのタスクを行う技術のこと）でモデルを構築する場合、偏りのある学習データを用いると不適切です。以下は、Xの値から$Y = 1$となる確率を予測するモデルです。偏りのないデータでモデルを構築したとき、予測スコアは青色の線になります。一方で、$X \geq 100$のみを学習データとして使用したときの予測スコアはオレンジ色の線です。Xの値が小さい箇所で、予測スコアを過大評価していることがわかります。

図　説明変数と予測スコアの関係

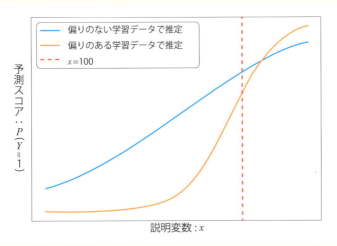

出所：筆者作成。

1.4のまとめ

- 1つの結果に対して複数の要因がある場合、結果を合流点と呼ぶ。
- 合流点の値を固定すると、要因間で無意味な相関関係が生じる。これを、合流バイアスと呼ぶ。
- 合流バイアスへの対処法は、因果仮説と因果関係を検証したい変数のペアを設定し、合流バイアスが生じているかを確認。もしそうであれば、合流点を固定せずに分析する。

第2章

マーケティングにおける因果関係

その広告・キャンペーンにはどれだけの意味があったのか？

　マーケターの仕事は「誰に対して」「どのような価値を」「どのように提供するのか」「それをどのように伝えるのか」を決めて実行することです。その中でも特に、マーケターは「どのように伝えるのか」に対して、つまり広告やキャンペーンに莫大な時間とお金を使ってきました。2023年の広告費は、およそ7兆円に上ります。広告やキャンペーンが売上に寄与することに異論はないでしょう。しかし、その効果を詳らか（つまび）に説明できるマーケターはほぼ皆無です。

　マーケティングにおける因果推論の大きな役割は、広告やキャンペーンと売上の因果関係を検証し、解明することです。広告やキャンペーンの効果は投下量だけでなく、メッセージや施策内容、広告クリエイティブ、チャネル、ターゲットなど様々な要素に影響を受けています。だから、それぞれの効果の有無や大きさを、定量的に評価・検証するのです。

　なお、それぞれは独立ではなく、それら同士の相互作用や、その他要因に影響を受けるため、そこには種々のバイアスがあり、因果・疑似相関関係が入り乱れています。そこで、本章では正しいマーケティング投資の評価のために、因果推論を活用するための基本的な問題設定を行います。

2.1
ゼロではないが、どの程度なのかはわからない
- 広告はどれくらい有効なのか

■ マーケティングにおける広告・キャンペーン

マーケティングほど、その一般論や概念に対して、人によって解釈が異なるものはないかもしれません[1]。しかし、マーケティングにおける因果推論の役割について話すためには、事前にそれに対する共通認識を持つ必要があります。本書では、マーケティングとは「誰に対して」「どのような価値を」「どのように提供するのか」「それをどのように伝えるのか」を、目標達成のために決定し実行して行くプロセスの総称とします[2]。

これら4つの要素は、様々な媒介要因を経て売上に繋がります。従って、これらプロセスを繰り返し要素の内容を試行錯誤することこそが、マーケターの活動に他なりません。

「それを、どのように顧客に伝えるのか」というコミュニケーション戦略において、広告は中心的な役割を果たしてきました。どれだけ素晴らしいものを作り出したとしても、その価値を適切に消費者に伝え

---

[1] American Marketing Association では、「マーケティングとは、顧客、クライアント、パートナー、そして社会全体にとって価値のある提供物を創造し、伝達し、提供し、交換するための活動、機関、およびプロセスの総称です。」(筆者翻訳)と定義しています。
[2] STP や 4P のようなフレームワークはたくさんありますが、要約すると大体この 4 つに類似したものになります。

2.1 ゼロではないが、どの程度なのかはわからない - 広告はどれくらい有効なのか

図2.1.1 本書のマーケティング要素

項目	本書の要素
誰に対して	先進的なマーケティングに興味のあるマーケター
どのような価値を	難解な数式なしで、因果推論とマーケティングの関係を俯瞰できる
どのように提供するのか	書籍として全国書店及びオンライン書店での販売
それをどのように伝えるか	各種広告／書店POPなど

出所：筆者作成。

ることができなければ、その商品やサービスは消費者によって認知されず、結果的に売上につながりません。広告は企業が自社のサービスによる提供価値をターゲットとする人々に、「認知」あるいは「想起」してもらうための有効な手段と考えられています[3]。

決済アプリPayPay（PayPay株式会社）は、キャッシュバックキャンペーンを謳った大規模TVCMを展開しました。その結果、後発でありながら2023年10月時点でユーザ数は6,000万人に達し[4]、QRコード決済の利用者ベースでのシェアは1位（2024年2月時点）となっています[5]。一方で先発ながら、このPayPayの認知作戦に追随できなかった競合サービスは、PayPayの後塵を拝することになってしまったのです。キャッシュレス決済のようなネットワーク効果[6]を持つサービスは、一気に認知を獲得しシェアを拡大することが求められるた

---

[3] 『費用対効果が23%アップする 刺さる広告 − コミュニケーション最適化のマーケティング戦略』（レックス・ブリッグス 他）では、広告が大事な理由として「ブランド価値を向上させる」「顧客数を拡大させる」などを挙げています。
[4] PayPay株式会社 プレスリリース 2023.10.05。https://about.paypay.ne.jp/pr/20231005/01/
[5] MMD研究所 2024.02.13。https://mmdlabo.jp/investigation/detail_2306.html
[6] ネットワーク外部性とも言います。製品やサービスの利用者が増えることで、その製品やサービスの価値や便益が増加し、逆に利用者数が減少すると価値が減少することを指します。

め、特に広告の重要性が大きいことがわかります。

　戦後、メディア広告の中心は新聞でしたが、しばらくしてTV広告が取って代わりました。TVの普及は日本の広告費成長の原動力となり、2000年以降インターネット広告がその市場を牽引し、2023年の日本の総広告費は約7.3兆円に達しています[7]。マーケティングにおいて広告は一要素にすぎませんが、広告代理店をはじめとするマーケティング産業の常に中心的なテーマであり、莫大なお金や人が投じられてきました。

広告費用の行方

　広告が売上に寄与するのは間違いありません。しかし、その真の効果の程度を具体的に尋ねられると、答えに窮する方が多いのではないでしょうか。大量のお金が投じられているにも関わらず、です。

> 広告費の半分が金の無駄使いに終わっている事はわかっている。わからないのはどっちの半分が無駄なのかだ。
> （19世紀末の実業家ジョン・ワナメーカー[8]）

　あまりにも有名なこの格言は、「広告の費用対効果を正しく把握することは可能か？」という疑問を持つマーケターを代弁しています。彼が生きた時代から100年余りが過ぎました。この間「広告効果の測定」に関して様々なアプローチでの試みが行われてきました。

　テレビ広告はGRP[9]とCM認知率のデータを適当なモデル（曲線）に当てはめ評価するという方法が一般的です。図2.1.2は、ビデオリ

---

[7] 電通「2023年 日本の広告費」。
[8] 具体的にいつどの場面での発言なのか詳細は曖昧ですが、格言として言い伝えられています。ジョン・ワナメーカーは19世紀末〜20世紀初頭に活躍した百貨店経営者です。「マーケティングの先駆者」と見なされており、広告効果の文脈では必ずこの格言が引用される人です。
[9] 延べ視聴率のことです。延べなので100を超えます。

サーチ社が調査・分析を行い、作成した GRP と CM 認知率の関係を可視化したグラフです[10]。GRP が大きくなると、認知率も大きくなっていることわかります。

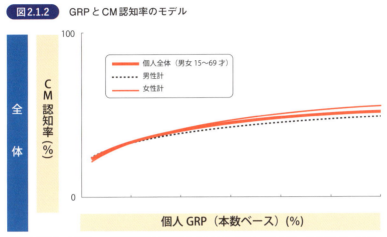

図2.1.2　GRP と CM 認知率のモデル

出所：ビデオリサーチ VR Digest+『CM 認知率の上限値は何パーセントか？〜2022 年「クリエイティブカルテスペシャルレポート」より〜』2023.01.25

　認知者の何割かの消費者が財・サービスを買うと仮定すると、認知率の増分だけ売上が増えるため、広告は寄与していると言えます。ただし、認知から売上に至るまでのタイムラグがあることや、認知率の高いブランドは GRP 投下に対しての効果が小さくなるため、広告に対しての売上のインパクトを厳密に計算するには、一定の掛け目と認知率を掛け算すれば良いとは限りません（とはいえ、この調査結果は TV 広告の実施を肯定するには十分でしょう）。

---

[10] 分析対象はビデオリサーチ社が2019年〜2022年に実施した、約 2,500 素材のテレビ CM の調査結果から算出したものです。当然、一般論ではないため、商材・ブランドによっては必ずしもこの通りではありません。詳しくは、ビデオリサーチ 2023.01.25『CM 認知率の上限値は何パーセントか？〜 2022 年「クリエイティブカルテスペシャルレポート」より』をご参照ください。

インターネット広告の効果測定はもっと明快です。インターネット広告は、キャンペーンと言われる単位でインプレッションやクリック、コンバージョン[11]などをすべて計測することができます。投下費用とコンバージョン数から獲得コストが計算できるので、広告の効果を定量化することが可能です。

　一方で、マス広告であるテレビと異なり、かなり精緻なターゲティングが可能であるため、当該商品・サービスへの関心が高い層ばかりが広告に接触しやすく、第1章で学んだバイアスにより効果が過大評価されやすくなる恐れがあります。また大企業などでは、インターネット広告とテレビ広告、屋外広告など同時に行うこともあり、それぞれの効果が混合し、どの媒体の効果なのか切り分けるのが困難な場合もあります。

　このように、広告媒体に適した方法で広告効果の測定が行われていますが、いずれの媒体も広告の売上への寄与を示しつつも、その程度の大きさや真の因果関係に関しては曖昧さを残しています[12]。曖昧さが残るのは、先述したようにTV広告と売上のタイムラグや、広告対象者に対するバイアスに加えて、あらゆるケースにおいて売上と広告の出稿に影響を与える広告以外の隠れた（そのケースにのみ存在する）特殊な要素がないとは言い切れないため、一般化が困難であるからと考えられます。

　その他にも広告効果に関しての興味深い研究結果がありますが、網羅的にすべてをレビューすることは難しく、また本書の目的でもないので、その他の事例の1つを以下に記載しました。

---

[11] インプレッションは広告の表示、コンバージョンは問い合わせや購買など、インターネット広告における成果のことです。
[12] 広告により売上が必ず増加するならば、広告代理店への対価は成果報酬であっても良いはずです。そうなっていないことからも、そう簡単な話ではないということがわかります。

広告効果についての研究例

「An Analysis of Real World TV Advertising Tests: A 15-Year Update」(Ye Hu et al. 2007) で筆者らは、Information Resources Inc. の調査サービスを用いた広告の投下量が売上に与える影響を統計的に調査しました。実験は BehaviorScan と Matched-Market という2種類の市場調査サービスで行っており、処置グループと対照グループに分け、それぞれのグループ間で広告投下量に差を付け、テスト後の売上の変化率（他の変数の影響を除いた調整量）で比較しています。

1995年-2003年の間に241の製品についてTV広告が売上に与える影響を調査し、1995年以降に実行されたデータに関して、TV広告と売上に統計的に有意な正の関係があったと報告されています。なお、Information Resources Inc. は2022年に The NPD Group と合併し、Circana という新会社で活動しています。
（企業HP　https://www.npdjapan.com/solutions/food）

その他にも類似の研究は多数ありますが、その結果は様々で、一般論といったものを作るのは難しいようです。

今まで以上に広告効果が注目を集める理由

筆者は学生時代、自宅近所の学習塾で講師のアルバイトをしていました。その塾は地元の公立中学生を対象としていたため、新学期が近づくとアルバイト講師全員でチラシを折って封筒に入れていました。それを塾長が、一軒一軒まわりながら投函しに行くのです。毎年のことなので投函数の反応率は決まっていて、どこの地域を中心に何件配るか決めていました。配る地域やチラシのデザインを色々テストすれ

ば、より反応率の高い選択肢があるかもしれませんが、収益が出ているため、わずかな差を求めて手間をかける必要はなかったのです。とにかくターゲットにリーチすれば良いという考えのもとでは、小手先の細工やその効果の検証には時間もお金もかかるだけなのです。

4マス広告が主流の時代は、これと同じような理由から今ほど精緻な効果測定が求められていなかったのではと推測します。一方で、現在はインターネット広告が主流になり、クリエイティブの切り替えや配信ターゲットの切り替えなどが媒体の管理画面などからできるようになっています。そのため広告は一度出稿したら終わりではなく、その効果をモニターしながら運用していくものになっています。その流れからインターネット広告のみならず4マス、屋外広告を含めた全体での広告効果の検証が求められるようになっているのではないかと考えます。

もう1つの理由は、メディア行動の多様化です。2019年にインターネット広告費がTVのそれを超えました。4マスに向いていた消費者の目の多くが、インターネットの世界に分散しているのです。インターネットは単純にTVや新聞と比較して大量のメディアがあるのが特徴ですが、さらにメディア視聴のコンテキストも多様です。かつてのTVのように一家団欒で見るような限られたコンテキストではなく、同じメディアでも寝る前なのか、昼休みなのか様々なコンテキストを持ちます。つまり、広告を出稿する側からすると、コミュニケーションの選択肢が大きく増えてしまったのです。

心理学では「決定回避の法則」あるいは「ジャムの法則」と言い、人は選択肢が多いとより良いものを選びたいとう心理が働き、「エイヤ」で選択できなくなります。そのため、データや統計という合理的かつ客観的な物差しを用いて判断したいという需要が増えてきたので

はと思います。釣り堀も2つしかなかったら適当にどちらかに決めると思いますが、数百もあればそれをレビューしたデータベースに需要が発生するのと同じです。

2.1のまとめ

- 広告はマーケティングの要素の一部であり、消費者に自社の製品やサービスを「認知」「想起」してもらう手段である。
- 広告の有用性は昔から研究されてきており、一般化は難しいが概ね効果ありという結論となった。
- 一方で、その詳細な因果関係や効果の大きさに関しては曖昧さを残したままである。

2.2 できそうで、できない…
-正確な効果検証はなぜ難しいのか

広告効果の検証が難しい理由

　前節で述べたように、従来からある媒体ごとの効果測定により成果の寄与はある程度わかりますが、一方でその正確な因果関係や、その効果の大きさを明確にできていないという問題があります。それに対して、因果推論を用いてアプローチするというのが本書のテーマです。

　そのため、効果検証に伴う難しさの原因が因果推論で対処できるようなもの（バイアスなど）と、そうでないもの（例えば、媒体ごとの成果変数が違うことや、データが不完全であることなど）に切り分けて考える必要があります。本節では、効果検証に伴う実務的、理論的な制約を挙げ、それが因果推論で対応可能かどうかを説明します。

　以下は、効果検証を難しくしていると思われる理由をリストアップしたものです。

①商習慣による制約
②媒体によって利用できるデータが異なる
③同時多発的な広告プロモーションによる、各種広告効果の切り分けによる困難さ
④広告以外の売上に与える要素の影響
⑤広告の長期的効果

　では、それぞれを説明していきましょう。

商習慣による制約

　大企業は、メディアの種類などによって複数の代理店に発注していることがあります。この場合、出稿データが特定代理店のものだけに偏ってしまい、正確な因果仮説を設定できない、もしくはできたとしてもデータが欠けた状態になってしまいます。これは因果推論以前の問題であり、広告主自らが出稿データとその結果を収集し整理する必要があります。

　さらに、広告の効果測定のコストを誰が負担するのかという問題もあります。広告主は広告代理店に対して、効果測定のためだけのコストを払う習慣がありません。そのため、代理店はメディア費用の手数料範囲内で対応することを期待されます。しかし、比較的高度な技術を要するため、取り扱いメディアが小さい（つまり、その分メディア手数料も小さい）広告主の場合、代理店の収益が悪化します。対策としては、広告主が責任を持ち自社で効果測定を行うか、効果測定をメディア買い付けとは別に代理店に有償委託するというのも1つの解でしょう。

媒体によって利用できるデータが異なる

　一般的に、インターネット広告はキャンペーンごとにインプレッション、クリックなどかなり細かいデータを取得できます。一方で、オフライン広告は取得できるデータに限りがあります。TV広告は、いつどこでどれくらいの量が投下（GRP）されたかはわかりますが、実際にTVを見ていた個人が、注視していたのか、ただTVをつけていただけなのかはわかりません[13]。ラジオも同様で、聴取率というデー

---

[13] 注視率（GAP）という、TVを見ているかどうかのデータを取得する方法がありますが、まだそこまで普及していません。人体センサーで、TVの前にいるかを取得しているようです。
REVISIO（https://revisio.co.jp/blog/Be-Xfr3O）

タから広告の投下量を知ることは可能ですが、細かいデータとなると取得不可能です。

　新聞は、モニターを使用した調査データが主です。広告への接触率や接触前後の態度変容をモニターにアンケートして、それをもとに広告を評価します[14]。しかし、実際の購買に紐づいたデータは取得できません。屋外広告となると、取得できるデータはさらに限られます。筆者の経験では、出稿時期と場所以外のデータ程度しか分析に使用できなかったと記憶しています。しかし最近では、GPSなどで取得した人流データから、接触数を推定するといった試みがあるようです[15]。

　オフライン広告とインターネット広告の大きな違いは、前者はコンバージョンを直接計測できないことです。これらの事情から、同時期に様々な媒体で広告を実施した場合、その総合的な広告効果を測定するためには、異なったデータのフォーマットや粒度を揃える必要があります。最低でも、図2.2.1のような投下量（投下費用やGRPに相当するもの）と売上を時系列（日次）で整理したデータが必要です。オフライン広告は直接コンバージョンが計測できないため、日次の売上

図2.2.1　チャネルごとの広告費と売上の時系列テーブル

日付	TV投下量 (GRP)	インターネット広告 _SNS (投下金額)	インターネット広告 _SNS (impression)	インターネット広告 _SNS (click)	インターネット広告 _SNS (conversion)	屋外広告 (投下金額)	売上
2024/4/1	100	10000	100000	100	2	150000	10000000
2024/4/2	150	20000	200000	200	4	150000	20000000
2024/4/3	80	0	0	0	0	150000	8000000

出所：筆者作成。

14) J-MONITOR『読売新聞の広告効果測定』
　　https://adv.yomiuri.co.jp/download/PDF/mediakit/general/mediadata2020/j-monitor.pdf
15) X-Locations『屋外広告の効果測定に役立つ人流データ。広告接触者の居住エリアや行動傾向を把握』
　　https://www.x-locations.com/solutions/jinryu-ooh-analytics/

データを整理し日付で投下量と対応させます。

なお、データは広告主が主導で作成し更新していくのが理想です。データのみでは因果関係は特定できませんが、因果推論においてはデータは必要条件です。

同時多発的な広告プロモーション時の各種広告効果

潤沢な広告費を持つ大企業は、TVCMやネット、雑誌など様々な媒体で同時期かつ一斉に広告・販促キャンペーンを行う場合があります。そして、それぞれの投下量の推移と売上が図2.2.2のように同じ推移をしている場合、売上に対しての寄与がそれぞれの媒体のどの成果なのかわからなくなることがあります。特に、それぞれの広告の推移が完全に同じ動きをしている場合[16]は、因果推論をもってしても正確な効果を検証することはできません。

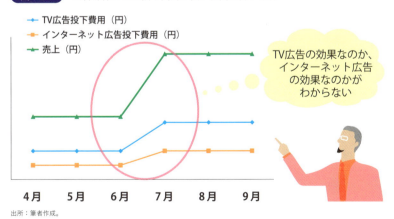

図2.2.2 広告媒体ごとの投下費用が強い相関を持つ場合

出所：筆者作成。

---

16) 例えば、インターネット広告投下量＝TV広告投下量×α＋βのような関係がある場合などです。

第1章でも述べたように、広告の効果が売上に影響を与えているか、及びその効果の大きさを測定するには、効果測定したい広告の変化以外の条件を全て同じ状態にして比較する必要があります。そのためには図2.2.3のように、効果を測定したい広告以外の広告の出稿量を固定して比較しなければなりません。

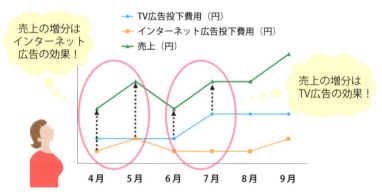

図2.2.3　広告媒体ごとの投下費用が相関しないようにする

出所：筆者作成。

　従って、複数の広告を出稿する場合、出稿広告媒体同士の広告投下量がなるべく相関しないように出稿するのが理想です。ただし、一般的にこのコントロールは現実的には難しいことが多いため、ある程度妥協した分析になることがほとんどです。

広告以外の売上に与える要素の影響

　例えば、ビールは暑い日ほどよく売れると考えられています[17]。そのため、急な猛暑日と広告出稿日が重なってしまった場合、単純に広告

---

17) ニュースイッチ（日刊工業新聞社）『夏場に平均気温が1度C度上がると、ビールの販売量は何本増える？』 https://newswitch.jp/p/9874

の効果で売上が上昇したのか、暑さのためなのかがわからなくなります（図 2.2.4(a)）。

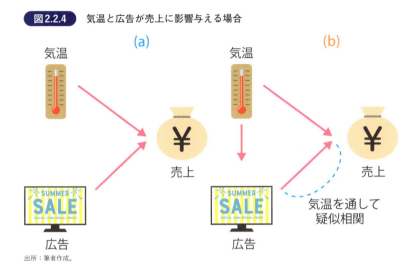

図2.2.4 気温と広告が売上に影響与える場合

さらに、広告に季節性がある場合などでは、問題はより複雑になります。例えば、ビールの広告は需要の高くなる暑い季節に出稿されるとすると（つまり、気温の高低によって広告出稿の有無が決まっている）、気温を介して広告と売上に無意味な相関が生じます（図2.2.4(b)）。この結果、純粋な広告の効果が過大評価されてしまうのです。これは、第1章の1.2節や1.3節で見た例と同様です。

このケースは因果推論が得意とする状況ですので、本書の第3章以降でその対応の仕方をじっくりと学んでいただきます。重要なのは第3の変数だけではなく、第4、5の売上及び広告出稿に影響を与える隠れた変数がないかを十分に検討することです。

広告の長期的効果

インターネット広告の獲得広告のように、インプレッションからコンバージョンまでの時間が短いものもあれば、TV広告のブランド認知広告のようにとても期間の長いものもあります。前者の評価は比較的簡単ですが、後者の場合は広告と成果を紐付けることが難しくなります。

例えば、お金に困って消費者金融からお金を借りようとした場合、聞いたことのあるブランドから借りますよね。この場合、認知時点と消費時点の間には大きなタイムラグがあります。

この問題に対しては、売上に影響する先行指標を仮成果指標としてモニターする方法があります。そして先行指標の候補として、「リーチ数」「認知率」「指名検索数」「自社HPのアクセス数」や「SNSのフォロワー数」などが考えられます[18]。特に、過去データを用いて将来売上を先行指標から精度よく推定できれば[19]、ROIも計算できるのです。

もう1つの方法は、広告投下量を期間で按分配賦するという方法です[20]。例えば、ある日に100の投下を行った広告は、初日に40、翌日に30、3日後に20、4日後に10のように減衰しながら緩やかに効果を発揮すると仮定し、4日後の売上は初日の広告の10が寄与した結果と考える方法です。デメリットは、この減衰効果がどれだけ実態を反映しているかがわからないということです。実務的には図2.2.5のような形になるという仮定を置き、適当な式で表現します。

---

[18] 短期売上を長期売上の先行指標として、短期売上から長期売上を予測する方法もあります。Neilsen『When it Comes to Long-Term Ad Effectiveness, Know Your Numbers』
https://www.nielsen.com/insights/2015/when-it-comes-to-long-term-ad-effectiveness-know-your-numbers/
[19] 例えば、将来売上 = α×先行指標 + β のようなモデルで推定します。
[20] AdStock効果とも言います。参考:wikipedia『Advertising adstock』
https://en.wikipedia.org/wiki/Advertising_adstock

図2.2.5　広告の残存効果

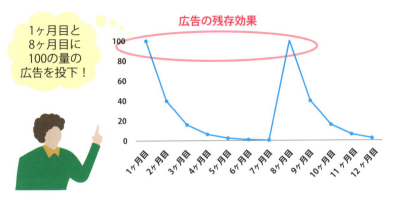

出所：筆者作成。

　ただし、いずれの方法も推定の精度にやや不安が残り、長期的な広告効果をモデリングするには、目先の売上と広告の関係をモデリングするよりもはるかに難しく困難です。

マーケティング・ミックス・モデリング（MMM）

　マーケティング・ミックス・モデリング（以降MMM）は、「投下広告料に対しての成果（売上など）を定量化すること、またはその技術の総称」です。2020年以降、特に広告業界で聞くようになりました。具体的には、広告の費用対効果を統計的にモデリングし、それを用いて予算の最適化を行うことです。

　実装で使用されるモデルは、主に重回帰モデル（もしくは、その派生モデル）です。そのため、各々の広告と売上が原因と結果の関係になっているという仮説のもとでの、連続量の因果推論とも考えられます。広告変数だけではなく、イベントや時系列による影響も考慮した分析が可能です（なお、MMMについては4.4節、7.2節で詳しく説明します）。

図　MMMモデルの概要

成果変数	=	ベースライン	+	メディア	+	イベント	+	時系列変数	+	ノイズ
■売上 ■コンバージョン などの成果変数		■オーガニックでの獲得 ■過去構築したブランドによる影響		paid ■4マス媒体 ■ネット広告 非paid ■PR		■オリンピック ■コンサート ■キャンペーン ■災害		■季節性 ■周期性 ■トレンド		

出所：筆者作成。

2.2のまとめ

- 広告効果の正確な測定は難しい。
- その原因は主に、商習慣や取得できるデータの制約、同時多発的なプロモーションや広告以外が売上に与える影響によるバイアス、広告と売上のタイミングが異なる、などである。
- それらは因果推論のフレームワークで対処できるものと、そうでないものがある。
- そうでないものは、因果推論以前にオペレーションの改善などで対応する必要がある。

▼ 効果検証の困難さの原因と対処法

原因	詳細	対処法
①商習慣による制約	・代理店ごとにメディア取り扱いが分散しているため、総合的な効果測定が困難 ・効果測定のコストを誰が払うのか決まっていない	・広告主が主導でデータを集める ・広告主が独自で行うか、代理店への有償委託
②媒体によって利用できるデータが異なる	メディア媒体ごとに取得できるデータが異なるため、総合的な効果測定が困難	日次ごとに、出稿量と成果（売上など）を並べたデータを作成、更新、管理する
③同時多発的な広告プロモーション時の各種広告効果	同時期に複数の広告を出稿すると、各出稿量同士の相関が高くなり、売上への寄与を切り分けできなくなる	各々の媒体ごとの広告出稿量の相関が高くならないようにする
④広告以外の売上に与える要素の影響	広告以外で広告出稿量や売上に影響を与える変数があると、効果測定にバイアスが生じる	因果推論アプローチでバイアスを調整する
⑤広告の長期的効果	認知やブランディング目的の広告の場合、広告出稿タイミングと売上発生までにタイムラグがある	先行指標や、中間指標を代替として使用する

出所：筆者作成。

2.3 マーケティングの舞台設定
ーマーケティングにおける因果推論の位置付け

■ マーケティングのメカニズム

　なぜ、マーケティングでは明確な広告効果の測定が重要なのでしょうか？

　本節では、まずマーケティングのメカニズムを定義します。さらに課題を定式化し、それに対し因果推論がどのような役割を果たすのかについて整理します。また、以降では広告に関わらず、販促キャンペーンなども効果測定・検証の対象とします。

　2.1節では、マーケティングとは「誰に対して」「どのような価値を」「どのように提供するのか」「それをどのように伝えるのか」を、目標達成のために決定し実行して行くプロセスの総称としました。そして、これら要素が売上に与えるメカニズムについて考えてみます。

(1)「誰に対して」
　どの市場が存在し、その市場には何のニーズがあるかを考えます。これを定めると商品・サービスのカテゴリーが定まり、競合他社も見えてきます。

(2)「どのような価値を」「どのように提供するのか」
　市場ニーズに対する価値提供と、その方法を定義します。これは商

品開発の中核となる部分であり、競合他社と比較して消費者に選ばれることが目標です。差別化やポジショニングも、この部分に含まれます[21]。

(3)「それをどのように伝えるか」

(1) と (2) をターゲットとなる消費者に伝えることです。ただ商品・サービス名を伝えるのではなく、ターゲットとなる消費者が自分のニーズを満たす商品であると気付かせるような工夫が必要です。「認知」や「想起」だけでなく、自社ブランドが選択される確率にも影響を与えます。

図2.3.1 マーケティングのメカニズム

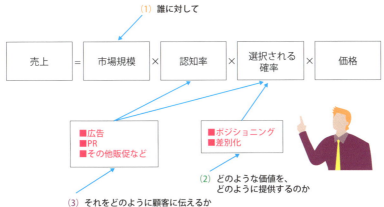

出所：筆者作成。

(1) は市場の大きさを定義します[22]。(2) と (3) を決定すると、消費者が自社のブランドを選択してくれる確率が決まります。特に (2)

---

21) 意外に思われるかもしれませんが、「どのように提供するのか」を答えられても「どのような価値を」と聞かれると答えに窮する経営者は結構います。
22) 一般的にはターゲットの消費者数や売上ですが、ここでは延べ消費者数とお考えください。例えば、平均的なターゲットが年2回購入する場合、ターゲット消費者数×2が年間市場規模の大きさとなります。

は、その確率の高低に大きな影響を与えます。

　株式会社刀代表の森岡氏はその著書[23]で、企業は消費者の延べ購買数を競い合っていると述べています。自社ブランド選択確率が大きくなると、そのブランドの延べ購買数は大きくなり、結果としてその売上や市場シェア、1人当たりの購買数も大きくなります[24]（P076「コインモデルで考える」で、このメカニズムを詳しく解説しています）。(1) と (2) の検討が不十分だと、自社ブランドが選択される確率は低いでしょう。従って、そのまま広告を実施しても当たりのない宝くじを引いているようなものですから、効果は期待できません。

　一方、(1) と (2) の検討が十分であっても (3) を行わないと、未認知層の自社ブランド選択確率は 0 になります。また、認知施策の対象が (1) とずれていた場合は無駄打ちです。広告やキャンペーンの役割は、まさにこの (3) を効果的に行うことなのです。

　このメカニズムをわかりやすくするため、サイコロで例えたモデルで定式化してみます。消費者はあるカテゴリーを購買するときに、自分の知っているブランドからある確率で 1 つのブランドを選択すると仮定します。例えば、自動車の SUV カテゴリーを検討する場合に、トヨタ、ホンダ、日産等のブランドから、ある確率で 1 つのブランドが選択されるようなモデルです。これは、消費者がそれぞれのブランド名が記述された面を持つサイコロ（カテゴリーごとに面数や面に記述されたブランド名が決まる。また、消費者個人でサイコロの形状が異なっていても OK）を振り、出た面に対応するブランドを選択することと同様です。

---

[23] 森岡毅、今西聖貴『確率思考の戦略論 USJ でも実証された数学マーケティングの力』(2016)
[24] 市場シェアの高いブランドは顧客 1 人当たりの購買頻度も高くなる傾向にあるという「ダブルジョパディの法則」です。詳しくは、バイロンシャープ, & アレンバーグバス研究所『ブランディングの科学：誰も知らないマーケティングの法則 11』(2018) をご覧ください。

2.3 マーケティングの舞台設定 - マーケティングにおける因果推論の位置付け

このとき、n個のブランドが均等に選択されるとしたら、n面の偏りのないサイコロを振ることに相当します。しかし、一般的に人気のあるブランドは選択されやすく、そうでないブランドはその逆であるため偏りがあります。このとき、自社ブランドの目の出現確率の高低を決めるのは（2）と（3）です。多くの人から見て魅力的な商品は、選択される確率が高くなります。

一方で、魅力的であっても認知がない場合は、選択される確率は0です。本文では述べませんでしたが、それが物理的に購入可能かどうかも、サイコロの目の確率に影響します。例えば、あるブランドが欲しくても、近所のお店に売ってない場合は、それが選ばれる確率は0です。

ところで、（1）を決めると市場のサイズが決まり、それを延べ消費者数とします。これは、サイコロを振る人の数と見なせます。この数

図2.3.2 サイコロモデル

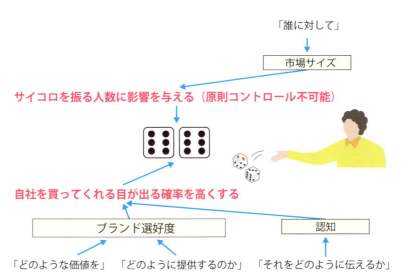

出所：筆者作成。

を N とし、カテゴリのブランド数を n とすると、N 回、n 面サイコロを振った時の自社ブランドの目が出た回数が、自社ブランドの延べ購買数になります。

このように、マーケティングはサイコロの面の奪い合い競争そのものだと言えるでしょう。

コインモデルで考える

サイコロではなく、コインで例えたモデルを考えてみます。なお、ここでは若干の確率分布の知識や数学の知識を要求するため、興味のない方は読み飛ばしていただいて結構です。

サイコロモデルでは、ブランド数 n に対して n 個の面のあるサイコロを考えました。対して、コインモデルでは競合ブランドは無視して、表が出れば自社が選択され、裏が出ればその逆となるようなコインを考えます。当然、一般的な「公平なコイン」とは異なり、自社の選択される確率の高低で偏ります。なお、サイコロモデルとの大きな違いは、競合ブランドそれぞれがブランド固有のコインを持っているということです。つまり、n 個のコインがあります。

さて、一旦これ以降の議論では、あるブランド i に固定して考えます。ブランド i と j、どちらも表が出た場合などを考えるのが大変なので、ブランド i 目線で、自社が選択されたかどうかのみに興味あるとします。

（1）を決めると市場のサイズが決まり、それは延べ消費者数であり、コインを投げる人の数と見なせるのはサイコロと同様です。この数を N とし、ブランド i が選択される確率を p_i とすると、ブランド i の延べ購買数は、表の出る確率が p_i であるコインを N 回投げた時の表が出た回数に等しくなります。これは二項分布と呼ばれる分布に従いま

す。この平均は Np_i です。

　さらに、コインの表がでる確率はブランドだけではなく、消費者にもよると仮定した方がリアルです。人によってブランドの好みが違うという当然の要請です（文中、サイコロモデルでは簡単のため、この仮定を省略しています）。そのため、ブランド i が消費者 c に選ばれる（表の出る）確率 p_{ic} を導入します。すると、コインを投げる回数も消費者ごとに異なり、消費者 c がブランド i を購買する回数は、表の出る確率が p_{ic} のコインを N_c 回投げたときの、表の出た回数です。同様に二項分布に従い、その平均は Ncp_{ic} です。

　さて、ここで特殊な操作をします。細かい議論は省きますが、二項分布をポアソン分布で近似します。この近似により、パラメータ Nc と p_{ic} は消え、$\lambda_{ic} = Ncp_{ic}$ のみになります。このポアソン分布は、ある期間（例えば1年間）で消費者 c がブランド i を購買する回数の分布です。しかし、消費者ごとにポアソン分布を考えるのは多すぎるため、消費者間の違いはある確率分布に従う確率的なブレとします。つまり、λ_{ic} を c ごとに考えるのではなくて、λ_i が i ごとに適当な確率分布から生成されるものとして近似します。

　適当な確率分布をガンマ分布というものにすると、自社ブランドが消費者1人あたりに購買される回数の分布は、負の二項分布に従います（詳しくは『マーケティングの科学：POSデータの解析』(2005) 阿部誠をご参照ください）。負の二項分布はテールの長い分布で、ほとんどの人は0回、もしくは1回しか購入せず、たくさん購買する人は少数派です。この分布から、シェア率や1人当たりの購買数を算出できます。負の二項分布（次ページの図下）の形状を決めるのは、元のガンマ分布（次ページの図上）の形状です。

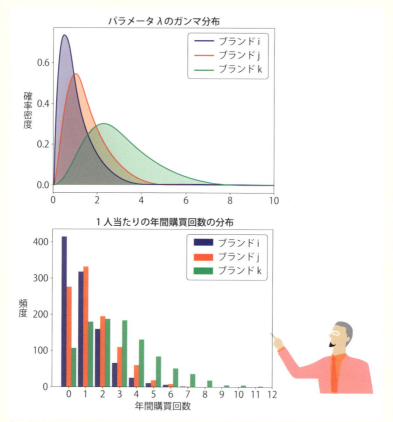

図 パラメータ分布と購買回数分布

出所：筆者作成。

　先に述べたように、(2) と (3) を目標に向けて改善しながら運用するのがマーケターの仕事です。この運用を通して、消費者全体の p_{ic} の水準、次いでガンマ分布の形状が決定します。シェアや、1人当たりの購買数はその結果です。つまり、このモデルはマーケティングのメカニズムをよく説明するモデルになっているのです。しかし、このモデルが必ず正しいというわけでなく、経験的に得られた結果をそれなりに説明できるというだけです。他の分布でモデル化している例もあ

ります。

　前ページのグラフは、ブランド i、j、k の購買される確率の大きさの関係を（平均的に見て）$k>j>i$ として設定し、シミュレーションを行った結果です。この確率の大きさの違いが、ガンマ分布の形状、購買回数の分布の違いを生み、ブランドの強さをあらわにしています。当該カテゴリーが3ブランドしかないと仮定すると、購買回数の分布からシェアと1人当たり平均年間購買回数を算出することができます。

図　市場シェア VS 1人当たり平均年間購回数の散布図

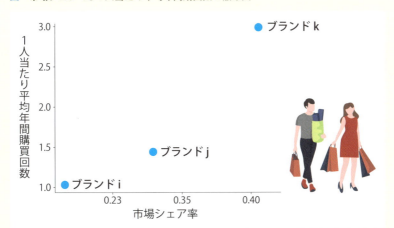

出所：筆者作成。

　上記は、選択される確率の面取り合戦の勝者が、シェアもロイヤリティも独り占めすることを表しています。これを「ダブルジョパディの法則」と呼びます。つまり、コインモデルを仮定すると、「ダブルジョパディの法則」を上手く説明できるのです。因果推論の役割は、効率的に面取りを行うための指標だと言えるでしょう。

因果推論の役割

　広告・キャンペーンが認知率に影響を与える要因は、それらへの接触者数（リーチ数）と、接触者のメッセージへの理解度合いです。接触者が多くとも、頭に何も残らなければ意味がありません。また、インパクトのある広告メッセージであっても、多くの人の目に触れなければこれまた同様です。

　リーチを決めるのは投下費用、つまりお金です。また、ターゲットに対してリーチする必要があるため、広告媒体の選択も重要です。接触者への理解度合いは、そのクリエイティブが大きな鍵を握ります。そして、マーケターの仕事はそのマネジメントです。そのために投下量や広告媒体、クリエイティブなどを最も成果が高くなるように選定、運用することが具体的な作業になります。

図2.3.3　広告の成果を決める4象限

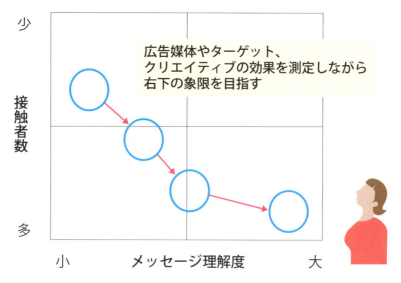

出所：筆者作成。

さらに、運用の指針として成果の測定、検証が必要であり、その役割を果たすのが統計学や因果推論なのです。

では、具体的な効果検証のためには、どのような因果仮説を設定すべきでしょうか？

広告媒体の選定や、その媒体への投下量が接触者数に、接触者数は認知に、認知は売上に影響を与えると仮定すると、それぞれの媒体への投下量は接触者数、認知（これは実際にデータで観測されている必要はありません）という中間変数を経て、売上に向かう因果の矢印を設定できます。広告ターゲットも同様です、最近のインターネット広告は、様々な切り口でターゲティングが可能です。広告ターゲットの選択は、商品・サービスのターゲットへの接触者数に影響を与えるため、同様な矢印が書けます。

クリエイティブには芸術的な側面があります。そのため、クリエイターの感性や直感によりそれが決定されることが多いようですが、最近はインターネット広告などのデジタルマーケティングの台頭により、クリエイティブの構成要素を色々テストして最適化する方法も浸透しています[25]。

クリエイティブの構成要素は、バナー画像、メッセージ内容、テキストサイズや色など様々です。そして、これらはメッセージの理解度に影響を与えます。理解度は認知に、認知は売上に影響を与えるのは接触者数と同じです。従って、図2.3.4のような因果仮説を描けます。矢印の始点の変数を変化させると、それに伴い矢印の終点の変数も変化することを仮定しています。

---

[25] ある有名人の方は、SNSのサブアカウントでメッセージなどをテストマーケティングするようです。様々なメッセージを比較して、1番反応の高かったメッセージを本アカウントで発信していると仰っていました。その努力には頭が下がります。

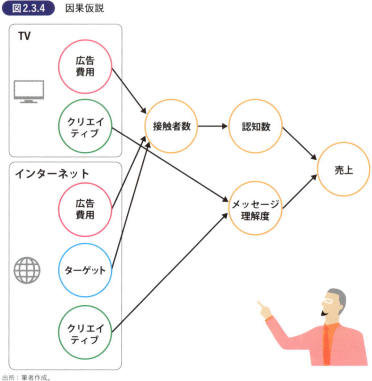

図2.3.4　因果仮説

出所：筆者作成。

　現実的には、広告・キャンペーンとは異なる第3の変数によりバイアスが生じる場合があります。例えば、第1章でご紹介した「関東・関西のような地域性が、広告の接触者数と売上双方に影響を与える場合」などです（P066の「広告以外の売上に与える要素の影響」もご参照ください）。

　この場合、得られた広告投下量データと売上データを分析すると、第3の変数によりバイアスが生じ、広告効果を過大（過小）評価してしまう可能性があります。そして因果推論は、このような場合に強みを発揮します。

図 2.3.4 は例であるため、一般的な因果仮説はこのような形であるとは限りません。ブランドや商品・サービス、その他広告媒体によっても異なるはずです。だから皆さんは、自社に適した仮説を構築するようにしてください。このような定性的な仮説構築は、マーケターの本領を発揮できるタスクであり、機械的なデータ分析にはない因果推論の魅力です。

我々は、デジタルの恩恵から細かなデータを取得できるようになりました。そして因果推論のフレームワークを活用し、マーケティング 100 年の難問「広告費用はどこにいったのか？」について答える準備ができました。次の 2.4 節では、残る議論「予測問題」について触れます。さらに第 3 章以降では、具体的なアプローチについて学んでいきます。

2.3 のまとめ

- マーケティングとは、「誰に対して」「どのような価値を」「どのように提供するのか」「それをどのように伝えるのか」を、目標達成のために決定し実行して行くプロセスの総称である。
- そのメカニズムは、上記 4 つが市場サイズと自社ブランドの選択される確率を決定し、売上や市場シェアを決める。
- 広告やキャンペーンは、自社ブランドの価値をそのターゲットに伝える役割を持ち、接触者数やメッセージに対する理解度を向上させる。
- マーケターの重要な仕事は、接触者数やメッセージ理解度を、広告媒体や広告ターゲット、クリエイティブの決定を通してコントロールすること。そのマネジメントのために効果検証が必要であり、因果推論はそのために有効である。

2.4 当たればいいのか？わかればいいのか？
- 予測問題と因果推論

■ 因果関係は不明だけど予測は可能

　セミの鳴き声を聞くと、人は夏の訪れを感じます。もちろん、セミの鳴き声が季節を夏にするわけではありません。しかし、多くの人は自然現象から季節を予感します。正確な暦のない時代は、現在よりもこの推測が重要だったかもしれませんね。

　さてこの場合、セミの鳴き声と夏の到来は相関しています[26]。2つの変数に因果関係がない、または、あったとして複雑なメカニズムでそれを明示できなくとも、インプットとアウトプットの関係にある2つの変数が相関していれば、片方の値からもう一方の値を推測できるのです。これは大変便利です。

　他にも、人類は経験則から様々な法則を見つけてきました[27]。これらの多くが（科学的にメカニズムが解明されているか、そうでないかはさておき）個別経験、つまりデータをもとに入力と出力の対応を相関に従いルール化したものと言えます。人類は自然と共生する中で、その現象から未来を予測し、ときには機会を得たり、ときにはリスクを回避したりするなどの手段として相関関係を利用してきたのです。

---

26) 生物学や地学の知恵を借りれば、夏の到来 → セミの鳴き声の詳細なメカニズムもわかるのかもしれませんが、本書においては重要な論点ではありません。
27) 風の向きや雲の形などから天気を予測することは、古くから行われています（観天望気と言います）。迷信じみたものも多いですが、意外と有益なようです。例えば、「カエルが鳴くと雨」「燕が低く飛ぶと雨」などです。

一方で、因果関係の探索には、ある変数の恣意的な介入により、何かをコントロールしたいという欲求があります。薬により病気をコントロールする、経済政策により富の分配をコントロールする、などです。相関の探索が自然に対する共生を目的とした受身な態度だとすると、因果の探索は自然に対して介入を行う能動的態度だとも見えます。とにかく、どういう因果関係かはわからないが、人類が生きていくために何かをシグナルとして未来を予測することは、1つの知恵であったのです。

　すでにわかっている因果関係を予測に用いることも、当然可能です。なぜなら、Aを行うとBが起こるという因果関係は、Aを行った場合にBが起こると予測していることと同じだからです。つまり、因果推論の副次的な効能として予測が可能なのです。

因果関係の解明より予測で十分な場面もある

　「相関関係は因果関係を意味しない」は、常に傍らに置くべき言葉でした。しかし、因果はさておき、とにかく予測をしたいという場面は、ビジネスにおいて多々あるでしょう。その場合、一旦はこの標語を忘れることができます。

　例えば、次のようなケースです。

・保険特約の販促支援への活用。例えば、ある保険（主契約）Aの人は特約Bを付加している傾向があるとデータでわかれば、主契約Aの新規顧客にBを推奨すれば、契約してくれる可能性が高いと予測できます。この場合、主契約Aと特約Bの間に因果関係があるかどうかは問題ではありません。Amazonや各種ECのレコメンドも同様です。併売率を上昇させたいのであって、購買のメカニズムを研究しているわけではないからです。

> ・（マーケティングの例ではないのですが）金融機関がお金を融資する場合、担当者が気になるのは、融資先がお金を返済してくれるかどうかです。債務履行・不履行の予測ができれば十分です。債務履行・不履行の因果メカニズムが全く不要というわけではないのですが、それ以上に予測精度が重要視されます。

　これらの例は自然現象の予測と同様に、機会を得たい（併売したい）、リスクを回避したい（債務不履行が予想される先には融資しない）が動機です。もちろん長期的な視点で見れば、商品購買に至る綿密な因果関係がわかれば商品開発に役立ちますし、金融機関は融資先に対して適格な助言・指導が行えます。

　しかし、短期的な意思決定であるなら予測で十分です。因果関係とか細かいことはさておき、とにかく当たれば良いのだと言うと乱暴に聞こえますが、マーケティングの実務においては実のところ、因果推論より予測タスクの方が多かったりします[28]。例えば、機械学習モデルは予測が得意で、その中でもアンサンブルモデルは抜群の予測性能を持ちますが、その推論過程はブラックボックスであり説明不能です。

　施策の結果を予測したい場合には、その施策と結果の因果関係がわかっていると便利です。例えば、広告費用と売上の因果メカニズムが定量的にわかっていれば、広告投下に対して売上が予測できることは自明でしょう。すると、広告費用対効果を事前に予測できるため、その意思決定の根拠として利用できます。また、広告実施後の需要を予測できれば、事前に在庫量や手配スタッフ数を調整できます。

---

[28] 実務家あるあるですが、予測モデルを偉い人に説明するときは「これは予測であって、目的変数への因果を説明しているわけではない」ということを明確にしないと、いつのまにか予測タスクが因果の説明タスクにすり替わってしまいます。偉い人は基本的に予測ではなく、何をすれば儲かるかを知りたいわけなので無理もないのですが。

予測の仕組みを通して因果と相関を比較する

簡単に言ってしまえば、予測をするには、得られたデータから予測したい変数と相関している変数を入力として、予測したい変数の値（もしくは限りなくそれに近い値）を出力するような入出力ルールを定めれば良いのです。このルールの雛型を「統計モデル」とか「機械学習・AIモデル」と言い、モデルをデータにもとづいて定める手続きを「学習」と言います。

例えば、売上と広告費データから「売上 = $\alpha \times$ 広告費 + β(切片)」というモデルを学習し（線形単回帰モデルと言います。このモデルの学習は、データから具体的な α と β を定めることです）、広告費から売上を予測するなどです。また入力・出力の時間の前後を意識しない場合、予測ではなく識別とも言います。画像データの識別はこの1つです[29]。これも同様に、画像の識別にいたる原因・結果よりも、識別の精度が重要視されます。

予測モデルの表現方法は色々あります。先述した「売上 = $\alpha \times$ 広告費 + β(切片)」のような、決定的な関数の表現はその1つです。本節では、決定的な関数で表現されるモデルに確率的な項 e [30] を付け加えた、「$\alpha \times$ 広告費 + β(切片) + e」で表現できるモデルを考えます。図2.4.1のように、「$\alpha \times$ 広告費 + β(切片)」（赤色の線）を山の頂上にし、そこを中心に裾が広がるように出力するモデルです。図中では、広告費500万円の場合（点線）の予測分布（紫色の線）を描画しています。図中の水色の点は、広告出稿後に観測したデータ点です。予測分布は

---

[29] 例えば、自動運転タスクにおいて、道路標識を識別する場合、標識ラベルと相関が強い特徴変数（特徴量）との関係をモデル化します。深層学習では、この特徴量を自動で作成します。
[30] e は平均0の正規分布に従うと仮定します。正規分布は超有名な釣鐘型の分布です。

条件付確率の記号を用いて、$P(売上=y|広告費=x)$ [31] と書きます。これは、広告の値が x のとき、売上 y が出現する確率と思ってください [32]。

この例において、予測モデルを学習するということは、分布の山の位置（赤色の線）と、予測分布（紫色の線）の裾の広がりの程度を観測されたデータ点から特定することに他なりません。そして、この特定には、(売上, 広告) の相関関係があれば事足ります。

図2.4.1　売上・広告費散布図

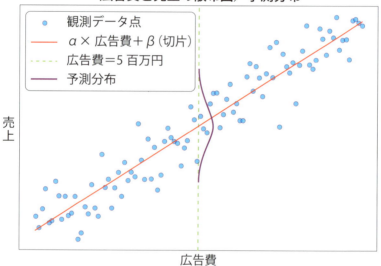

出所：筆者作成。

一方で、このモデルは広告費がある特定の値 x であったときの売上を予測しているだけで、広告費を特定の値 x にしたときに売上がどう

---

[31] P は Probability の意味です。一般的に、$P(Y=y)$ は $Y=y$ となる確率を、$P(Y=y|X=x)$ は $X=x$ なる条件での $Y=y$ となる確率を表しています。後者は条件付き確率と言います。$Y=y$ を省略して、$P(Y|X=x)$ と書く場合もあります。

[32] 正確には y は連続量なので、単純な確率ではなく確率密度というものです。

なるか、つまり広告費と売上の因果関係については述べていません。要するに、$P(売上 = y|広告費 = x)$ はわかっていても、$P(売上 = y|広告費 = x$ としたとき$)$ [33] については何もわかっていないのです。「一体、この2つは何が違うのか」と言いたくなる気持ち、大変よく理解できます。ですから、もう少し具体例で説明しましょう。

第1章に出てきた、アイスクリーム生産量と水難事故件数の例を思い出してください。現実的なシチュエーションではないのですが、手違いによりある年の水難事故件数のデータを消失してしまったとします。このとき、別年のデータから図 1.1.3 のような関係があることがわかると、$P(水難事故 = y|アイスクリームの生産量 = x)$ の予測モデルを学習することができます。これを用いて、アイスクリームの生産量から水難事故件数を大体推測することができるのです。

一方で、アイスクリームの生産量を意図的に、急激に増やして x にした場合の水難事故の件数については、何の予測もできません。それもそのはずで、2つの変数の関係は第3の共通要因「暑い季節」によって生じた疑似相関にすぎないわけですから、季節という原因を無視して単独で生産量を x とした場合に水難事故に与える影響、つまり、$P(水難事故 = y|アイスクリームの生産量 = x$ としたとき$)$ について我々は何もしらないのです。

線形回帰モデルによる予測

図 2.4.1 で表現したモデルは線形回帰モデルです。予測するために使う変数（説明変数と言います）が、1個の場合は単回帰、2個以上ある場合は重回帰モデルと言います。予測される変数（目的変数 or 被説明変数と言います）Y、説明変数 X からなる単回帰モデルは

---

[33] J. パールは著書『因果推論の科学「なぜ？」の問いにどう答えるか』(2022) において、「広告を x としたとき」を do（広告 =x）のように表現しています。本書では、do については後の章で説明をします。

$$Y = \alpha X + \beta + e$$

と書けます。ただし、e は $N(0, \sigma^2)$（平均 0、分散 σ^2 の正規分布）に従います。上記より $X = x$ のとき、Y は $N(\alpha x + \beta, \sigma^2)$ に従います。また、図 2.4.1 の赤い線が x に対する正規分布の平均値になります。つまり、線形回帰モデルを仮定した場合、本文中の条件付き確率 $P(Y|X=x)$ の正体は $N(\alpha x + \beta, \sigma^2)$ です。

ところで、α、β は観測されたデータから最小二乗法というアルゴリズムで推定するのですが、その推定量は X と Y のそれぞれの平均、分散、加えて XY 間の相関係数で決定できます。従って、それらがわかってしまえば予測分布を導くことができます（もちろん、その当てはまり具合の議論は別途行う必要がありますが）。ですから、予測さえできれば良いという状況では、因果関係はあまり議論にならないのです。

回帰モデルは、予測だけでなく実は因果推論にも使用できます。第 3 の変数 Z が X と Y 双方に影響を与えている場合に、Z と X を説明変数とし、Y を目的変数として回帰モデルを構築することで、$X \to Y$ の因果効果を識別することができます。詳細は、第 4 章でご説明します。

まとめると、予測問題の興味は、予測したい変数 Y と、予測に使えそうな変数 X と、取り得る全ての値 x に対して $P(Y|X=x)$ を決定することです。Y と X に相関がなければ[34] $P(Y|X=x) = P(Y)$（全ての x で成立）となり、X による予測能力はほぼありません。図 2.4.1 で言えば、赤色の線が x 軸に水平になる場合です。どの x でも同じ y の値にしかならないため、x は予測に寄与しません。逆に相関関係が見いだせれば、因果関係があろうがなかろうが x は予測に寄与します。

---

[34] 厳密には独立ならばですが、おおざっぱな説明ですのでご容赦ください。

一方で因果推論は、$X \to Y$ の因果仮説のもとで、$P(Y|X$ を x という値にしたとき$)$ に興味があります（任意の x に対してです）。簡単化のため、X の取り得る値を $\{0,1\}$ の2値とし、「$X=0$：広告を投下しない場合と定義」「$X=1$：広告を投下する場合と定義」とします。すると、広告投下が売上に与える効果は、$P(Y|X$ を1としたとき$)$ と $P(Y|X$ を0としたとき$)$ に従う、確率的に振る舞う量の差の期待値と考えることができます。$P(Y|X=1)$ と $P(Y|X=0)$ の差の期待値ではダメです。このことから、因果推論は予測に似ているが、本質的には「X を...とすると」という標準的な統計学では聞きなれない謎の操作によって特徴付けられていることがわかります。

因果推論をテーマとする本書において、予測について取り扱うのが妥当かどうか迷ったのですが、実務での活用と以降の章の理解のため、以下をお伝えしたく本節を設けました。

まず、マーケティング実務におけるデータ活用タスクでは依然として、予測タスクの占める割合が多いことです。予測を目的とした問題で、因果仮説に拘泥することは時間の無駄です。割り切って精度の高いモデルを作ることに注力すべき場合もあります。

もう1つは、混同しやすい予測と因果推論の違いです。この違いは双方を確率的なモデルで表現したとき、条件付き確率の違いとして説明できます。予測において重要な $P(Y|X=x)$ と、因果推論において重要な $P(Y|X$ の値を x としたとき$)$ は似ていますが、明確に違います。

前者は「$X=x$ と観測した場合」の Y の分布であって、後者は「$X=x$ の値に設定した場合」のそれです。因果推論では後者が重要であり、第3章以降で説明する「介入」による影響を示しています。マーケターが実務で行う広告媒体の決定や、投下費の調整、クリエイティブの差し替えなどは、売上に影響を与える「介入」と見なせます。その介入有無（や程度の違い）ごとに条件付き分布を求め、その期待値の

差（つまり、介入有無の差）を検証していくことが、マーケティングにおける因果推論なのです。

　広告が売上に寄与することは、経験や多くの調査によってわかっています。しかし、それが実際どれくらい貢献しているのかに関しては、曖昧さを残したままでした。その理由は様々ですが、その1つは、変数間の複雑な因果関係がバイアスを生じさせ、見せかけの広告効果を実際より過大・過小にしてしまっているからです。この問題に対処するため、広告のメカニズムを明らかにし、その因果仮説を設定して、因果推論の問題として定式化しました。

　最後に因果推論と予測タスクの違いについて議論しました。次章からは、実際に問題を解く手法を紹介していきます。

広告を費用ではなく投資と考える

　十分な広告に関するデータ（広告投下費用や広告媒体、クリエイティブなど）と、それに対応する売上、その他売上と相関する変数があれば、売上予測モデルを作ることができます。すると事前に、広告投下に対する財務的な価値評価ができるようになります。

　例えば、広告を100万円投下したときには1,500万の売上が予測され、何も広告を打たないと500万の売上が予測される場合、広告による売上の増加は1,000万円です。粗利率を20%とすると、広告による粗利の上昇分は200万円です。従って、MROIという指標を用いると

$$\frac{200万円（粗利上昇分） - 100万円（広告費用）}{100万円（広告費用）} = 100\%$$

に相当する効果を期待することができます。広告を投資と考えた場合、それなりに分の良い金融商品と言えなくもありません。

例えば、この数値をもとに広告費用を融資したり、後払いを認めたりするファイナンスの仕組みを作ることができるかもしれません。100%のリターンが期待できるなら、銀行の金利が10%での場合、利息を支払っても90%残ります。もちろん予測であるため、その精度が低いうちはそう簡単にはいかないかもしれませんが、今後インターネット広告のように沢山のデータがリアルタイムで取得できるようになり、AIを活用するなどして収益予測の精度を向上できれば、このような取り組みも現実的なものになってくるかもしれません。

2.4のまとめ

- 相関関係は因果関係を必ずしも示さないが、予測に役立てることは可能である。
- マーケティングの実務において、予測タスクの割合はそれなりに多い。そして、因果はさておき精度の高いモデルが望まれる。
- 精度の高い予測モデルを構築することと、因果関係をモデル化することは別。
- 予測モデルは、得られたデータから予測したい変数と、予測に使う変数間の相関をモデル化する。色々な種類のモデルがある。
- 確率的な予測モデルは、予測分布を条件付き確率で表現できる。また、因果関係も条件付き確率で表現できる。しかし、この2つは条件付き確率の条件部分で大きな違いがある。

第3章

手間はかかるが信頼できる「実験」によるアプローチ

実験のあり方と、その実行可能性について

　広告が消費者の購買意向に与える効果を調べる際、広告を閲覧したグループと閲覧していないグループの購買割合を比較します。前者の購買割合と後者のそれの差を広告の効果と認めるには、広告閲覧の有無以外、両グループの諸条件が同一である必要があります。つまり、広告閲覧側にヘビーユーザが偏在するなどの不均衡があってはならず、公平な比較が前提となります。しかし、広告配信後のデータに基づく分析では、このような理想的な状況を得ることは稀です。なぜなら、1.3節で触れた地域変数のように、広告の閲覧有無と購買有無の両方に影響を与える第三の変数が存在すれば、それによって偏りが生じるからです。そのような変数がなければ問題ないのですが、存在しないことを証明することは一般的に不可能です。

　こうした場合の処方箋として、第3の変数（例：地域）ごとにデータを分析し、各グループで広告閲覧の有無による購買割合を比較する方法を紹介しました。しかし、複数の変数や未観測要因の影響を完全に把握するのは困難です。そこで、事前に条件を揃えた2グループを作り、一方にのみ広告を配信し、購買割合を比較する「実験」という方法を考えます。これにより、より正確な広告効果の測定が可能になります。

　本章ではまず、実験の概略とA/Bテスト、様々な実験のデザインについて触れていきます。そして最後に、実験の困難さと観察研究との違いについて述べ、因果推論の導入を行います。

3.1
科学的に効果を検証したければ、科学のやり方を真似よ
– 実験の必要性

■ 実験と観察

　子どものころ、理科の授業で植物の光合成を確かめるために、葉っぱをアルミニウムで覆ったものとそうでないもので比較して、デンプンの検出に差が出るかを調べたことがあるかと思います[1]。アルミニウムで覆ったものとそうでないものを2つ用意するのは、光がデンプンの生成に必要かどうか調べるためです。つまり、光の有無以外は同じ条件とした2つを比較するのです。これを対照実験と言います。

　さて、「アルミニウムで覆う」を「広告配信する」、「覆わない」を「広告配信しない」と置き換えると[2]、「デンプンの生成有無」は「購買の有無」と見なせるでしょう。広告 → 購買の因果は、光 → 光合成 → デンプンのようなシンプルな自然法則とは異なり、未観測の要因[3]によっても決まると考えられます。よって、結果が自然法則のように決

---

[1] 小学校でやることが多いようですが、中学の単元として紹介しているWEBページもあります。筆者は理系なのに理科があまり好きではなかったため、習ったかどうかも覚えていません。

[2] アルミニウムで覆う処置で期待される結果はデンプンの生成「無し」であり、広告配信で期待される結果は購買「有り」です。処置の有無と結果の有無が逆になっていることに注意してください。

[3] 因果推論では、そのような未観測要因を確率的に振る舞う誤差と見なすために、結果も確率的に振る舞います。

定論的に振る舞うと考えるよりも、確率論的に振る舞うと考える方が適切です。すると、広告効果の有無に関係なく、確率的にたまたま商品を購買したり、購買しなかったりすることも起こり得ます。従って、適切なサイズの2つのグループに分け、その平均的な購買傾向を比較します。

例えば、広告閲覧の有無以外の諸条件を同一として実験を行った場合、広告を閲覧したグループの購買割合が閲覧していないグループよりも高ければ、それは広告の効果だと言えるでしょう。

このような事前に偏りのない2つのグループに対して、一方に広告を配信し、もう一方には配信しないようにしてグループ間の購買割合を比較する方法と、1.3節の例のように広告配信後に消費者を広告閲覧の有無で分けて、そのグループ間の購買割合を比較することは似て

図3.1.1　実験と観察

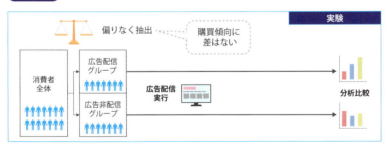

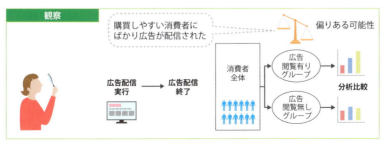

出所：筆者作成。

非なるものです。なお、前者を実験研究、後者を観察研究と呼びます[4]。偏りがあるとは、比較するグループ間で属性が不均衡になっているような場合です。例えば、一方においてある性別や年代の人が他方より多いなどです。

観察研究では2つのグループの購買割合をそのまま比較すると、偏りによって効果が過大または過小評価される可能性があります。一方、実験研究では強制的に偏りのない集団を作るため、原因と結果の両方に影響を与える第3の要因を考慮する必要がなく、購買割合を直接比較できるという利点があり、結果の解釈が簡単です。

実験は、事前に偏りのないグループを作成し、片方に何らかの処置を施します。光合成の実験の場合、アルミニウムで覆うことが処置に相当します。また、実験のために処置対象のグループに割り付け処置を施すことを、介入と呼ぶことにします[5]。「Xを...とすると」という謎の操作の正体も介入です。「Xをxとすると」のような介入を、$do(X=x)$ と書くことにします。

第2章の確率表記を用いると、処置を施す介入を行った場合の Y は $P(Y|do(X=x))$ という確率分布に従い、そうでない場合は、$P(Y|not\ do(X=x))$ に従います。これに対して、$P(Y|X=x)$、$P(Y|not\ X=x)$ は、それぞれ $X=x$、$X\ not=x$ であることを「見た」[6]場合の Y の分布です。つまり、そのような処置を受けたという事実を見ただけです。一般的には、次のようになります。

$$P(Y|X=x) \neq P(Y|do(X=x))$$
$$P(Y|not\ X=x) \neq P(Y|not\ do(X=x))$$

---

[4] 実験研究、観察研究の分類は、厳密には後ろ向き、前向きなど様々ありますが、マーケティングのための因果推論では実験・観察の区別の理解で十分です。

[5] 文献によっては「処置」、「介入」がほぼ同じ意味で用いられている場合もあります。

[6] $do(X=x)$ に対して、$see(X=x)$ と書いている本もあります。介入（do）は実験のために強制的に処置を受けさせるイメージで、見た（see）というのは、成り行きで処置を受けたイメージです。

上記 2 式の左辺、$P(Y|X=x)$ と $P(Y|X\,not=x)$ が異なる場合、その差は Y と X の相関を示唆していますが、それが因果関係によるものかは不明です。我々の知りたいことは因果関係、つまり、右辺 $P(Y|do(X=x))$ と $P(Y|not\,do(X=x))$ に差があるかどうかです。偏りのない対照実験は上記 2 式（一方でも十分ですが）の左辺、右辺が一致するため、実験で得られたデータをそのまま比較して OK なのです。

実験・観察のイメージを理解するには、日常的な例を考えるとわかりやすいです。例えば、ある小学校の生徒を適当数選び、朝食を毎日食べているかどうか聞き、成績との関連を調査する場合、それは観察です[7]。他方、小学生を適当な数の偏りのない集団に分け、強制的に片方の集団には朝食を毎日摂取させ、もう一方は朝食を食べないように指示します。そして一定期間経過後の成績の違いを比較する方法は実験です。実験は観察より検証が正確で（理論的に）簡単ですが、現実的に実行可能かどうかという問題が常に付きまといます。強制的な朝食抜きに納得する親も子どももいないでしょうし、仮にいたとしても世間からの批判は免れません。

なお、ここでは処置の影響が処置を施していない対象に及ばないと仮定しています。例えば、特定の人に配信した広告が話題になり、広告を受け取っていない人にも知られることになった場合には、特定の人以外にも広告の影響が及んでいる可能性があります。因果推論では、この仮定が満たされているかを確認する必要があります。本書では特別言及しない限り、この仮定は満たされているものとします。

---

[7] 文部科学省の調査によると、朝食摂取と学力調査の平均正答率との関係（小学 6 年生）では、朝食を毎日食べている生徒の学力がそうでない子より高い傾向にあったそうです。では、本当に朝食摂取と学力に因果関係があるのでしょうか？ 筆者は疑わしいと思っています。

■ 因果推論の定式化

　第 1 章で、因果関係を「他の変数を全く変化させないで（原因変数の変動につられて動いてしまうのは OK）、一方の変数を変化させると他方の変数の値も変わるような 2 つの変数の関係」と説明しました。実験が因果関係を調べるための、基本的かつ有効な手法であるかを説明するために、今まで直感的な説明のまま議論を進めていた「因果を推論するとは」について、少しだけ厳密な意味付けをします。

　広告やキャンペーン施策の対象を細分化していくと、ある個人の消費者まで分解できます。その消費者一人一人に広告やキャンペーン施策が与える購買意向への影響が集まり、マクロな広告やキャンペーンの効果として表れているのです。

　ある消費者 i が処置を受けたかどうか（広告やキャンペーンの対象になったかどうか）を、

$$T_i = \begin{cases} 1. & 処置を受ける \\ 0. & 処置を受けない \end{cases}$$

という変数で定義します[8]。本書はマーケティングの本なので消費者 i としていますが、医療では患者 i、公共政策では市民 i のように、ドメインによって異なることに注意してください。一般的な話をする場合は、ユニット i と呼びます。以降では、文脈に応じて一般論かマーケティングの具体論かを適宜読み分けてください。

　前節に習い、処置を受けさせる、させないという介入を do で表現します。つまり、処置を受けさせる場合は $do(T_i = 1)$、そうでない場合は $do(T_i = 0)$ とします。このとき、ユニット i の測定したい結果、例えば

---

[8] T は treatment（治療）の頭文字から来ており、書籍によっては D とされていることもあります。これは因果推論が医学・医療の研究と共に発展してきたことを物語っています。

マーケティングの例であれば、購買有無または購買金額などを Y_i とすると、介入有無ごとの測定したい結果は次のように書きます。

$$Y_{1i} = Y_i \mid do(T_i = 1),$$
$$Y_{0i} = Y_i \mid do(T_i = 0),$$

do の前に入っている縦線は「do という条件のもとで」という意味です。1 行目の Y_{1i} は、ユニット i（消費者 i）の処置を 1 とした（つまり、広告の配信対象となり閲覧させられた）場合の成果（購買有無や購買金額）を示す変数です。処置の値とユニット i の 2 つによって決まるので、右下にその 2 つの添え字があります。2 行目の Y_{0i} はその反対であり、ユニット i（消費者 i）の処置を 0 とした（つまり、広告の配信対象ではなかった）場合の成果を示す変数です。

Y_{1i} と Y_{0i} に差があれば、それは処置による影響と考えるのは自然です。従って、その差である

$$\delta_i = Y_{1i} - Y_{0i},$$

を計算すれば、処置が結果に与える影響がわかります。皆さんは「簡単じゃないか」と納得できるでしょうか？

ここで重要なのは、実際には Y_{1i} と Y_{0i} のいずれかしか観測できないということです。つまり、その差を直接計算することは不可能なのです。同一人物が広告配信対象になる世界と、そうならない世界は、いわばパラレルワールドです。SF の世界でもない限り、2 つの世界線の結果を同時に観測することはできません。ただし、ここでは思考実験として、神の視点に立って両方の世界線を観測できると仮定しましょう。Y_{1i} と Y_{0i} を、「潜在的アウトカム」[9]と呼びます。少し奇妙な議論に感じられるかもしれませんが、これは因果推論の定式化のために、偉

---

[9] 観測されない方の潜在的アウトカムを、反事実（*counterfactual*）と呼ぶこともあります。

大な研究者[10]たちが真剣に考案したフレームワークなので、もう少しお付き合いください。

図 3.1.2 に、潜在的アウトカムと処置変数、アウトカム変数 Y_i の関係をテーブルで示しています。

図3.1.2 潜在的アウトカムと処置変数・結果変数をテーブル表記

T_i が1の場合、Y_i は Y_{1i} となる
T_i が0の場合、Y_i は Y_{0i} となる

Y_{1i}	Y_{0i}	T_i	Y_i
Y_{11}	Y_{01}	$T_1 = 1$	Y_{11}
Y_{12}	Y_{02}	$T_2 = 1$	Y_{12}
Y_{13}	Y_{03}	$T_3 = 0$	Y_{03}
Y_{14}	Y_{04}	$T_4 = 0$	Y_{04}

いずれかしか観測できない　　$Y_i = T_i Y_{1i} + (1 - T_i) Y_{0i}$

出所：筆者作成。

さて、ここまでは個別のユニットについての効果を考えました。一方で、Y_{1i} は $P(Y|do(T=1))$、Y_{0i} は $P(Y|do(T=0))$ に従う確率的な振る舞いをする量と見なせるため、δ_i も確率的な振る舞いをします。例えば、異なる2つの世界の消費者 i さんの購買の差は、広告だけでなく、偶然要素にも左右されるため、その差はたまたまである場合があります。そのため、確率的な意味での平均的な処置の効果を導入します。

平均を表す記号を E とすると、介入による処置の平均的な効果は次のように表記できます。

---

[10] Rubin, D.B. が主に大きな貢献をしています。詳しくは、インベンス G. W., & ルービン D. B. (著), 星野崇宏, 繁桝算男 (監訳). (2023). インベンス・ルービン統計的因果推論. 朝倉書店や Rubin, D.B. (1974). を参照願います。Rubin は Pearl と並ぶ因果推論の大家です。

$$E(\delta_i) = E(Y_{1i}) - E(Y_{0i}),$$

これを、平均処置効果（The average treatment effect: ATE）と呼びます。大雑把に言ってしまえば、因果推論においての興味はATEを算出することです。これが0でないならば、処置と結果は因果関係にあると言えます。

δ_iが従う確率分布の形がわからない場合、$E(\delta_i)$を何かしらの方法で推定する必要があります。そこで神の視点から2つの世界を観測記録した神データ（図3.1.2）[11]で推定する方法を考えます。それぞれのユニットで実現される潜在的アウトカムは片方のみなので、このようなデータを手にすることは我々人間には不可能です。ですから、このような議論は馬鹿馬鹿しいと思うかもしれませんが、一旦これを認めて話を進めさせてください。

N個のユニットについて、成果の神データが得られたとします。このとき、平均処置効果（ATE）の推定量を

$$\frac{1}{N}\sum_{i=1}^{N}\delta_i = \frac{1}{N}\sum_{i=1}^{N}Y_{1i} - \frac{1}{N}\sum_{i=1}^{N}Y_{0i},$$

とします。$N = 4$の場合の広告配信の例を、図3.1.3に示しています。ATEは40円ですので、広告は40円の売上上昇に寄与していると「神の視点に立てば」わかります。

さて、相変わらず観測不可能な数値を用いて推定量を計算するなど、一向に進んでいないように見えますが、ここでようやく現実的なシチュエーションを考えます。

図3.1.3の消費者1と2のみが広告配信の実際の対象になった一方、消費者3と4は配信対象外であったとします。すると、図3.1.4の

---

[11] 本書では、2つの潜在的アウトカムを両方観測できている神のみが保有するデータという意味合いです。

図3.1.3 潜在的アウトカムとATEの計算

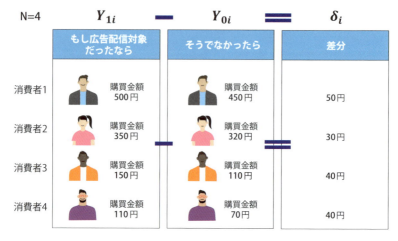

$$ATE = E(\delta_i) \approx \frac{1}{4}\sum_{i=1}^{4} \tau_i = \frac{50+30+40+40}{4} = 40$$

出所：筆者作成。

図3.1.4 単純平均差の計算

出所：筆者作成。

ように未観測な値を含むデータが得られます。図 3.1.3 とは異なり、実際に広告配信対象であったかどうかの変数 T_i を追加します。この設定は今までの議論と異なり現実的であり、神ではなく我々人間マーケターでも扱えます。このデータから、ATE（あるいはその推定量）を適切に代替する値を計算できないか考えます。

ここで、ATE の推定量 $(1/N)\sum_{i=1}^{N}\delta_i$ の変わりになりそうな候補としては、

> （処置を行って実際に観測された値の平均と）
> − （処置を行わずに実際に観測された値の平均）

つまり、

$$\frac{1}{N_1}\sum_{i:T_i=1}Y_i - \frac{1}{N_0}\sum_{i:T_i=0}Y_i$$

が適当そうです。N_1 と N_0 は、処置を施した件数とそうでない件数であり、この量を「観察されたアウトカムの単純平均差」と呼ぶことにします[12]。この方法は、マーケティングの世界ではよくあるやり方です。例えば、広告配信対象とそうでないユーザの平均的な購買割合を比較するなどです。

式だけではよくわからないかもしれないので、図 3.1.4 の例で具体的な数値を計算してみると次のようになります。

> 観察されたアウトカムの単純平均差
> $$= \frac{500+350}{2} - \frac{110+70}{2} = 425 - 90 = 335,$$

神の視点では、その平均的な差は 40 であったため随分と違ってい

---

[12]「平均アウトカムの単純差」と呼ぶこともあるようです。(参考) Cunningham S (著), 加藤真大ほか (翻訳). (2023). 因果推論入門〜ミックステープ：基礎から現代的アプローチまで. 技術評論社.

ます。これでは、推定量の候補としては心許ないです。これは、広告配信対象とした消費者 1,2 のグループと、そうでない 3,4 のグループの購買金額の水準が元々大きく異なっていることが原因と考えられます。つまり、広告配信を行うかどうかということと、成果に影響を与えるグループの特性との間に何かしらの関係が生じてしまっているのです。

1.3 節で扱った例では、地域性という変数が、広告配信かどうかという処置の割り当てと購買傾向、双方に影響を与えていました。それと同じような状況になっています。つまり、偏りのないフェアな集団同士の比較になっていません。

実験の優れているところは、処置を施す対象の選定を行えることです。先ほどの推定量候補であった観察されたアウトカムの単純平均差が、妥当な推定量になるように、なるべく偏りのないように処置を割り付けできれば良いわけです。例えば、図 3.1.3 での広告対象者を偏りが小さくなるように、広告配信対象を消費者 1,4、広告配信対象外者は 2,3 と割り付けると次のようになり、

観察されたアウトカムの単純平均差
$$= \frac{500 + 70}{2} - \frac{350 + 110}{2} = 285 - 230 = 55,$$

現実的な推定量になります（これでも偏りはりあますが）。しかし、このような上手い具合に介入対象を選定することは、神データの答えを知っていないとできません。そこで、我々人間が偏りなく介入対象を選定するランダム化の出番です。

ランダム化比較試験

議論が入り組んできたので、一旦ここで整理します。まず、因果推

図3.1.5 コイントスで広告配信対象を決める

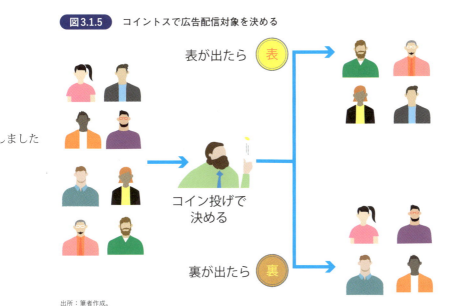

出所：筆者作成。

論で興味深い量は、同一ユニットの処置を施した場合と、そうでない場合の成果の差で、平均処置効果（ATE）と言いました。神の視点に立てば、処置を施した世界とそうでない世界両方を見て、それを簡単に計算できます。一方で、そんな夢物語みたいな話はありません、ということでした。従って、我々人間が観測できている量で、何とかそのATEの推定量みたいなものを計算して代替したい、そのために観察されたアウトカムの単純平均差という観測されたデータで計算できる量を考えました。この量がATEの推定値と見なせるかどうかは、処置の割り付けが偏っていないということが必要、というのがここまでの話です。

　偏りなく処置を割り付けすることは、処置を行うかどうかと潜在的アウトカムが無関係であるということです[13]。ただし、処置と実際に観測されるアウトカムが無関係と言っているわけではありません。

---

[13] 厳密には、処置と潜在的アウトカムが独立であることです。P109のコラム内で詳しく説明しています。

図3.1.6 ランダム化のシミュレーション結果

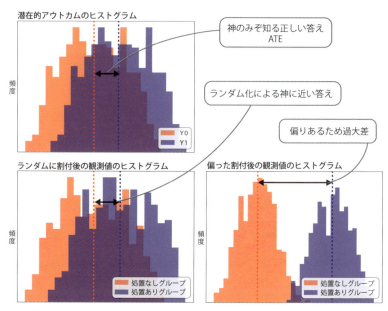

出所：筆者作成。

　ランダム化比較試験[14]とは、あるグループをランダムに2つに分け、一方に処置を施し、もう一方には何も行わずに両方のグループの成果を比較する方法です。ランダムに2つに分けるというのは、例えばコイン投げで所属するグループを決めることです。表が出れば処置グループに、裏が出れば非処置グループに分類します。このような割り付けと潜在的アウトカムが無関係になることは、直感的に明らかでしょう。無作為に分けているので、そこに偏りはないはずです。

　まとめると、ランダム化比較試験では観察されたアウトカムの単純平均差を平均処置効果（ATE）、つまり処置の効果と見なして良いということです。図3.1.6では、ランダムに割り付けした場合の単純平均

---

[14] 英語の略称 RCT（randomized controlled trial）で表記されることが多いです。

差が、神のみぞ知る ATE に近い様子を示しています。ランダムに割り付けするだけで、観測されていない様々な要因によるバイアスを一切考えなくて良いというのは大きな利点です。

潜在的アウトカムと処置の独立性の仮定

観察されたアウトカムの単純平均差を ATE の推定量とするために、ランダム化がなぜ有効なのかについて、少し詳しく説明します。

まずは、以下のような仮定を置きます。

$$E[Y_1|T=1] - E[Y_1|T=0] = 0,$$
$$E[Y_0|T=1] - E[Y_0|T=0] = 0$$

これは、それぞれの潜在的アウトカムは処置の有無に寄らないということです(厳密には、処置と潜在的アウトカムが独立)。以下のテーブルで説明すると、①と②、③と④が平均的に同じであるという意味です。この仮定より、①と④の平均の差は青色(① + ②)と緑色(③ + ④)の平均の差と同じだと見なせます。これは、観察されたアウトカムの単純平均差が ATE の推定量として妥当であることを示しています

図　アウトカムテーブル

Y_{1i}	Y_{0i}	T_i	Y_i
①	③	$T_1 = 1$	①
①	③	$T_2 = 1$	①
②	④	$T_3 = 0$	④
②	④	$T_4 = 0$	④

出所:筆者作成。

従って、論点は「仮定を満たすような割り付けをするにはどうしたら良いか？」ということになります。そしてその解は、ランダム化による割り付けです。直感的にも明らかですが、無作為に割り付けしているので当然、潜在的アウトカムとは何の関係もありません。上記テーブルがランダムな割り付けによって得られたものだとすると、①と②、③と④はほぼ同じものと見なせます。

数式で説明すると、観察されたアウトカムの単純平均差は次のようになり、ATE の推定量とみなせます。

$$\frac{1}{N_1}\sum_{i:T_i=1}Y_i - \frac{1}{N_0}\sum_{i:T_i=0}Y_i \approx E[Y|T=1] - E[Y|T=0],$$
$$= E[Y_1|T=1] - E[Y_0|T=0]$$
$$= E[Y_1] - E[Y_0] = ATE$$

最後の等式は、最初の仮定、もしくはランダム化から導かれます。

3.1 のまとめ

- 実験では事前に偏りのない2つのグループを作り、一方に特定の処置（例えば広告配信）を施し、もう一方には施さず、その結果を比較する。
- 観察ではすでに発生したデータをもとに、処置を受けたグループと受けていないグループを比較する。しかし、バイアスがかかる可能性があり、結果の解釈が難しくなる。
- 潜在的アウトカムを用いて、ATE を定義した。これは因果推論で求めたい量である。しかし、現実的にこれは計算できない。
- 偏りがないように2つの集団を作成できれば、実験の手続きで ATE を推定することが可能。
- ランダムに2つのグループを作成すると、偏りがないようにできる。

3.2
A/Bテスト
－施策検証から ランディングページの最適化まで

■ A/Bテスト

　ランダム化比較試験は、因果推論の問題に対してシンプルかつ正確な方法です。そのため、マーケティングの世界でも特にランダム化と、実験が容易な「広告のクリエイティブなどの効果検証」のために用いられています。そして、ランダムに割り付けされた2グループをそれぞれAグループ、Bグループと表現することから、A/Bテストと呼ばれています。

　A/Bテストはビジネス上の俗語で、ランダム化比較実験は学術用語という理解で結構です。図 3.2.1 では、WEBコンテンツのクリエイティブパターンA/Bをランダムに出し分け、クリック率やコンバージョン率を比較しています[15]。

---

[15] このようなA/Bテストを行うツールは、様々なデベロッパーから提供されています。例えば、「Optimizely」や「VWO」などがあります。

図3.2.1　WEBコンテンツのクリエイティブの効果を比較する

WEBコンテンツ改善の例

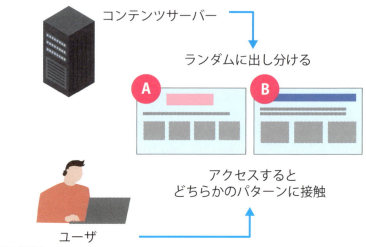

出所：筆者作成。

　A/B テストはランダム化実験の要件さえ整ってしまえば、背景要因だとかそのようなややこしいことを考えずに効果の検証が可能です。そのため簡単に無作為化でき、異なる処置を行いやすいインターネットコンテンツとはとても相性が良いのです。従来では実験コストに見合わないような小規模な実験、例えばわずかなクリエイティブの差（文字の色やテキストのフォントなど）の検証を繰り返すことも可能です。少し古い例ですが、マイクロソフト社では Bing の検索結果の広告見出しの表示方法をテストしました。とても小さなアイデアでありテスト検証の必要性を疑われましたが、簡単な A/B テストで有効性が検証できました。その結果を受けて、効果が高いと判断された広告の表示方法を実装したところ、ユーザ体験を損なうことなく、年間 1 億ドルの売上増加に繋がったそうです[16]。

---

[16] ロン・コハビィ, ステファン・トムク．(2018). A/Bテストの効果的な実施法. DIAMOND ハーバード・ビジネス・レビュー（2018 年 7 月号）．

いろいろなA/Bテスト

［壊血病とビタミンC］

　18世紀、イギリス海軍の船長は地中海で働く船員に壊血病が発病しないことに気づきました。この船の乗組員には柑橘類が配給されていたため、彼は実験を行いました。半数の船員にライムを与え（治療群）、残りの半数には通常の食事を続けさせたのです（対照群）。結果、ライムを摂取した群とそうでない群の間で、壊血病の発症率に顕著な差が見られました（ただし、当時は壊血病がビタミンC不足によるものであることや、ライムにビタミンCが含まれていることは知られていませんでした）。この発見により、イギリス海軍は定期的に柑橘類を摂取するようになり、「ライム」という呼称が生まれ今日まで親しまれています。

（参考）Rossi, Peter H, Lipsey, Mark W and Freeman, Howard E. Evaluation: A Systematic Approach. 7th. s.l. : Sage Publications, Inc, 2003. 0-7619-0894-3.

［選挙でのデータ活用］

　2012年米大統領選において、オバマ元アメリカ大統領の2012年の再選キャンペーンでは、オバマ陣営のデジタルチームに所属していたKyle Rush（現在MaisonetteのCTO）により、キャンペーンページに対して500回ものA/Bテストが実施されました。その結果を受け、ユーザインターフェースをシンプルな構造に変えて、寄付のコンバージョン率を49％向上させました。

（参考）A/B Testing? Obama's weapon of mass election. (2016.04.11) Nicholas Parmley https://www.linkedin.com/pulse/ab-testing-obamas-weapon-mass-election-nicholas-parmley/

適切なサンプルサイズ

　ランダムに割り付けしたAグループ、Bグループの成果の差を処置の効果として評価するのが、A/Bテストの基本です。一方で、A/Bグ

ループに割り付けしたサンプルサイズがそれぞれ 10 件しかない場合、この成果の差を処置の効果として評価できるでしょうか？では、100 件ならどうでしょう？

10 件よりは信頼できそうですが、これは因果推論の議論というよりも、古典的な統計学における適切なサンプルサイズの問題です。サンプルサイズについて厳密な議論をするには、統計学、特に標本分布についての知識が必須です。しかし、本書は因果推論の本ですので、それらを丁寧に説明するのは本書の趣旨から外れます。そこで本書では、サンプルサイズに関して、厳密性より直感的な理解を優先した解説に留めたいと思います。なお、本節の内容は因果推論とは独立した話ですので、標本分布論に馴染みのない方は、本節は読み飛ばしていただいても因果推論の理解には支障ありません。

図 3.2.2 は、適当な割引クーポンを配布するという処置を割り付けした A グループ、それ以外の B グループの購買割合の集計表です。A

図3.2.2　サンプルサイズごとのA/Bテストの結果

(a)

	購買無	購買有	横小計	購買割合
Aグループ	9	1	10	10.0%
Bグループ	10	0	10	0.0%
合計	19	1	20	5.0%

10.0 ポイントの差

(b)

	購買無	購買有	横小計	購買割合
Aグループ	92	8	100	8.0%
Bグループ	94	6	100	6.0%
合計	186	14	200	7.0%

2.0 ポイントの差

(c)

	購買無	購買有	横小計	購買割合
Aグループ	896	104	1,000	10.4%
Bグループ	948	52	1,000	5.2%
合計	1,844	156	2,000	7.8%

5.2 ポイントの差

出所：筆者作成。

グループの購買割合を 10.0%、B グループのそれを 5.0% と設定して、シミュレーションして生成したデータです。従って、その処置の真の効果は「10.0% − 5.0% → 5.0 ポイント [17]」です。しかし、図 3.2.2(a) ではサンプルサイズが 10 件しかないため、その成果の差は 10.0 ポイントとなり、かなり過大評価をしています。つまり、ランダムに割り付けされた A/B テストであっても、そのサンプルサイズがある程度の大きさを持っていないと、その成果の差は推定量として信頼ができないということです。サンプルサイズが大きくなるにつれ、その差は神のみぞ知る 5.0 ポイントに近づいていきます。

では、どれだけサンプルサイズが大きければ良いのでしょうか？

大きければ大きいに越したことはないと言いたいところですが、現実的な問題としてデータの収集時間は限られているため、ある程度の妥協が必要です。図 3.2.3 は先の例の設定で、サンプルサイズを 5 から 10,000 まで増加させた場合の、A 群と B 群の成果の差 (この例だと購買割合の差) をプロットしたものです。

図3.2.3 サンプルサイズの増大と推定成果差のバラツキ

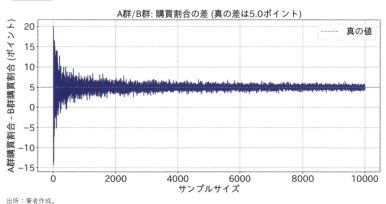

出所：筆者作成。

---

[17] 比率の比較の場合、10%-5%=5% ではなく、ポイントと記します。

件数が大きくなるにつれ、真の値に近づいていきます。重要なのは、件数が大きくなるにつれ、近づく速さが遅くなっているということです[18]。この例だと、1,000件を超えたあたりから、誤差の減少スピードは緩やかになっているように見えます。同じ時間をかけて1,000件を2,000件にするよりは、この件数で妥協して検証するというのもビジネス上では妥当な判断でしょう。随分いい加減に思えるかもしれませんが、マーケティングですので、現時点での方向性仮説を立て、素早く検証して、いろいろと実験した方が良いというのが筆者の意見です[19]。

とはいえ、適当なサンプルサイズを知りたいという気持ちももっともです。そこで、A/Bテストの結果を統計的仮説検定で検証することを前提に、適当なサンプルサイズを決定する方法をご紹介します。

統計的仮説検定とは、得られた成果の差が偶然なのか、そうでないのかを判断する方法です。直感的に言えば、コインを10回投げて、すべて表が出たとしましょう。このとき、仮説「コインは歪みなく公平である」とすると、そのようなことが起きる確率は1/1024です。そんなレアなことが起こったと考えるよりも、そもそも仮説「コインは歪みなく公平である」が間違いである、と考える方が自然でしょう。従って、コインは偏っていると判断します。

仮に2回投げて、2回とも表が出た場合、その確率は1/4なので、「ありえなくもない」数字です。そのため、コインが偏っているとは言い切れません。このような「ありえる/ありえない」確率の基準を、有意水準と言います。

---

[18] サンプルサイズをk倍すると、$(1/\sqrt{k})$倍に比例するスピードで近づきます。ですから、10→1,000件にする場合と、1,000件を100,000件にする場合で改善される精度は同じです。つまり、件数増加に対して成果の差の精度の改善効率が悪くなります。

[19] ビジネスにおいて、当事者意識は大事です。たまに「十分な件数がないから判断できない」という報告をするデータサイエンティストがいますが、ビジネスは研究の場ではないので、その限られた条件下の中でどうするのかという、自分なりのポジションを持つ必要があるでしょう。仮説でも結構ですので、アクションプランを必ず策定するようにしてください。

先の購買割合の例ですと、少しややこしいのですが「成果の差の真の値は0ポイントである」という仮説を立てます。これを、帰無仮説と言います。そして、帰無仮説が棄却された場合に採用される仮説を、対立仮説と言います。

　$n = 10$ の場合、成果の差 10.0% – 0.0%→10.0 ポイントが、この帰無仮説のもとで起きる確率を計算します。適当に定めた有意水準（5% と設定されることが多い）より小さければ、仮説を棄却し、A グループ、B グループで差はあったと判断します（対立仮説の採用）。しかし n が小さいと、ちょっとやそっとの差では統計的な有意差とは判断されません。つまり、「件数が少ないため、偶然なのか、本当に差があるのかわかりません」となります。先ほどのコインの例で、2回表が出たくらいでは、アンフェアなコインと言い切れなかったのと同じです。そこで、「じゃあ何件のサンプルサイズがあれば良いのか？」という問題を考えてみます。

　サンプルサイズを大きくすると、A グループと B グループの標本平均の差（つまり、図 3.2.2 の A グループと B グループの購買割合の差）の分布のばらつきは小さくなります。仮に、様々なサンプルサイズで A/B テスト実験を繰り返した場合（現実的には不可能ですが）、サンプルサイズが小さいと、この差は実験の度にばらつきますが、大きいと、実験ごとにその値は概ね同じになるということです。これが基本の考え方です。

　図 3.2.4 は、以下2つの仮説のもとでの、標本平均の差の分布です。

・帰無仮説
　A/B に差はない、つまり、A グループ平均 − B グループ平均 =0。

・対立仮説
　A グループ平均 − B グループ平均 =0.05、つまり、購買割合で言うと 5.0 ポイントの差がある。

図3.2.4　サンプルサイズごとの標本平均の差の分布

(a) 仮説ごとの標本平均の差の分布n=100

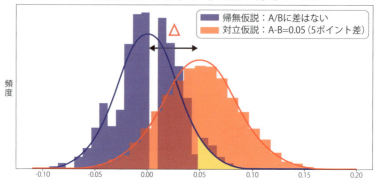

(b) 仮説ごとの標本平均の差の分布n=1,000

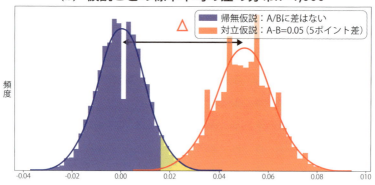

(c) 仮説ごとの標本平均の差の分布n=10,000

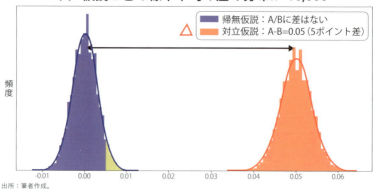

出所：筆者作成。

サンプルサイズ（図中では n と表記）を 100、1,000、10,000 ごとに変えて同じ条件で描画したものが (a)(b)(c) です。青い山が帰無仮説、オレンジ色の山が対立仮説のもとでの標本平均の差の分布です。青い山は差がないという仮定ですので、山の中心は 0 にあります。明らかに、2 つの山のばらつきの程度は (a)(b)(c) の順に小さいでしょう。

　そのため、サンプルサイズを増やしていくと、図 3.2.4 のように A/B に差がないという仮説と、差があるという仮説のもとでの分布がきれいに分かれていきます。適切なサンプルサイズとは、青い山とオレンジ色の山が適当な程度で分かれてくれるような n です。

　サンプルサイズ以外で山同士の距離に影響を与えるのは、差がある場合の山（オレンジ色の山）と、差がないという仮説の山（青い山）の差です。図 3.2.4 では、この差を Δ で表記しており、0.05（5.0 ポイント）です。この Δ を極端に小さく設定すると（例：A 群購買割合 10.001% − B 群購買割合 10.000%→0.001 ポイント）、山間の距離は小さくなります。しかし、サンプルサイズを十分に大きくすれば、2 つの山の裾が重ならないようにできます。つまり、どんなに小さな Δ でも、十分大きなサンプルサイズがあれば、僅かな差でも統計的に有意にできるのです。従って、事前にビジネス上意味のある差を想定する必要があります[20]。この想定される適切な差を、「効果量」と言います[21]。

　次に、有意水準を考えます。図 3.2.5 の黄色で塗りつぶした領域の面積が、有意水準（α）に相当します。その領域の左下限より大きい領域を、棄却域とも言います。有意水準はサンプルサイズを決定する要因の 1 つですが、慣習的に 5% とすることが多いようで、本章では 5%

---

[20] 購買割合に 0.001 ポイントの有意差があることを示すために、A/B テストをする意味はないでしょう。ビジネスとして有益な差を調べるために必要十分なサンプルサイズで実験すべきです。
[21] 文献によっては、山のばらつきで調整した、単位に依存しない量で定義されることもあります。

で固定します。図3.2.5の黄色で塗りつぶした領域の面積が5%ということになります[22]。これを小さく設定すると、より多くのサンプルサイズが必要となります。

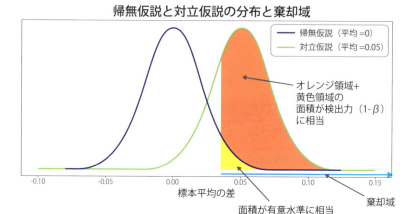

図3.2.5 有意水準と棄却域、検出力

出所:筆者作成。

さて、その他のサンプルサイズを決定するために必要な要素、検出力についても説明します。A/B間に差があるという仮説(対立仮説)が正しいにも関わらず、帰無仮説を棄却できない確率をβとすると、検出力は次のように定義されます。

$$検出力 = 1 - \beta$$

検出力は、対立仮説が正しい場合に正しい結論に達する確率で、図3.2.5のオレンジ色の領域の面積と、有意水準に相当する黄色の領域の面積の和に相当します。当然、これも大きければ大きいほど良いのですが、サンプルサイズを大きくしていけば、有意水準、効果量を固定

[22] 青い山の部分の面積を全部足すと100%です。

したままであっても1に近づけることが可能です。実務的には80%（$\beta=0.2$）として設定することが多く、本書でもそのようにします。

有意水準（5%）、検出力（80%）、効果量Δを決定すれば、サンプルサイズを計算できます。ここでは、成果は購買やクリックのような2値を取る変数とし、Aグループ、Bグループの成果の発生率はp_A、p_Bとします。さらに、帰無仮説を次のようにして、

$p_A = p_B = p = 0.05$（つまり差がなく、成果の発生率はいずれも5%）

対立仮説を次のようにします[23]。

$$p_A - p_B = 0.10 - 0.05 = \Delta = 0.05 > 0$$
（つまり差があり、その差は5.0ポイント）

さらに、サンプルサイズの計算には帰無仮説、対立仮説のもとで、標本平均の差の分布の標準偏差が必要です。これにどの値を使うかは、様々な書籍やWEBサイトによって異なるようですが[24]、本書では2項分布する2つの変数の標本平均の差なので、次のようにします。

$$帰無仮説の場合 : \sigma_0 = \sqrt{\frac{2p(1-p)}{n}}$$

$$対立仮説の場合 : \sigma_1 = \sqrt{\frac{p_A(1-p_A) + p_B(1-p_B)}{n}}$$

図3.2.5の有意水準を5%、Δを0.05に固定して、nを動かしながら検出力が80%となるようなnを探索すると、図3.2.6より、268が最適なサンプルサイズということがわかります。

---

[23] 片側検定を仮定しています。また$\Delta=0.05$であっても、0.10-0.05=0.05 と 0.50-0.45=0.05 では若干計算結果が異なるため、ベースラインである帰無仮説のpも与える必要があります。

[24] 「a/b test sample size calculator」で検索すると、サンプルサイズの計算を行うWEBサイトがヒットしますが、有意水準や検出力が同じでもそれぞれのサイトによって微妙に結果が異なるのは、おそらくばらつきの仮定が異なると考えられます。

図3.2.6　nごとの検出力

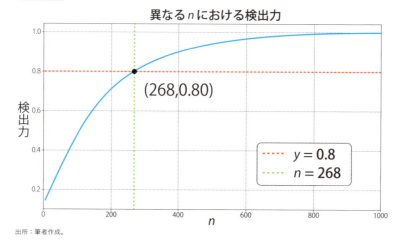

直感的には「（左の山の95%タイル点と左の山の頂点との差）+（左の山の20%タイル点と左の山の頂点の差）= 効果の差」となるようなnを探索しています。

図3.2.7　Δとばらつきの関係からサンプルサイズを算出する

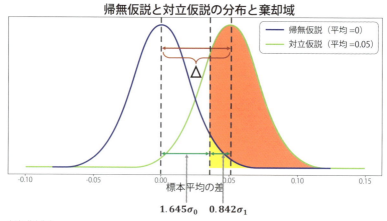

これを数式で表現すると

$$\Delta = 1.645 \times \sigma_0 + 0.842 \times \sigma_1$$

$$= \frac{1.645 \times \sqrt{2p(1-p)} + 0.842 \times \sqrt{p_A(1-p_A) + p_B(1-p_B)}}{\sqrt{n}}$$

となり、これを n について解くと、

$$n = \frac{\left(1.645 \times \sqrt{2p(1-p)} + 0.842 \times \sqrt{p_A(1-p_A) + p_B(1-p_B)}\right)^2}{\Delta^2}$$

です。これを適当に四捨五入して整数にすれば、それが求めたい n です。ただし、p は帰無仮説を仮定した場合の A、B グループの成果の発生率、p_A、p_B は対立仮説のもとでの A、B グループの成果の発生率です。1.645 は標準正規分布の 95% タイル点、0.842 は 80% タイル点です。先述したように、本書では成果が発生するか否かの二項分布に従う前提で、その母分散の値を使用しています[25]。

> ### ベイジアン A/B テスト
>
> ご覧の通り、古典的な統計的仮説検定はいろいろと考慮しなければならないことが多く面倒です。そこで、ベイジアン A/B テストをご紹介します。
>
> ベイジアン A/B テストでは、A グループ、B グループの処理による効果（購買割合など）が確率分布していると考え、その分布から A グループの効果 >B グループの効果となる確率をダイレクトに計算します。

---

[25] なぜ、二項分布の標本平均が釣鐘型の正規分布になるのか気になる方もいるかもしれませんが、これは中心極限定理という、大変ありがたい確率論の大定理のおかげです。興味ある方は、統計学の教科書などご参考願います。

本文の仮定と同じように、成果は二項分布に従う購買やクリックのような2値変数（0 or 1 の値を取る）とします。A、Bのパラメータ p_A、p_B の分布を求め、$P(p_A > p_B)$ を計算します。p_A、p_B の事前分布をベータ分布とします。ベータ分布は二項分布の共益事前分布です。共益事前分布はいろいろと都合が良い分布です。ベイズ統計の神髄は、観測したデータから事前分布を更新し、もっともらしい分布に近づけていくことです。この更新後の分布を、事後分布と言います。事前分布をベータ分布としたときの、二項分布のパラメータの事後分布は次のとおりです。

$$P(p_A) = beta(n_A + \alpha_A, N_A - n_A + \beta_A),$$
$$P(p_B) = beta(n_B + \alpha_B, N_B - n_B + \beta_B)$$

　ただし、n_A、N_A はそれぞれAグループの成果の発生数（例えば、購買やコンバージョン）と総試行数です。α_A、β_A は事前分布のパラメータです。B群のパラメータも同様です。すると、$p_A > p_B$ となる確率は次のようになります。

$$P(p_A > p_B) = \int_0^1 \int_0^1 I(p_A > p_B) P(p_A) P(p_B) dp_A dp_B$$

　ただし、$I(p_A > p_B)$ は $p_A > p_B$ のときは1を、それ以外では0を返す関数です。

　最後の式は、そのままの計算が（おそらく）不可能であるため、モンテカルロ・シミュレーションでサンプリングした標本で計算します。次ページの図は、シミュレーションで生成した $p_A - p_B$ のヒストグラムです。これを使えば、$P(p_B > p_A)$ や事後確率最大推定量も自在に計算できます。100件より1,000件の場合の方が、真の値の差0.05に分布が集中していることがわかるでしょう。標本平均の分布ではなく、母平均 $p_A - p_B$ の事後分布を解析することがベイジアンの特徴です。

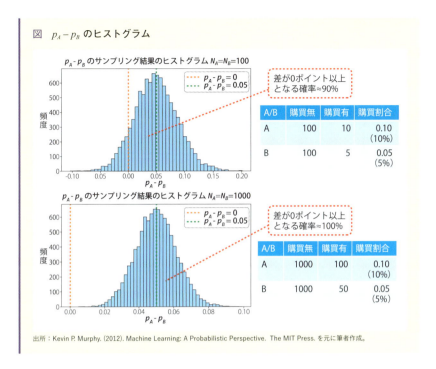

図 $p_A - p_B$ のヒストグラム

出所：Kevin P. Murphy. (2012). Machine Learning: A Probabilistic Perspective. The MIT Press. を元に筆者作成。

3.2のまとめ

- A/B テストはランダム化比較試験のビジネスへの応用で、2つの集団（A、B グループ）に異なる処置を行い、その効果を比較する。特に、WEB コンテンツの効果検証に適している。
- サンプルサイズが小さいと信頼性に欠ける。効果量、検出力や有意水準を考慮し、現実的なサイズを決定することが重要。

3.3

ただのA/Bテストとは違う
-実験をもっと効率良く行いたい

■ 走りながら試すバンディットアルゴリズム

　A/Bテストの目的は、A、Bグループごとの処置の違いによる効果を検証することでした。例えば、広告バナーAとバナーB、どちらのコンバージョン率が高いかなどを検証します。その結果、バナーAの成果がBより良いことがわかれば、以後バナーAに固定して配信すれば良いわけです。

　しかし、バナーの種類が何種類もある場合や、またその効果も時期によって変わる場合などでは[26]、常に実験を行い続けなければなりません。効果検証を正確に行うためにはある程度のサンプルサイズが必要であるため、正確さを追求すると実験期間が長くなり収益を逃します。逆もまた然りで、収益を追い求め実験を簡単に済ませれば、バナーの効果検証の正確性に疑義が残ります。

　このように、実験の正確性と収益性はトレードオフの関係にあります。そして、収益と正確性のバランスを取りながら実験と収益獲得を同時に行う手法をバンディットアルゴリズムと言い、実験フェーズを探索（exploration）、収益獲得フェーズを活用（exploitation）と言います。簡単に言えば、「走りながら試す」という運用方法を実現するアル

---

[26] ハロウィンに好まれるバナーと、クリスマスに好まれるバナーはおそらく異なるでしょう。

ゴリズムです。

　バンディットアルゴリズムは、設定不明の複数台のスロットマシンを用いたギャンブルに例えられます[27]。それぞれの台を試しながら、当たりやすいと思われる台の試行回数を多めに、そうでない台の試行回数はやや少なめに探索しつつ収益の最適化を行うのです。コンバージョンなどの効果を報酬（reward）、バナーA、B、…Fのような選択肢をアーム（arm）と呼びます。当然、アームはスロットマシンのアームが由来です。バナーの数だけスロットマシンがあるイメージを想像すると、わかりやすいかと思います。通常のA/Bテストは、アームが2つ、かつ一度探索を終えたら以降はずっと活用フェーズに入る、バンディットアルゴリズムの特殊なケースと考えることができます。ですから、一般化されたA/Bテストとも言えます。

図3.3.1　多腕バンディットアルゴリズムのイメージ

出所：筆者作成。

　バンディットアルゴリズムの実装方法はいろいろあり、代表的なものに、Epsilon-Greedy アルゴリズム、Upper Confidence Bound（UCB）アルゴリズム、Thompson Sampling などがあります。本書では、一番簡単な Epsilon-Greedy アルゴリズムについて解説します

　このアルゴリズムはとても簡単で、以下の手続きで構成されます。

---

27) パチンコやスロットに詳しい方は、スロットには設定があることをご存知だと思います。一般的には設定1が一番辛く、6が甘いとされています。当然、パチンコホールに来るお客様からは見分けがつきません。見分けがつかないからこそ、アツい演出で期待を煽るわけです。

① 確率1-εで、現在までの平均報酬が最も大きいアームを引きます（活用を選択）。確率εで、全てのアームからランダムに一つのアームを選択して、それを引きます。
② これを繰り返します。

アームがK個の場合を図示すると、図3.3.2のようになります。別の候補を検討する場合はK個すべてのアームが候補となるので、「今までの平均報酬が最も大きいアーム」のみ、選択される確率が$1 - \epsilon + \epsilon/K$であることに注意してください。

図3.3.2 Epsilon-Greedyアルゴリズム

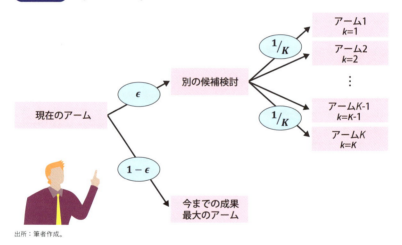

出所：筆者作成。

それでは、実際にシミュレーションしてみましょう。問題設定は次の通りです。

・アーム数：5
・報酬：0/1の2値変数（例えば、クリック有無や購買有無）
・アームの真の報酬分布：報酬=1となる確率は、アーム1〜5それ

ぞれで、[1.5%, 2.0%, 1.5%, 3.0%, 2.0%]

　始めから真の報酬分布がわかっていれば、アーム4（3.0%）をずっと引き続ければ良いのですが、これがわからないためバンディットアルゴリズムで最適運用します。図3.3.3は、この問題に対して1,000回の運用シミュレーションをしたときの、選択されるアームの推移です。

図3.3.3　シミュレーションによるアームの選択状況

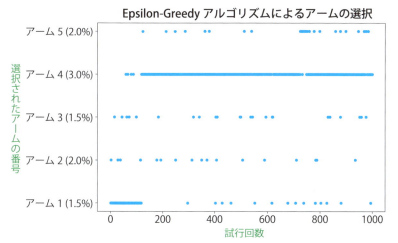

出所：筆者作成。

　初期設定のアームは1なので、最初はそれが多くなりますが、次第に最も期待報酬の大きいアーム4の出現回数が多くなります。

多因子のA/Bテスト

　A/Bテストは、特定の1つの要因についてAとB、2つのパターンを用意して、集団をランダムにA、Bに割り当て実験をします。そして、その2つのグループの成果を比較する手法です。一方で、多因子

テストは複数の要因を考えます。例えば、バナーの色の候補を A、B、テキストの色の候補を A′、B′ として、図 3.3.4 の 4 パターンを考え、それぞれをランダムに割り当てて実験し比較します。

図3.3.4　バナー、テキストの色の組み合わせ

テキストの色 ／ バナーの色	A′	B′
A	AA′	AB′
B	BA′	BB′

出所：筆者作成。

　バナー、テキストのような要因を因子、A、B のような取り得るパターンを水準と呼ぶ場合もあります。2 因子、2 水準程度だと $2^2 = 4$ パターンですので、A/B テストが A/B/C/D になる程度でそこまで実験は難しくありません。しかし、バナーの位置（トップ / ボトム）が加わると 8 パターン、バナー、テキストの色が 3 色、バナーの位置が 3 通りになれば、27 パターンもの実験が必要になります。変数の数に対して指数関数的に組み合わせパターンが増えるため、それらすべてで実験をするのは現実的ではありません。

　このような問題を解決するために、直交表（Orthogonal Array）を活用します。直交表は、複数の要因と水準の組み合わせを効率的に配置し、必要最小限の実験回数で全体のパターンを代表するデータを収集できるように設計された表です。
　具体例で見てみるために、以下 3 つの因子を考えます。

・因子 a：バナーの色（2 水準）
・因子 b：テキストの色（2 水準）
・因子 c：バナーの配置位置（2 水準）

すべて2水準（つまりバナー、テキストの色は2色、配置位置は画面トップorボトム）です。すべてのパターンを列挙すると、図3.3.5のようになります。()の中身の1,2は、水準を数字で表したものです。

図3.3.5 実験全パターン

実験	a:バナーの色	b:テキストの色	c:配置
1	赤（1）	赤（1）	トップ（1）
2	赤（1）	赤（1）	トップ（1）
3	赤（1）	青（2）	ボトム（2）
4	赤（1）	青（2）	ボトム（2）
5	青（2）	赤（1）	ボトム（2）
6	青（2）	赤（1）	ボトム（2）
7	青（2）	青（2）	トップ（1）
8	青（2）	青（2）	トップ（1）

出所：筆者作成。

ここで、各要素に交互作用がないと仮定します。交互作用とは、一方の因子の水準が他方の因子の水準による違いに影響することです。具体的に言えば、赤色のバナーのとき、赤色のテキストは見えづらいため、青色のテキストの方が効果は高くなりますが、青色のバナーの場合はその逆です。これと反対に、バナーの色によらず、テキストが赤色である場合と青色である場合の成果の差が同じとき、交互作用がないと言います。

以下の例では、いずれの組み合わせでも交互作用はないものとします。各因子の効果は、その因子以外は全く同じ条件で比較することで計算できるので、

- 因子a：バナーの色の効果：
  （実験1～4の成果の平均）－（実験5～8の成果の平均）
- 因子b：テキストの色の効果：
  （実験1,2,5,6の成果の平均）－（実験3,4,7,8の成果の平均）
- 因子c：配置の効果：
  （実験1,2,7,8の成果の平均）－（実験3,4,5,6の成果の平均）

となります。ここで少々天下り的ですが、実験1,4,5,8だけを取り出します。すると、図3.3.6の表が得られます。

図3.3.6 $L_4(2^3)$ 直交表

実験	a:バナーの色	b:テキストの色	c:配置
1	赤（1）	赤（1）	トップ（1）
4	赤（1）	青（2）	ボトム（2）
5	青（2）	赤（1）	ボトム（2）
8	青（2）	青（2）	トップ（1）

出所：筆者作成。

この表を、$L_4(2^3)$ 直交表と言います。Lの右下の4という数字は、4回の実験ということで行数に対応しており、2の右上の3は因子の数で列数に対応しており、2は2水準という意味です。

実は、図3.3.6の直交表にある4回の実験を行えば、3つの因子の効果がわかります。つまり、交互作用がないと仮定すれば、8回の実験が4回の実験で済むということになります。この理屈を図で説明しましょう。図3.3.7は相互作用ないという仮定のもとで、実験ごとの結果を記したものです。相互作用がないため、平行線が4本描画されます。

図 3.3.7 交互作用のない場合の全パターン実験結果とその効果の関係

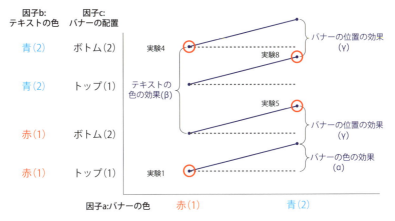

出所：筆者作成。

因子 a,b,c それぞれの効果を α, β, γ とすると、図 3.3.7 より実験の結果は図 3.3.8 のように整理されます。4 つの線が平行しているため、実験 1 の結果を 0 としても一般性を失いません。

図 3.3.8 直交表と実験結果

実験	a: バナーの色	b: テキストの色	c: 配置	結果
1	赤 (1)	赤 (1)	トップ (1)	0
4	赤 (1)	青 (2)	ボトム (2)	$\gamma + \beta$
5	青 (2)	赤 (1)	ボトム (2)	$\alpha + \gamma$
8	青 (2)	青 (2)	トップ (1)	$\alpha + \beta$

出所：筆者作成。

α, β, γ を求めるには、実際に得られた値を結果の方程式に当てはめ、3 変数の連立方程式を解けば求める効果が得られます。相互作用がある場合は平行線が成立しないため、このような計算はできません。この場合、配置の列に相互作用 ab が入ります。すると、2 つの変数の効果を 4 回の実験で行っているため、実験回数の削減にはなっていません。

図3.3.9 直交表と実験結果（交互作用あり）

実験	a: バナーの色	b: テキストの色	ab: 相互作用	結果
1	赤（1）	赤（1）	赤赤（1）	0
4	赤（1）	青（2）	赤青（2）	α_1
5	青（2）	赤（1）	青赤（2）	α_2
8	青（2）	青（2）	青青（1）	α_3

出所：筆者作成。

　交互作用はないものと仮定して実験回数を減らすことが、直交表による実験回数削減の肝です。つまり、統計的に実験を手抜きする方法です。しかし、本例のような因子が3つの場合では、あまりその威力を実感することは難しいため、2水準の$L_{16}(2^{15})$直交表[28]を考えます。5つの因子a,b,c,d,eを考えるのです。

図3.3.10 $L_{16}(2^{15})$直交表

実験番号	1	2	3	4	5	6	7	8	9	10	11	12	13	14	15
1	1	1	1	1	1	1	1	1	1	1	1	1	1	1	1
2	1	1	1	1	1	1	1	2	2	2	2	2	2	2	2
3	1	1	1	2	2	2	2	1	1	1	1	2	2	2	2
4	1	1	1	2	2	2	2	2	2	2	2	1	1	1	1
5	1	2	2	1	1	2	2	1	1	2	2	1	1	2	2
6	1	2	2	1	1	2	2	2	2	1	1	2	2	1	1
7	1	2	2	2	2	1	1	1	1	2	2	2	2	1	1
8	1	2	2	2	2	1	1	2	2	1	1	1	1	2	2
9	2	1	2	1	2	1	2	1	2	1	2	1	2	1	2
10	2	1	2	1	2	1	2	2	1	2	1	2	1	2	1
11	2	1	2	2	1	2	1	1	2	1	2	2	1	2	1
12	2	1	2	2	1	2	1	2	1	2	1	1	2	1	2
13	2	2	1	1	2	2	1	1	2	2	1	1	2	2	1
14	2	2	1	1	2	2	1	2	1	1	2	2	1	1	2
15	2	2	1	2	1	1	2	1	2	2	1	2	1	1	2
16	2	2	1	2	1	1	2	2	1	1	2	1	2	2	1
4因子 交互作用あり	a	b	a×b	c	a×c	b×c	a×b×c	d	a×d	b×d	a×b×d	c×d	a×c×d	b×c×d	a×b×c×d
5因子2因子間 交互作用あり	a	b	a×b	c	a×c	b×c	d×e	d	a×d	b×d	c×e	c×d	b×e	a×e	e

出所：筆者作成。

[28] 基本的には、L4、L8、L16のように行数は2の指数に対応しています。

4因子ですべての交互作用があると考えた場合、当然すべての組み合わせを実験するため、2^4=16回の実験が必要です。一方で、5因子で2因子間のみの交互作用を考えた場合、4因子の場合の3因子交互作用部分に5つめの因子eの主効果と、eと他の因子の交互作用を割り当てると、本来2^5=32回の実験が必要な5因子問題も、その半分16回で実験可能です。もちろん、3因子以上の交互作用を無視しているため、正確性は全パターン実験より落ちますが、3因子以上の交互作用なんてどれほどあるのでしょうか。よくわからない交互作用の効果を一旦捨てて、効率的な妥協案を得るというスタンスに立てば十分な方法だと思われます。

　一般的に、直交表は因子数と水準数によって適した形があります。2水準の場合は、$L_N(2^{N-1})$ が用いられます。因子数がM個の場合、全実験パターン数は2^Mです。一方で、2因子間の交互作用までのみを考慮する場合、主効果でM個、2因子間の交互作用のパターンで、$M(M-1)/2$です。そのため、$M + M(M-1)/2$個の列があれば十分です。従って、実験デザインに用いる直交表は、この列数に1を足したものより大きい行数を持つ直交表の中でも、最小のもので十分です。行数は実験回数でしたので、横着をすることで、その因子数に対する実験回数の概数は指数オーダーから多項式オーダー（$M + M(M-1)/2 + 1 \approx M^2, M \gg 1$）になります。そのため、$M$が大きいほど直交表による実験デザインは威力を発揮します。

3.3のまとめ

- A/Bテスト以外にも、様々な実験デザイン、アルゴリズムが提案されている。代表的なものに、バンディットアルゴリズム、直交表を活用した実験計画がある。
- バンディットアルゴリズムは収益性と正確性のバランスを取りながら、実験と収益獲得を同時に行う手法。つまり、走りながら実験するアルゴリズムである。
- 複数の因子がある場合、適当な交互作用を仮定し、効率よく実験を行うための道具が直交表である。

3.4 ランダム化実験はビジネスの現場では無理なのか
- 観察研究と因果推論への第一歩

ランダム化実験の倫理的・常識的観点からの制約

　処置を完全にランダムに割り付けし、適当な回数の実験を行えば、簡単かつ正確に処置の効果を検証することができます。このように聞くと、実験は因果推論の万能解のようにも思えるのですが、仮にそうだとすると、他の因果推論のフレームワークを学ぶ意味がないのでは？という疑問が浮かぶでしょう。しかし、実験にも限界があります。それは現実的に実験が不可能であったり、非効率であったりするケースです。3.1 節で例示した朝食と学力の関係の検証は、その1つです。ランダムに子どもを2つのグループに分けて、一方を朝食抜きにするとかは無理があるでしょう。

　特に、医療分野ではランダム化実験が不可能なケースがままあります。例えば、タバコが健康に与える影響[29]を検証する場合です。ランダム化実験の考え方に則れば、タバコを吸わない健康な人たちを集め、ランダムに2グループに分け、片方にタバコを吸ってもらい、もう一方はそのままで両集団の発癌率などを比較すれば良い、となりま

---

[29] 今でこそ、タバコの害に対して疑問を呈する人はいないでしょう。「喫煙と健康　喫煙の健康影響に関する検討会報告書」（厚生労働省 H28.9.2）には、喫煙（能動・受動）といくつかの癌との間には因果関係があると記されています。

す。理屈の上では正しそうなのですが、健康を害する可能性のある喫煙行動を強制することには倫理的な問題があるでしょう。

　他には、薬の有効性を検証するために、病気の患者を2グループに分け、片方に試したい新薬を、もう一方に偽薬[30]を処方するというケース。この病気に対して確立された有効な治療法があったにもかかわらず、偽薬を処方された患者の容体が悪化したとき、どう説明するのでしょうか？　医学の発展のために犠牲はつきものという言葉で納得できるでしょうか？　それ以前に、そもそも治療のために薬をもらっているのに、半分の確率で偽物かもしれないなんて、筆者ならいくらお金を積まれても嫌です（風邪ぐらいならいいかもですが）。

　マーケティングの各種施策なども同様です。物価の上昇に伴い値上げを検討している企業は多いと思いますが、値上げは一定量の需要を減少させます。そのため、企業は値上げによる影響の検証をしたいと考えています。実際にランダム化比較試験で検証しようとすると、ランダムに店舗を割り振り、一方の店舗グループは既存の価格で、それ以外のグループは値上げ価格で販売し、売上の比較を行うことになるでしょう。しかしこれは、高い価格で販売される店舗を訪れた消費者にとっては不公平です。また、店舗によって価格が異なるという情報を消費者がSNS等で知った場合、安い価格の店舗に消費者が集中してしまい、ランダム化実験の前提が破綻します。

　このように、実験研究は大変便利なものですが、それを行うことが倫理的・常識的に不可能であるケースは少なくありません。

ランダム化実験の経済的観点からの制約

　倫理的、常識的観点以外にも、コストの観点から実験が不適とされる場合もあります。簡単に言うと、「新提案AはBより良いことがわ

---

[30] 見た目は新薬と同じですが、薬効成分などが何も入っていないものです。

かった。従って、これからは A を実施する」という方針に経済的妥当性を持たせるためには、

> 新提案 A が B より良いことを示すための実験費用
> ＜これから A を実施することで得られる増分収益

これが成立している必要があります。当たり前ですが、検証の費用が「その結果から得られる便益」よりも大きかったら、やる意味はありません。

このパターン以外にも、「既存施策 A をやめるために効果を検証する」という方針に経済的妥当性を持たせるためには、習慣的に実施されてきた施策 A と、それをやめた場合（B）で効果の差がない（もしくはマイナスである）ことを検証する費用が、施策 A をやめた場合に削減される費用よりも小さい必要があります。つまり、

> 既存施策 A とやめた場合（B）に差がないことを示すための実験費用
> ＜施策 A をやめた場合に削減される費用

これが成立している必要があります。無駄な作業を無駄と証明するのも、無料ではないのです。いずれのパターンであれ、実験研究を行う経済合理性がない場合、実験は無意味だということです。

公共政策や公衆衛生のような施策の対象者が多い場合、実験費用あたりの効果が大きくなりスケールメリットを得やすいことから、「正しい施策を実行する（あるいは、意味のない施策をやめる）ことによる便益＞実験費用」となりやすいと考えられます。一方で、施策対象者が限定的になりがちな企業のマーケティングとなると、実験あたりの効果は小さく、それを行う意義がない場合も少なくありません。またマーケティングの場合、実験モニターのリクルーティング費用のみ

ならず、実験期間が長引くことによる機会損失も考慮しなければなりません。

なお例外として、インターネット広告のクリエイティブのクリック率検証のように、比較的短期間かつ安価に検証に適したサンプルサイズを取得できる場合、実験は適当かもしれません。3.3節で紹介したバンディットアルゴリズムは、まさに実験と運用のバランスを取り収益を最大化していくものでした。しかし、同じクリエイティブの検証であっても、4マス広告のようにまだまだ現実的に実験が不可能なケースは依然として存在しています。

最後に、実験を困難にするマーケティング特有の理由として、経営者の思考の癖があるのではないかと筆者は考えています。経営者は、ある時点で仮説を立て実行し、その成果を見て軌道修正するというプロセスを高速で行っています。そこには厳密な実験デザインがなく、検証にもかなりのバイアスが含まれていますが、不思議なことに、このプロセスを高速で回すことで徐々に正解に近づいていくのです。

これは筆者の完全な主観ですが、おそらく優れた経営者ほど、実行結果に内在するバイアスを見抜くことが上手いのではないかと考えています。マーケティングの世界では「解像度が高い」という表現がありますが、これと関連しているように思います。このような思考をする経営者から見ると、実験研究による検証は冗長で無駄に感じられ、実験による検証という提案が却下される傾向があるのではないかと推察します。

もちろん、企業は実験を全くやらないと言っているわけではありません。新商品をある地域だけ先行販売したりSaaS製品のβ版をリリースして様子を見たりすることも実験です。ただし、ランダムに処置が割り付けされているとは言い難いため[31]、その検証結果は間違ってい

---

[31] スタートアップの初期プロダクトはモニターが知り合いばかりということもあり、バイアスはとんでもなく大きいと考えられます。

る可能性も大いにあるわけです[32]。

　これら様々な理由から、マーケティングにおいて、少なくとも今現在においては、ランダム化実験を行うというのは一般的ではありません。

成り行きで取得したデータで因果推論

　さて、改めてマーケターの問いを振り返ると、「施策、広告、クリエイティブの変更等は売上に良い影響を与えるのか。もしそうなら、その効果はどれだけのものなのか」ということでした。しかし、前述したようにマーケティングの世界では、実験のように、事前にランダムに処置の割り付けなどを行わないのが一般的です。そのため、筆者にご相談いただくお客様も含め、多くのマーケターは施策や広告実施後に初めてその問いに向き合います。つまり、問いが過去形「良い影響を与えたのか、どれだけだったのか」ということになります。広告代理店がよく行っている、キャンペーントレースと呼ばれる調査もそうです。

　この状況では、データが唯一の手がかりとなります。幸いなことに近年、インターネット広告やアクセスログ、購買データなど、多様なデータの活用が活発化しています。これらのデータは、誰が施策や広告の対象となったか、購買に至ったかなどを詳細に記録しています。これは実験のように計画的に収集された整然としたデータではありませんが、これらを巧みに活用し、過去の施策や広告の効果を評価しようというわけです。

---

[32] しかし、ビジネスは一発で正解に辿りつく必要はないため（当然、一発正解すれば文句なしですが）、これを仮説、実行、検証のプロセスの一部と考えれば全く無駄ではないですし、それどころか重要なプロセスです。

このように、処置に対してランダム化などを行わず、自然な経過を観察したデータを対象とする研究を「観察研究」と呼びます。これについては、3.1 節で既に触れました。図 3.4.1 では、この観察研究と実験研究の違いを改めて示しています。

図 3.4.1 「図 3.1.1 実験と観察」再掲

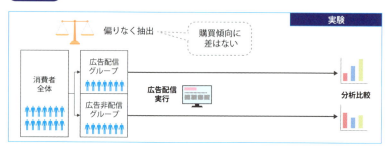

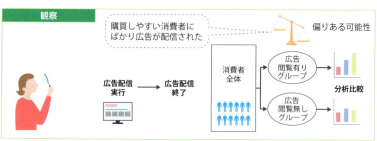

出所：筆者作成。

　因果推論の基本方針は一貫しています。処置以外のすべての条件が同じものを比較し、その差を検証することです。しかし、収集されたデータは施策や広告をランダムに割り付けた結果ではないため、偏りが生じています。この偏りを可能な限り排除し、理想的な比較可能状態を実現するためのデータ加工やフィルタリングなどの一連の技術が、本書のテーマである「統計的因果推論」なのです。簡潔に言えば、これは観察研究を実験研究に限りなく近づけるフレームワークだと言えるでしょう。

筆者は、この技術がマーケティングにとって非常にありがたいものだと考えています。実験にかかる費用と時間を節約でき、これまで蓄積してきたデータの真価を発揮するチャンスだからです[33]。さらに、これからデータ蓄積を始める企業にとっても、因果推論の観点からデータの有用性を語ることができ、その取り組みへの予算確保の説得材料となります。

　本章ではまず、実験研究という強力な因果推論の手法を紹介しました。ランダムに処置の割り付けが実施でき、有効なサンプルサイズがあれば、その他の背景因子のような面倒なことを考える必要なく、因果検証が可能です。一方で現実的には、倫理的、常識的な観点、費用の制約などから実験の実行が不可能であることも、マーケティングにはままあります。そのため、取得したデータに適当な調整を施し、あたかも比較対象がほぼ同じと見なせるようにして対処しようというのが、因果推論の試みなのです。

　第4章以降、これらの技術の詳細に入っていきます。まず第4章では、因果関係をグラフで表現するDAG、交絡の調整について。第5章では、時系列の2時点間の違いを比較するDIDについて。第6章では、偏りがないようにペアを作って比較する傾向スコアについて。そして第7章では、最近のテーマである機械学習と因果推論などについて説明していきます。

---

[33] 筆者のお客様には、10年分の広告出稿データと販売データをお持ちの方もいました。

3.4のまとめ

- ランダム化実験は因果関係を正確に検証できるが、倫理的・常識的に実行が難しい場合がある。
- 実験の費用がその結果から得られる便益を上回る場合、実験の経済的妥当性が失われる。特にマーケティングにおいては、実験コストや機会損失を考慮しなければならない。
- 実験が不可能な場合、既存のデータを活用して因果関係を推論する必要がある。これは観察研究である。本書で展開される因果推論の技術は、観察研究をできるだけ実験研究のようなフェアな比較に近づけるもの。

第4章

目で見る
因果推論

点と線を描いて因果関係を説明する

　ランダム化実験が行えない場合、広告やキャンペーン施策の効果を検証するには、それらと売上の双方に影響を与える第3の変数を考慮する必要があります。因果推論の基本方針は、こうした共通背景要因に起因するバイアスを適切に調整し、ランダム化実験のように広告やキャンペーンの対象となったグループと、そうでないグループを公平に比較することです。

　そのためには、背景要因が原因と結果の双方に、どのように影響を与えているかという因果構造を理解する必要があります。本章では、変数間を矢印で結ぶことで因果構造を表現する方法を学びます。具体的には、有向非巡回グラフ（Directed Acyclic Graph: DAG）を用いた因果構造の記述方法を紹介します。DAG は詳細なデータや確率分布を省略し、抽象化された因果構造を表現するモデルです。一般的に、DAG は3つの基本的な因果構造パターンで構成されます。識別したい因果効果に対して、それぞれのパターンごとに必要な調整方法を説明します。

　さらに、調整すべき変数集合が満たす条件である「バックドア基準」についても解説します。そして最後に、共変量や原因、結果変数が連続である場合の調整方法である重回帰分析を学び、その応用例としてマーケティング・ミックス・モデリング（Marketing Mix Modeling: MMM）との関連を紹介します。

4.1 広告と成果の関係を図示する
-DAG

■ 共通要因が生み出す分岐型

　2つの事象の間に因果関係がある場合、一方が原因であり、もう一方が結果となります。これは非対称な関係ですので、矢印で表せます。例えば「Xが原因でYが結果となる」場合、$X \rightarrow Y$と記述できます。この関係を、図4.1.1のように丸（○）と矢印（→）を用いた図で表すことにします。

図4.1.1　因果構造の抽象化

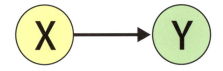

出所：筆者作成。

　このように、XとYの具体的な関係（例えば、$Y = f(X)$といった数式）を考えずに、因果の向きにだけに注目すると、複雑な因果構造であっても○と→で表すことができるのです。この○と→をそれぞれ「頂点」と「辺」と呼び、特に→で表現される辺を「有向辺」と呼びます。そして、頂点と辺の組み合わせを「グラフ」と呼びます[1]。
　ここで、1.1節の「水難事故件数」と「アイスクリームの生産量」の

---

[1]　図4.1.1は頂点 =$\{X,Y\}$、有向辺 =$\{e_{x \rightarrow y}\}$ からなるグラフです。有向辺とは向きのある辺ということです。

例を思い出してください。これらの事象は、いずれも暑い季節に増加します。このことから、季節という変数が原因となり、水難事故件数やアイスクリームの生産量が結果として現れる、という因果構造を想定できるでしょう。これをグラフで表記したものが、図4.1.2 です。

図4.1.2　アイスクリームの生産量と水難事故件数のDAG

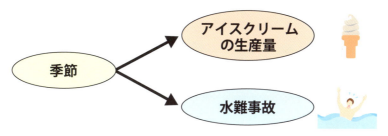

出所：筆者作成。

これは、図1.1.4 で示した内容とほぼ同じです。従って、因果推論をグラフで図示することは、厳密な定義を与える前に既に本書で実施してきたことになります。なお、この方法がなぜ便利であるかについては、後ほど詳しく説明します。

さて、このように共通の要因から2つの異なる結果に向かう因果構造は、そのグラフの形状から「分岐型」（英語では「Fork」）と呼ばれます。これは最も基本的な因果構造の1つであり、様々な事例がこの形に該当します。図4.1.3 に、その一般形を示します。

図4.1.3 分岐型の一般形

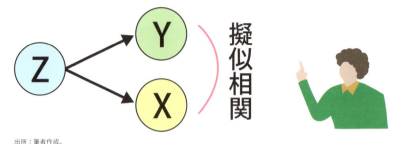

出所:筆者作成。

　分岐型では、Zを介してXとYがつながっています。そのため、XとYに因果関係がなくても、生成されたデータを見るとこの2つの間に相関関係を見出せるのです。これを、疑似相関と言いました。後ほど説明しますが、Zを介したXからYへのパス（経路）を「バックドアパス」と呼びます。これは、順路（矢印）を無視した裏の通り道という意味です。裏の通り道を通じて、因果関係にない変数同士が相関関係を持ってしまうのです。水難事故件数とアイスクリームの生産量の例では、季節がZに相当します。

　では、具体例を構造方程式モデルで考えてみましょう[2]。

$$X = Z + U_X,$$
$$Y = Z + U_Y,$$

　この式のように定義すると、X、Yに相関関係が生じるのは自明です。なぜなら、どちらもZが動くと同時にそれらも動くからです。U_X、U_Yは、観測されなかった変数の影響をまとめた誤差項です。これら誤差項も含めてグラフに記載する方法もありますが（図4.1.4(a)）、本書では省略します。また特別な説明がない場合は、図4.1.4(b)のような未観測変数が2つ以上の異なる変数に影響を与える

---

[2] もちろん具体例の1つですので、その他にも$Y = 3Z + U_Y$、$Y = 2Z + U_Y$なども分岐型の例です。

ことはないものとします。

図4.1.4 未観測誤差変数を含んだグラフ

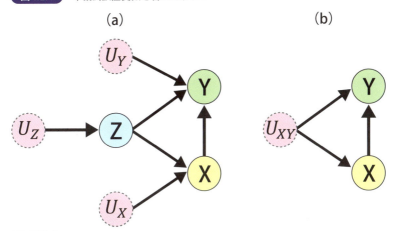

出所：筆者作成。

> ### 構造方程式モデル
>
> グラフ表記と同様にデータの生成過程、つまり因果構造を抽象化したモデルが、構造方程式モデルです。グラフよりやや具体的であり、その代数構造まで記述します。グラフの○に相当するものが変数名で、$X \to Y$の関係がある場合、YとXはある関数で対応付けられ、原因Xは等式の右辺、結果Yは左辺に出現するように記述します。例えば、観測された量がXとYしかなく、$X \to Y$の関係がある場合、適当なfを用いて次のように記述できます。
>
> $$Y = f(X, U_Y),$$
>
> U_Yは観測されたデータだけでは説明できない誤差です。逆に上式で表現できれば、$X \to Y$となります。fと異なる関数gであっても上記と同じように記述できれば、$X \to Y$は成立するため、グラフと構造方

程式モデルは1対多対応です。そういう意味で、構造方程式モデルの方がより具体的です。

共通の結果に到達する合流型

　今度は、2つの原因が1つの結果に影響を与える因果構造について考えます。1.2節で扱った売上高と購入意向の関係は、その典型的な例です。この例では、売上高の大きな企業に対しては積極的に営業を行い、そうでない企業に対しては自発的な問い合わせがあった場合のみ商品を案内しています。つまり、購入の有無に対して、売上高と購入意向の2つが原因となっているのです。グラフの形で記述すると、図4.1.5(a)のようになります。

図4.1.5　売上高と購入意向と購入有無

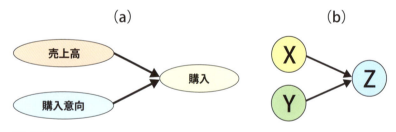

出所：筆者作成。

　(b)は一般形です。グラフの形状からこの因果構造を、合流型（英語ではCollider）と呼びます。XとZ、YとZの間には因果関係がありますが、XとYの間には何の関係もありません。以下の構造方程式モデル

$$Z = X + Y + U_Z,$$

で記述されるX, Y, Zの因果構造は、合流型のもっとも簡単な一例です。

ドミノ倒しに因果が伝播する連鎖型

連鎖型因果関係（英語では Chain）とは、一連のステップを経て影響が伝達されていくパターンです。マーケティングの文脈では、次のような流れが典型的な例です。

> 広告 → ブランド認知度 → 売上

この場合、広告が直接売上に結びつくわけではなく、ブランド認知度が広告の効果を媒介しています。つまり、広告がブランドの認知度を高め、その結果として売上が増加するというプロセスです。同じようにグラフで記述すると、図4.1.6のようになります。

図4.1.6 連鎖型の具体例と一般形

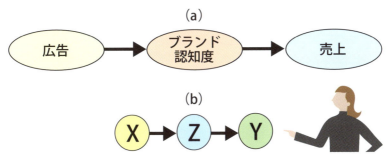

出所：筆者作成。

そして、以下の構造方程式モデルは、連鎖型の具体例になります。

$$Z = X + U_Z,$$
$$Y = Z + U_Y,$$

テレビ広告のように即売上に反映されるわけではない広告などは、中間の指標であるブランド認知度の変化で効果を測りますが、それは

因果が連鎖型になっているという仮定をしているからです³⁾。また、中間指標に興味なく両端（図 4.1.5 (b) の X と Y）が観測されており、その2つの因果関係だけ興味がある場合は、中間指標を省略しても問題ありません。

いろいろな因果構造をグラフで表す -DAG-

分岐型、合流型、連鎖型は因果構造の基本形です。一般的な3つ以上の観測変数の因果構造は、これらを組み合わせることで記述できます。例えば、図 4.1.7 の因果グラフを考えてみましょう。

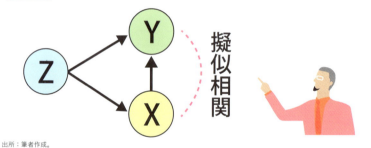

図 4.1.7　複雑な因果構造

出所：筆者作成。

図 4.1.7 は、$Z \to X \to Y$ と矢印の順にたどれば連鎖型、$Z \to Y$、$X \to Y$ に注目すると合流型、$Z \to X$、$Z \to Y$ に注目すると分岐型です。分岐型による疑似相関が、$X \to Y$ の正しい評価を困難にしています。

Z を地域、X を広告閲覧有無、Y を購買の有無とすると、1.3 節の例になります（図 4.1.8(a)）。ですから、地域（Z）の影響を無視して、広告閲覧有無（X）と購買有無（Y）の因果関係をそのまま得られた

---

3) ただし、ブランド認知度 → 売上の関係が立証されていないと、正しくは広告 → 売上の検証にはなっていないことに注意してください。しかし一般的には、ブランド認知度 → 売上の因果構造は疑わずに受け入れられています。

データで分析（クロス集計）すると、1.3 節で見たように、広告の購買に対する効果を過大（または過小）評価してしまいます（シンプソンのパラドックス）。

ランダムに広告を割り付けた場合、地域との関係がなくなり、偏りのない公平な評価が可能です。これは、グラフ上の処置変数（ここでは広告）に向かう矢印（→）を削除することに相当します（図 4.1.8(b) 参照）。

図 4.1.8 1.3 節の例 とランダム化のグラフ表現

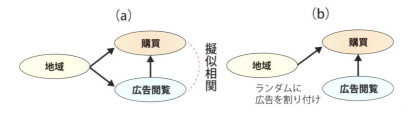

出所：筆者作成。

このように、あらゆる因果構造をグラフで書くことができるのです。なお、因果グラフは次の 2 点を満たす必要があります。

> ① 任意の 2 つの事象は双方が原因・結果の関係にあるか、何の関係もないかの 2 通り
> ② $X \to Y \to X$ のように因果が巡ってくることはない

そして、①を満たすものを有向グラフ、②を満たすものを非巡回グラフ、両方を満たすものを有向非巡回グラフ（Directed acyclic graph: DAG）と呼びます。

第1章で繰り返し説明したように、因果推論は観察によって得られたデータを眺めるだけでは何もわかりませんし、場合によっては誤った結論に至る可能性があります。そのため、データ間の因果構造が重要でした。因果推論においてDAGを使う利点の1つは、この構造を最もシンプルに表記できることです。具体的には、事象間の関係だけにフォーカスし、各々の事象の生成過程や確率分布について詳しく調べる必要はなく、直感的に因果構造のみを把握することができます。例えば、第2章で扱った広告における因果モデルの例は、各々の事象を対応させる関数を知らずとも、その因果構造を仮定しさえすれば、図4.1.9のようにDAG表記が可能です。

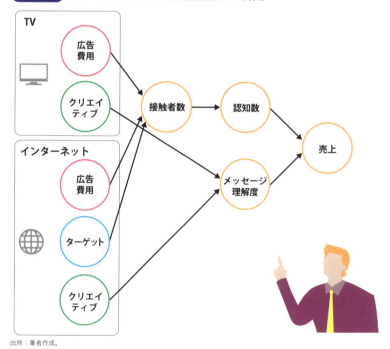

図4.1.9　メディアミックスと因果仮説（図2.3.4 再掲）

出所：筆者作成。

　それでは、実際にDAGを使ったマーケティングの研究の例を見て

4.1 広告と成果の関係を図示する -DAG

みましょう[4]。フィンランドのユヴァスキュラ大学のValkonenらの研究[5]では、フィンランドの消費者協同組合のFacebook投稿において、投稿時間帯と投稿内容がユーザへのリーチ数にどのように影響するかを調査しています。その過程で、投稿時間や投稿内容のような処置変数と、その他の変数の関係をDAGで表記しています。

図4.1.10　Facebook投稿とリーチ数の因果を記述したDAG

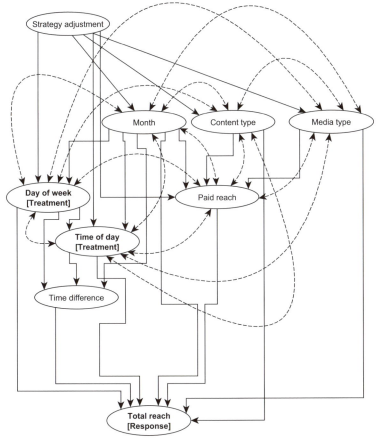

出所：https://link.springer.com/article/10.1007/s10260-022-00664-z

[4] マーケティング分野でDAGを用いた研究は残念ながら少なく、例を探すのに苦労しました。
[5] Valkonen, L., Helske, J. & Karvanen, J. Estimating the causal effect of timing on the reach of social media posts. Stat Methods Appl 32, 493-507 (2023).

155

図4.1.11 変数名の意味

項目	説明
合計リーチ (Total reach)	投稿が画面に表示されたユニークユーザの数
時刻 (Time of day)	投稿時刻 (時単位)
時間差 (Time difference)	現在の投稿と前の投稿の間の時間
曜日 (Day of week)	投稿曜日
月 (Month)	投稿月
コンテンツタイプ (Content type)	投稿内容の4つのカテゴリ:「刺激的」「指導的」「説得的」「娯楽的」
メディアタイプ (Media type)	投稿に使用されたメディアの種類(写真、動画、その他)
有料リーチ (Paid reach)	投稿の視認性を高めるために費用を支払ったかどうか
戦略調整 (Strategy adjustment)	外部コンサルティングによる投稿戦略への介入前後を示す変数(コンサルによる指南があったため)

出所:「https://link.springer.com/article/10.1007/s10260-022-00664-z」を元に筆者作成。

　図4.1.10において、「Treatment」と記述されている変数は処置変数です。かなり複雑ですが、これもDAGの制約を満たしています。点線の矢印は、元の論文では未観測交絡と記述されています(疑似相関が生じている、という意味でしょう)。

　これを構造方程式モデルで具体的に書くのは、骨が折れる作業です。また、大量の式を読み解くのも面倒でしょう。それに対してDAGは、直感的なビジュアルと作図の簡便さという点で、その優位性を実感できるのではないでしょうか。

　ちなみに、本研究の結論は「水曜日の朝早くにエンタメ的(Entertain)コンテンツを投稿すると、最もリーチが大きくなる」でした。その他にも、コンテンツタイプごとに最もリーチが大きくなる曜日と時間帯を、それぞれ示しています。

　ご興味のある方は、ぜひ原著をご覧ください。

4.1のまとめ

- 分岐型因果構造は、共通要因が複数の結果に影響を与える形で、結果間に相関が見られる。ただし、必ずしも因果関係とは言えない。バックドアパスが開いている。
- 合流型因果構造は、複数の原因が1つの結果に影響を与える形で、原因同士に直接の因果関係はない。
- 連鎖型因果構造はシンプルな因果構造。1つの原因が中間変数を介して、結果に影響を与える形。例えば、広告がブランド認知度を上げ、結果として売上に影響を与える。
- DAGは因果構造を直感的かつシンプルに可視化し、複雑な因果関係を整理しやすくするツールである。

4.2
変数を固定して独立、従属をコントロールする
- 交絡因子と層別分析

■ 分岐型 DAG のバックドアパスを塞ぐ

　DAG を利用すると因果関係の記述が容易になり、その構造がわかりやすくなるという利点について説明しました。そして本節では、それだけでなく、観察データ（実験のようにランダム化されていないデータ）に対する因果推論を行う場合にも、DAG 表記が有効であることを見ていきます。

　因果推論の基本は、処置グループと非処置グループを、処置以外の変数の値が全く同じ状態で比較することです。そのためには、処置の割り付け方と結果変数が無関係である必要があります。一方で、ランダム化実験でない場合、このような理想的な状況は稀であるというのが第 3 章での議論でした。現実的には図 4.1.8 のように、地域のような第三の変数を通して、処置（広告閲覧）と結果（購買）バックドアパスでつながって疑似相関を生じさせています。なお、バックドアパスは DAG に加えて、識別したい原因 → 結果の関係を決めることで定まります。つまり、同じ DAG であっても、識別したい原因、結果の変数が変わればバックドアパスは変わるのです。

　図 4.1.7 において、バックドアパスをなくす方法がないか考えます。直感的には「地域」に蓋をして、バックドアパスを閉じてしまえば良いと考えられます。蓋をするには、地域の変動が処置（広告閲覧）と

結果(購買)に与える影響をなくせば良いので、同じ地域のユーザでのみで広告閲覧が購買にあたえる影響を検証すれば良いでしょう。これを層別分析と言い、具体的には地域=関東、地域=関西のように、地域変数の値を固定して分析することです。第 1 章では、この地域のような第三の背景要因変数を交絡因子と呼んでいましたが、DAG を用いた場合、交絡因子は、原因 → 結果のバックドアパスの分岐点として考えることができます[6]。

なお、交絡因子はバックドアパスと同様、識別したい因果関係(原因、結果変数)を「これ」と決めたときに初めて特定できることに注意してください。地域 → 購買の因果関係を調べたい場合、地域は交絡因子ではありません。

ここで、交絡因子の値を固定した場合の DAG を、図 4.2.1 に示します。

図 4.2.1 バックドアパスを閉じる

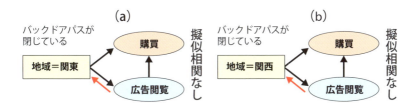

出所:筆者作成。

図 4.2.1(a),(b) は、それぞれ地域を関東、関西で固定しているため、広告閲覧から購買に至るバックパスは閉じています。これは、ムチの真ん中を固定すると、打ったときに発生する波が真ん中で消えてしま

---

[6] 文献によって定義が微妙に異なります。例えば、柴田洋樹, 和泉成裕, 津谷喜一郎 (2008).「医学における因果推論 (第 2 部) 交絡要因の選択とバイアスの整理および仮説の具体化に役立つ Directed Acyclic Graph」. 日本衛生学雑誌, 64(4), 796-805. を参照してください。

うイメージに似ています。この図は、第 1 章の図 1.4.4(a-2) と同じ構造です。第 1 章で紹介したシンプソンのパラドックスは、全体集計と層別集計で原因と結果の関係に不整合が生じるという現象でした。これも層別変数が分岐点であったため、層別集計を行うとバックドアパスが閉じ、全体集計を行うとそれが開き、原因と結果の変数間に疑似相関関係が消えたり生じたりしているのが原因です。仕組みが理解できれば、「パラドックス」という表現は少々大げさに感じるかもしれません。

　分岐型の DAG において、分岐点の値で層別分析するとバイアスが消える理由をよりわかりやすく説明するために、別の例を考えてみましょう。広告費と売上の因果関係を調べる場合を想定します。以下の仮定を置きます。

- 広告費を増やすと売上も増加する。
- 企業規模は、広告費と売上の両方に影響を与える（これは、規模の大きい企業ほど広告費も売上も大きくなると考えられるため）。

　この仮定を元に DAG を描画すると、図 4.2.2 のようになります。先の例と同様に、企業規模を交絡因子として、広告費と売上の間にバックドアパスが存在することがわかります。ただし、未観測の分岐点変数は存在しないものとします[7]。

　また、企業規模を「小さい」「大きい」の 2 グループに分け、広告費と売上の散布図にすると図 4.2.3 のようになります。

　図 4.2.3 の 2 つの楕円は、企業規模の大小で分けたグループを囲んでいます。企業規模が小さい場合、広告費も売上も小さくなり、大きい場合はその逆になります。楕円内の青い線は層別（企業規模の大小

---

[7] 正確には、観測変数された変数は 3 つのみで、それ以外の要素は各々の変数に、独立した誤差として含まれているということです。

4.2 変数を固定して独立、従属をコントロールする - 交絡因子と層別分析

図4.2.2 企業規模から生じる交絡

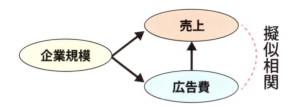

出所：筆者作成。

図4.2.3 層別で何が生じているか

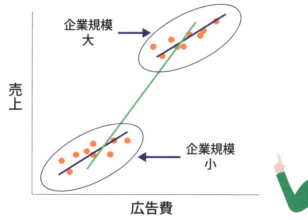

出所：筆者作成。

ごと）に分析した場合の広告費と売上の1次式での関係を、緑色の線は全体で分析した場合の広告費と売上の1次式の関係を示しています。傾きが大きいほど、広告費が売上に与える影響は大きいと考えられます[8]。

　本シナリオの仮定から、企業規模を通じて広告費と売上のバックドアパスが開いているため、全体分析の結果をそのまま結論とすること

---

[8] 本例での傾きの大きさは、もちろん架空の例です。

161

はできません。このパスを閉じるために、企業規模の値で層別分析を行うと、青色の線の傾きが現れます。つまり、交絡因子を固定することは、同一の性質（ここでは企業規模が同程度）を持つ集団内で、広告費と売上の関係を分析していることになります。また、青色と緑色の傾きの正負が逆転する場合、シンプソンのパラドックスが生じます。

まとめると、因果構造をDAGで記したときに、因果を検証したい原因と結果の間にバックドアパスがあれば、適切な変数の値を固定して層別に分析すれば良いということです。

合流型で層別すると何が起こるのか

改めて、1.4節の例を考えましょう。この例では、金融機関（D銀行）が融資先の企業に対してWEBビジネスプラットフォームサービスの加入を促進しており、若手行員を中心に販売ノルマを課しています。特に年度末には、ノルマ未達の行員が新規融資と同時に「お願いセールス」を行い、無理に契約させる例も少なくないという話です。

このセールスの有無（つまり融資実行月）は、契約有無に影響を与えます。さらに、需要も契約有無に影響を与えます。つまり、契約ユーザは「融資実行月が年度末」or「需要が高い」です[9]（図1.4.3参照）。従って、ある契約者に対して「融資実行月が年度末」ということがわかれば、おそらく需要が高く自ら申し込んだわけではない可能性が高く、また「需要が高い」ことがわかれば年度末以外に申し込んだのではないかと考えられます。

要するに、一方の情報がわかれば、他方の情報が推察できる、つまり相関を持ってしまうのです。そのため、契約者に限って（つまり、

---

[9] 集合論的に考えるので、orは、そのどちらでもある場合も含みます。

契約有無＝有と固定して）分析をすると、年度末に融資実行した先は、その他の時期の実行先と比較して当該サービスの解約率が高い（そもそもの需要が低い）という分析結果が示されます。当然、これは因果関係ではありません。これを合流バイアスと言いました。

合流バイアスをDAGで説明します。契約有無という変数は2つの変数の合流点であるため、この3つは合流型のDAGで記述できます。契約有無という変数に対して契約者に限って分析することは、DAGで言えば契約有無の値で層別分析（値を有、無で固定して分析）することと等価です。その様子を、図4.2.4に示しました。

図4.2.4 合流型DAGの層別分析

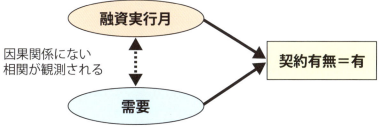

出所：筆者作成。

分岐型のバックドアパスは分岐点を固定することでパスが閉じ、疑似相関が消えますが、合流型は合流点を層別すると、合流に向かう2つの変数間に相関関係が生じてしまいます。そのため、合流型の場合は分岐型と異なり、そのままで分析すべきです。

DAGを使う利点は、因果仮説と分析したい原因・結果を設定すれば、どの変数を調整（層別分析や値の固定など）すべきか、あるいはすべきでないかを比較的簡単に決定できることです。調整すべき変数がわかれば、それごとに層別しクロス集計するだけなので簡単です。

とはいえ、本節の内容は 3 変数の因果関係に対して、1.3 節と 1.4 節の内容を DAG を用いて説明したにすぎません。DAG の真価は、変数が多い複雑な因果構造に直面して初めて実感できると思います。

DAG と条件付き独立性

連鎖型、分岐型や合流型は、それぞれその中間変数を固定するとバックドアパスが開いたり閉じたりすることを説明しました。それらパスの開閉により、なぜ因果の検証が可能になるのかを、確率分布の言葉で説明します。まずは、3 つの変数 X、Y、Z を考えます。これらは同時分布

$$P(X, Y, Z)$$

に従うとします。一般的に

$$P(X, Y, Z) = P(X)P(Y|X)P(Z|Y, X)$$

と分解できます（対称式であるため、X, Y, Z の並び順だけの分解方法があります）。上記の分解は 3 変数間の因果構造が何もわかっていない状態です。ここで、3 つの変数が何の関係も持たない、つまり独立であると仮定すると、条件部分が消えて次にようになります。

$$P(X, Y, Z) = P(X)P(Y)P(Z)$$

これは確率における独立の定義です。このように、変数間の因果関係と同時分布の分解方法は対応しています。ここで具体的に、DAG のグラフ構造で規定される因果関係と同時分布を以下のように対応させます。N 個の確率変数 $X_1, X_2, ..., X_n$ に対して

$$P(X_1, X_2, ..., X_n) = \prod_{i=1}^{n} P(X_i | pa(X_i))$$

とします。DAG と確率構造を対応させたものを、因果ダイアグラムと呼びます。$pa(X_i)$ は X_i の親ノードです。例えば、図 4.1.3 の分岐型の

場合、次のように分解できます。

$$P(X,Y,Z) = P(Z)P(X|Z)P(Y|Z)$$

すべての変数が独立の場合は、矢印が 1 つもない DAG（と言って良いのか）に対応しています。

上記の分岐型の同時分布の分解式と、一般系の分解式（先述した一般系の X と Z を入れ替えた形であることに注意）は等号で結ばれるので、

$$P(Z)P(Y|Z)P(X|Y,Z) = P(Z)P(X|Z)P(Y|Z)$$
$$P(X|Y,Z) = P(X|Z)$$

が成立します。最後の式は Z で条件を付けたときに、X と Y は独立になることを意味しています。Z で条件を付けるとは、まさに交絡変数を固定する（層別する）ことに、X と Y が独立になることは、バックドアパスが閉じることに対応しています。また、連鎖型も同じ要領でできます（簡単なので省略）。

このように、DAG の構造に同時分布の分解方法を対応させると、グラフ上で変数を固定することを確率分布の条件付き独立性で説明できます。同様に、図 4.1.5(b) で規定される合流型の場合も同じ計算をすると、

$$P(Y) = P(Y|X)$$

を得ます。これは、X と Y が独立であることを示しています。一方で、Z で条件付けた場合は

$$P(X,Y|Z) = \frac{P(X)P(Y)P(Z|X,Y)}{P(Z)} \neq P(X|Z)P(Y|Z)$$

となり、独立ではなくなります。そのため、合流型では合流点を固定してはいけないということも、条件付き分布から説明できます。

連鎖型の中間点を層別すると何が起こるのか

連鎖型の中間点の値を固定すると、分岐型と同様に、その始点と終点は無関係になります。これは直感的に理解しやすいのではないでしょうか。始点からムチをしならせても、そのうねりは真ん中の固定点で消えてしまいます。ドミノ倒しの途中にストッパーを置くようなイメージがわかりやすいかもしれません。従って、$X{\rightarrow}Y{\rightarrow}Z$という連鎖がある場合、$Z$の値を固定してしまうと$X{\rightarrow}Y$の因果関係を正しく識別できなくなります。

このメカニズムを図解するために、図4.2.5のような連鎖型因果構造を考え、中間点Zを固定します。

図4.2.5 連鎖型の中間点Zを値aで固定した場合のDAG

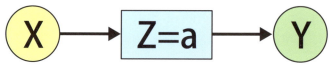

出所：筆者作成。

また、固定したaの値を変えながら、XとYの散布図を描画すると図4.2.6のようになります。

図4.2.6 aの値ごとのXとYの散布図

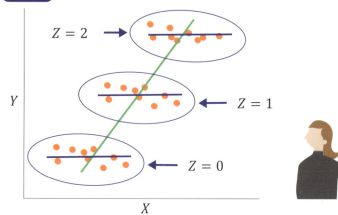

出所：筆者作成。

本来 X と Y は原因、結果の関係にありますが、Z の値を固定することで、図 4.2.6 の楕円内部のように因果関係が観測できなくなってしまいます。

調整すべき変数を発見するために便利な DAG

4つ以上の変数が観測されたケースでの因果推論も、DAG を用いて調整すべき変数を特定し、それらを層別して分析する点では同じです。調整すべき変数は、変数が3つの場合と同様に、分析したい原因と結果の両方に影響を与える分岐点です。例えば、「季節」「景気」「広告費」「売上」の4つの観測変数を考えてみましょう。広告費が売上に与える影響を知りたい場合、以下を仮定します。

- 広告費と売上は、それぞれ「季節」や「景気」の影響を受けている。
- 季節と景気は、相互に無関係であると仮定する。

このような関係性を持つ場合、DAG は図 4.2.7(a) に示されるような形になります。

図 4.2.7　交絡が2つある場合

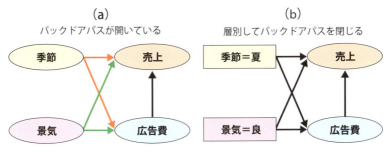

出所：筆者作成。

広告費と売上の間には、季節を経由するもの（オレンジ線）と、景気を経由する（緑線）2つのバックドアパスがあります。ですから、前節の定石に則すると、それぞれの変数を層別して分析すれば良いことになります（図 4.2.7(b)）。注意すべきは、季節だけ、景気だけのように片方だけを層別分析するだけでは、一方のバックドアパスが開いたままになってしまうので、両方同時に固定する必要があるという点です。ですから集計する場合、季節×景気の値の組み合わせだけの集計・分析が必要となります。

　集計や分析に関しては、層別すべき変数がカテゴリ型の場合、例えば景気が「悪い」「普通」「良い」、季節が「春」「夏」「秋」「冬」といった値を取るようなケースでは、層ごとにクロス集計を行うと良いでしょう[10]。原因と結果もカテゴリ変数である場合、これが最も基本的な方法です。1.3 節の例も、このパターンに該当します。一方、広告費のように原因変数が連続変数の場合、適切な閾値で値を区切り、層別に集計する方法もあります。このようなアプローチは、因果推論に関する多くの書籍では簡単に触れられている程度ですが、本書では 4.4 節で詳しく説明します。

　もう 1 つ、例を考えてみましょう。「ブランド認知度」「販促」「広告費」「ブランド認知度」の 4 つの観測変数を想定します。このとき、各々の変数間に広告費 → ブランド認知度、広告費 → 売上、販売促進 → 売上、ブランド認知度 → 売上の因果を持つ構造、要するに広告費がブランド認知度と売上に影響を与え、販売促進も直接売上に影響を与える構造を考えた場合の DAG を図 4.2.8 に示しました。識別したい因果効果は、広告費 → 売上です。

---

[10] 季節が 4 値 { 春 , 夏 , 秋 , 冬 }、景気が 3 値 { 悪い , 普通 , 良い } の場合、12 個のクロス集計が必要です。

図4.2.8　調整が必要な変数がない場合のDAG

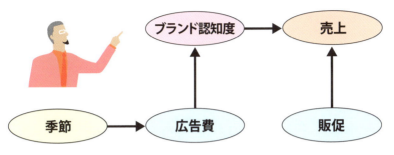

出所：筆者作成。

広告費に向かう矢印を逆にたどって行っても、売上につながるバックドアパスはありません。従って、このケースでは調整する変数はなく、そのまま広告費と売上の関係を分析すれば良いということになります。

さらにもう1つ、例を考えます。やや仮定が複雑なので、少し丁寧に書きますね。

- 仮定1：年末になると、競合も自社も年末商戦のために広告費を増加させる。
- 仮定2：競合広告費に合わせて、自社の広告費の大小をコントロールする。
- 仮定3：競合の出稿は自社売上の減少に寄与し、自社広告費はその逆とする。
- 仮定4：季節は売上に影響を与えないとする（やや無理がありますが）。

これをDAGで描画したものが、図4.2.9です。

図4.2.9 異なるバックドアパス同士がパスの一部を共有する場合

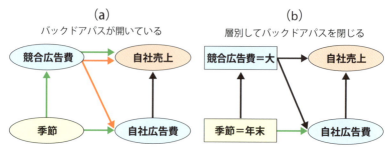

出所:筆者作成。

　自社の広告費を増やしても、自社の売上があまり変わらない、または下がったりした場合、それは競合にシェアを奪われた結果かもしれません。もし自社が広告を出していなければ、さらに悪い結果になっていた可能性もあります。これを検証するためには、交絡変数を調整する必要があります。

　自社広告費→自社売上の因果関係を検証したい場合、図4.2.9では2つのバックドアパスが存在します。1つ目は「自社広告費」→「季節」→「競合広告費」→「自社売上」(緑色の線)、2つ目は「自社広告費」→「競合広告費」→「自社売上」(オレンジ色の線)です。これら2つのバックドアパスを閉じるためには、パスの途中にある分岐点を固定します(図4.2.9(b))。

　しかし、よく見ると2つのバックドアパスは「競合広告費」→「自社売上」というパスを共有しています。ここで「競合広告費」を固定すると、緑色のバックドアパスも同時に閉じることがわかります。従って、図4.2.9(b)のように「季節」と「競合広告費」の両方を固定する必要はなく、図4.2.10のように「競合広告費」だけを固定すれば十分であることがわかります。

図4.2.10　2つのバックドアパスを1つの変数で閉める

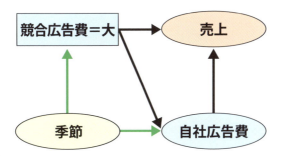

1つだけ層別してバックドアパスを閉じる

出所：筆者作成。

　これは、複数のバックドアパスが存在する場合、すべてのバックドアパスに共通するパスのみを閉じれば十分であることを示唆しています。次節では、一般的にどの変数を調整すべきかを判断する条件である、「バックドア基準」について説明します。

4.2のまとめ

- DAGは〇と→で因果構造を視覚的に表現でき、観察データの因果推論にも有効である。
- 分岐型では、識別したい原因、結果双方の変数に影響を与える変数の値を固定して、疑似相関を引き起こすバックドアパスを閉じる。
- 合流型DAGでは、合流点で層別分析するとバイアスが生じるため、そのままで分析すべき。
- 複数のバックドアパスを閉じるには、それらの共通する部分パスを閉じるように変数を調整（層別分析）すれば良い。
- DAGの利点は、因果仮説を設定し、調整すべき変数を簡単に特定できること。

4.3 大量の変数があった場合に有効なバックドア基準
－最小の労力で裏道を閉じる

■ 改めて、バックドアパスについて

　順番が前後してしまいましたが、バックドア基準の説明に入る前に、改めてバックドアパスとは、またそれを閉める / 開くとはどういうことかについて説明します。なお、本説明は、統計数理研究所・林岳彦氏による明快な解説をもとにしています[11]。本章以降は変数が沢山出てくるため、因果を識別したい 2 変数を X、Y と固定し、それぞれ原因（X）、結果（Y）、その他の変数を A、B、C、…とします。

　バックドアパスとは、特定したい因果のペア X、Y を結ぶ裏道です。裏道は原因の上流（つまり、原因に流れこむ矢印を逆上した方向）にある道です。当然、$X \to Y$ は正規のルートですから、これはバックドアパスではありません。ある変数 A に対して、$X \to A \to Y$ というパスがあれば、これも正規のルートです。バックドアパスがあっても、閉じていれば何の問題もありません。開いていれば、適当な変数で調整（層別分析、値の固定）することで閉じてあげれば良いのです。

　では、バックドアパスやその開閉状態、及び調整すべき変数を直感的に見つけるにはどうしたら良いでしょうか？ DAG の矢印を川の流れのように見なし、原因変数に入る矢印の上にある変数を川上、逆を

---

[11] 氏のオリジナル資料は『バックドア基準の入門』@統数研研究集会「https://www.slideshare.net/slideshow/ss-73059140/73059140」で閲覧することが可能です。

川下のように考えることで、以下のように説明できます。

> **・開いているバックドアパスを見つける**
> 　X の上流にあり、X と Y を結ぶ経路（バックドアパス）を探します。まず、一番上流にあって他から矢印が向かっていない変数を見つけます。そこから矢印の流れに沿ってパスをたどり、X と Y の両方にたどり着く場合、その経路は開いているバックドアパスです。
>
> **・バックドアパスを閉じる**
> 　開いているバックドアパスに含まれる変数を 1 つ選びます。選んだ 1 つの変数を、池や水源と考えます。そこにインクをたらしたときに、それがパスを矢印の向きに沿って流れて行き、X、Y の両方に到達する場合、その変数においてバックドアパスは開いています。その変数を固定すれば、バックドアパスを閉じることが可能です。

　バックドアパスごとにそのような変数見つけ、すべてのバックドアパスを閉じてしまえば OK です。例で考えてみましょう。図 4.3.1 のような DAG があったとします。

図 4.3.1 複雑な DAG

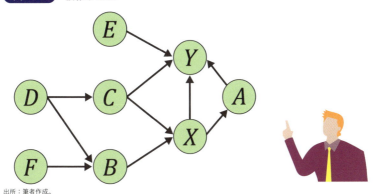

出所：筆者作成。

面倒ですが、順を追って説明します。パスを以下に列挙します。

・バックドアパス 1: $X \leftarrow C \rightarrow Y$
・バックドアパス 2: $X \leftarrow B \leftarrow D \rightarrow C \rightarrow Y$

バックドアパス 1 の最上流点 C から矢印に沿って X、Y に到達可能ですので、これは開いています。同様に、2 もそうです。

・バックドアパス 1 について
C: インクをたらして X、Y 両方に到達→固定することでバックドアパス 1 を閉じることが可能。

・バックドアパス 2 について
B: インクをたらして到達するのは X のみ → 固定する必要なし。
C: インクをたらして X、Y 両方に到達 → 固定することで、バックドアパス 2 を閉じることが可能。
D: インクをたらして X、Y 両方に到達 → 固定することで、バックドアパス 2 を閉じることが可能。

　上記は、効率良く調整する集合を見つける手順です。ですから、上記で見つけたもの以外の変数を固定しても、バックドアパスを閉じることができる場合もあります。例えば、バックドアパス 2 では D と X の中間点 B を固定しても閉じることができます。
　まとめると、図 4.3.2 の表になります。列名変数を固定すると、表側のバックドアパスが閉じます。

　見てわかるように、バックドアパスをすべて閉じるためには、$\{B, C, D\}$、$\{B, C\}$、$\{C, D\}$、$\{C\}$ のいずれかの変数の組の、それぞれの値を固定します。このことから、固定すべき変数の集合は一意ではな

いということがわかります。図4.3.3は、バックドアパスを閉じるために、{C}を適当な値で固定した場合のDAGを示しています。

図4.3.2 バックドアパスの開閉状態と調整変数のまとめ

	A	B	C	D	E	F
バックドアパス1			○			
バックドアパス2		○	○	○		

出所：筆者作成。

図4.3.3 変数Cで調整したもの

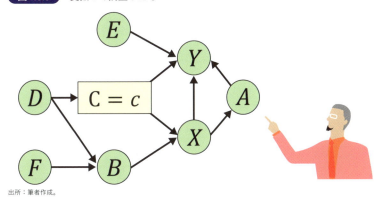

出所：筆者作成。

長方形で示した$C = c$でバックドアパスがせき止められている様子がわかるでしょうか？

図4.2.9、図4.2.10の例もこのパターンと同じで、固定すべき変数集合は{季節, 競合広告費} or {競合広告費}の2種類あります。

次に、図4.3.4のDAGを見てみましょう。図4.3.1との違いは、EからCに向かう矢印があることです。

図4.3.4　$E \to C$ の因果を追加

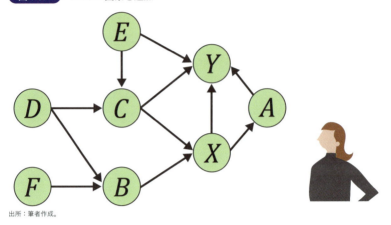

出所：筆者作成。

まず、バックドアパスは次のようになります。

・バックドアパス1：$X \leftarrow C \to Y$
・バックドアパス2：$X \leftarrow B \leftarrow D \to C \to Y$
・バックドアパス3：$X \leftarrow C \leftarrow E \to Y$
・バックドアパス4：$X \leftarrow B \leftarrow D \to C \leftarrow E \to Y$

　パス1,2が開いていることは前述した通りです。パス3は、E から X,Y に到達可能なので開いています。パス4は C が合流点となっており、最上流点 D,E から矢印に沿って、X,Y のいずれかにしか到達しないので閉じています。先の例と同じように、バックドアパスごとに固定すべき変数を整理すると、C を固定すればすべてのバックドアパスを閉じることが可能です。

・バックドアパス1：D or C で固定する。
・バックドアパス2：C で固定する。
・バックドアパス3：C or E で固定する。

しかし、C は E と D の交流点ですから、固定すると E と D の間に双方向パスが開いてしまい、新しいバックドアパス、$X \leftarrow B \leftarrow D \rightarrow C \leftarrow E \rightarrow Y$（バックドアパス 4）が開いてしまいます。ですから、これも閉じるために、D, E のいずれかを固定する必要が出てきます。

まとめると、図 4.3.5 のようになります。

図 4.3.5 バックドアパスの開閉状態と調整変数のまとめ

	A	B	C	D	E	F
バックドアパス 1			○			
バックドアパス 2		○	○	○		
バックドアパス 3			○		○	
バックドアパス 4		○	×	○	○	

出所：筆者作成。

「×（バツマーク）」は、列名の変数を固定すると行名のバックドアパスが開くという意味です。従って、上記 DAG において $X \rightarrow Y$ の因果検証では、$\{B, C\}$ の変数の組を固定すれば十分です。他にも、$\{C, D\}$、$\{C, E\}$ など、そのような変数の組が多数見つかります。一般的に、たくさんある変数の組の中で、その変数の数が少ないもので固定するのが理想です。変数集合が、これらバックドアパスをすべて閉じるための十分条件を整理したものが、バックドア基準です。図 4.3.4 を $\{B, C\}$ それぞれの変数の値で固定した DAG は、図 4.3.3 と同じ要領で書けるのでぜひトライしてみてください。

バックドア基準

変数が少ない場合は、4.2 節で行ったように DAG を描けば、調整すべき変数を簡単に目視で確認し、固定、層別分析することができました。しかし、変数が多くなると、そう簡単にはいきません。前項の例

をご覧いただければ、その難しさが理解できると思います。

さらに、層別を行うとデータの標本サイズが小さくなり、十分なサンプル数が確保できず、分析に耐えうるデータが得られなくなることがあります。例えば、すべての変数が 2 値変数であり、層別すべき変数が 3 つある場合、$2^3=8$ 通りのパターンで分析する必要があります。層別する変数がさらに増えれば、状況はさらに複雑になります。そのため、層別すべき変数の組み合わせの中で、できるだけ少ない変数でバックドアパスを閉じる方法を探す必要があるのです。

そこで、層別によってすべてのバックドアパスを閉じられる変数の集合を列挙することを考えます。それがわかれば、その中で最小の大きさの変数集合に属する変数を層別すれば良いのです。DAG の頂点集合がそのような変数集合であるかを判定する条件の 1 つに、バックドア基準を満たすかどうかがあります。

以降も、これまでと同様、特に断りがない限りは識別するための因果を $X \rightarrow Y$、それ以外の変数を $A, B, C, \dots$ とします。DAG の頂点集合 Z がバックドア基準を満たすとは[12]、次の両方を満たすということです。

i. Z は X の子孫を含まない[13]。
ii. Z は X から Y への、すべてのバックドアパスをブロックする[14]。

Z がパス p をブロックするとは、Z に含まれる変数の値を固定した場合、パス p を閉じることが可能な場合を言います。しかし、この説明では「バックドアパスを層別に調整することで、すべてのバックドアパスを閉じることができる変数集合」を言い換えただけなので、も

---

[12] Pearl, (2016). Causal Inference in Statistics: A Primer. John Wiley & Sons. の定義を参考にしました。
[13] 有向グラフにおいて、X から出発して矢印をたどっていくと A に到達できる場合、A は X の子孫です。
[14] 集合 Z がすべての X から Y へのバックドアパスをブロックする場合、d- 分離または有向分離と言います。

う少し正確に定義します。

変数集合 Z が X から Y のパス p をブロックするとは、次のいずれかを満たすことです。

i. パス p は、Z に含まれるある点が中間点となる連鎖型、もしくは分岐点になる分岐型の因果構造を持つ。
ii. パス p はその合流点及び、その子孫が Z に含まれないような合流型を持つ。

「上記のいずれか」というのがポイントです。簡単に言うと、固定することで閉じる点が少なくとも1つ Z に含まれているか、固定してはダメな点があれば、少なくともそのうちの1つの点とその子孫は Z の外にないといけないということです。しかし、はっきり言ってこの説明を聞いても「何のこっちゃ」だと思いますので[15]、具体例を見てみましょう。

図4.3.6のようなパスを考えてみてください。

図4.3.6 分岐、合流、連鎖全てのパターンを含むDAG

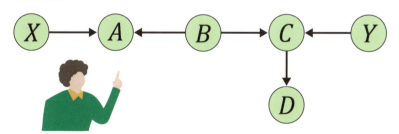

出所：筆者作成。

---

[15] 文章で書くと非常にわかりにくいので数式で書くと、グラフ $G = (V, E)$ の頂点集合 V の部分集合 Z がパス p をブロックするとは
（ⅰ）$\exists A \in \{v \in V | v はパス p に含まれる分岐点\ or\ 連鎖型の中間点\}\ s.t.\ A \in Z$
（ⅱ）$\exists A \in \{v \in V | v は p に含まれる合流点\}\ s.t.\ A, A の子孫 \in (V \setminus Z)$
いずれかを満たすことです。おそらく数式の方がわかりやすいと思います。

このDAGの変数は4つですので、Zの候補は以下16通りあります。それぞれの場合でブロック条件（ⅰ），（ⅱ）を満たすかどうかを調べると、図4.3.7のようになります（{}は、どの変数も含まない集合という意味です）。

図4.3.7　ブロック条件の真偽と調整変数のまとめ

変数集合 Z	ブロック条件（ⅰ）	ブロック条件（ⅱ）	いずれか満たす
{}	×	○	○
{A}	○	○	○
{B}	○	○	○
{C}	×	×	×
{D}	×	×	×
{A,B}	○	○	○
{A,C}	○	×	○
{A,D}	○	×	○
{B,C}	○	×	○
{B,D}	○	×	○
{C,D}	×	×	×
{A,B,C}	○	×	○
{A,B,D}	○	×	○
{A,C,D}	○	×	○
{B,C,D}	○	×	○
{A,B,C,D}	○	×	○

出所：筆者作成。

　次に、バックドア基準を満たす集合Zを調べます。3変数の場合は自明すぎるので、4変数の以下の例を考えます。

図4.3.8　交絡因子を含む4変数DAG

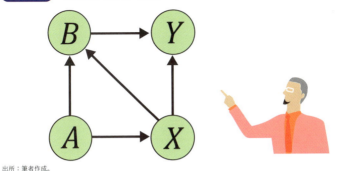

出所：筆者作成。

図4.3.8のDAGにおいてX,Yのパスを整理してみると、図4.3.9のようになります。

図4.3.9　パス分析

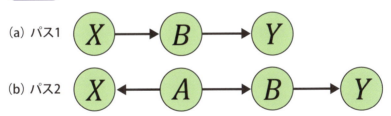

(a) パス1

(b) パス2

出所：筆者作成。

考えられるZは$\{\}, \{A\}, \{B\}, \{A, B\}$で、最初の$\{\}$は空集合です。$\{A\}$はパス2の分岐型の分岐点なので、ブロックの定義の1を満たしパス2をブロックします。$\{B\}$はパス1、パス2の連鎖型の中間点なので、ブロックの定義の1を満たし、パス1、2両方をブロックします。$\{A, B\}$も同じ理屈から、パス1、2両方をブロックします。$\{\}$は条件1も2も満たさないため、$\{\}$はパス1もパス2もブロックしません。ここで、バックドアパスはパス2だけなので、これをブロックする集合は、$\{A\}, \{B\}, \{A, B\}$です。

また、この中でバックドア基準の(ⅰ)を満たす集合は{A}だけです。なぜなら、BはXの子孫なので、バックドア基準(ⅰ)を満たさないのです。
　まとめると、図4.3.10のようになります。

図4.3.10 バックドア基準の真偽と調整変数のまとめ

変数集合Z	パス1をブロック	パス2をブロック	バックドア基準(ⅰ)	バックドア基準(ⅱ)	バックドア基準を満たす
{}	×	×	○	×	×
{A}	×	○	○	○	○
{B}	○	○	×	○	×
{A,B}	○	○	×	○	×

出所：筆者作成。

ツールで探すバックドア基準を満たす変数集合

　バックドア基準とブロックの定義を用いることで、層別に調整すべき変数集合を簡単な手続きでリストアップできることがわかりました。手順が機械的にできるということは、コンピュータによって自動的に見つけることも可能です。本節の最後に、これを実行してくれるツールを紹介します。

　PythonやR上で動作するツールには様々なものがありますが、手軽に扱えるWEBアプリケーションが便利です。「DAGitty」はその一例です。直感的に変数集合と因果関係の矢印をクリックで配置し、DAGを簡単に作成できます。このツールにはWEB版とRパッケージ版があり、本書では直感的に使用できるWEB版を紹介します。

　まずは、「https://www.dagitty.net/」にアクセスし、「Launch」をクリックすると、DAG作成画面に移ります。ここで、図4.3.11のようなDAG

を作成することが可能です。

図 4.3.11 DAGitty の操作画面

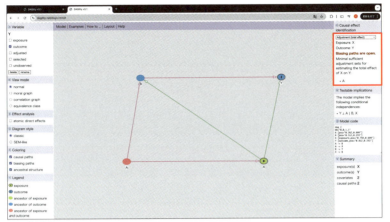

出所：筆者作成。

X を原因（ツール上では exposure）、Y を結果（outcome）と設定し、図 4.3.8 をツール上で再現しています。赤色のパスがバックドアパスです。右上の赤色で囲まれた箇所に、「A」と表記されています。これがバックドア基準を満たす集合です。前述した結果と一致しています。

もう少し複雑な図 4.3.4 を書いてみましょう。図 4.3.12 を見てください。

図4.3.12 DAGittyでバックドア基準を満たす変数集合を特定する

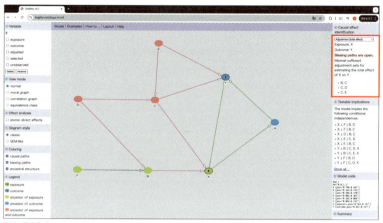

出所：筆者作成。

　XからYへの赤いパスは、バックドアパスです。図4.3.4でも確認したように、バックドアパスは4つあります。右上の赤色の線で囲ってある中の下に、$\{B, C\}$、$\{C, D\}$、$\{C, E\}$がリストアップされています。これらがバックドア基準[16]を満たす集合です。前項の表と照らし合わせて確認してみると、たしかにそうなっていることがわかります。$\{B, C, D\}$もバックドア基準を満たしますが、ここでリストアップされるのは、それを満たす集合の中で一番小さいものです[17]。詳しくは、マニュアル[18]をご参照ください。

---

[16] 正確には、Pearlのバックドア基準を拡張した、Perkovicら(2015)による基準を用いています。https://rdrr.io/cran/dagitty/man/adjustmentSets.html
[17] 最小の集合とは、その変数集合から任意の変数を1つでも削除すると、基準を満たさなくなる集合を指します。
[18] Johannes Textor. Drawing and Analyzing Causal DAGs with DAGitty. https://www.dagitty.net/manual-3.x.pdf 」

4.3のまとめ

- バックドアパスは、XとYを結ぶ裏道であり、Xの上流にある経路。開いているバックドアパスは、適切な変数を固定（層別）することで閉じることができる。
- 変数が多くなると、層別によるデータ不足などが問題になるため、最小限の変数集合でバックドアパスを閉じることが望ましい。
- DAGにおける変数集合Zが、$X \to Y$のすべてのバックドアパスをブロックし、Xの子孫を含まない場合、バックドア基準を満たす。
- 「DAGitty」などのツールを使えば、バックドアパスを自動的に特定し、最適な変数集合を見つけることができる。

4.4
連続変数の層別のための重回帰分析
‐現実的な問題への処方箋

具体的に変数を調整するとはどういうことか

$X \to Y$ の因果関係を得られたデータから分析する際には、実験データとは異なり、X と Y の両方に影響を与える変数の影響を取り除く必要があります。そのためには、適切な変数集合 Z を調整（固定、層別）する必要があります。何の説明もなしに使ってきましたが、「調整」は一般的な表現であり、その具体的な手法が「固定」「層別」です。本質的な違いはないので、固定と層別をほぼ同じ意味と考えていただいて構いません。本節では、連続変数に対する具体的な調整方法を学びます。

第3章で説明したように、因果推論で知りたいことは ATE で、$P(Y|do(X=x))$ という分布と、$P(Y|not\ do(X=x))$ という分布から生成された確率変数の差の期待値で定義されます。処置がランダムに割り付けされていれば、観測された処置群と、非処置群の成果の実績期待値を、その効果の推定量とできました。変数集合 Z で調整するのは、処置があたかもランダムに割り付けられているかのようにするためです。

Z がカテゴリ変数である場合には、変数の値による固定や層別が容易です。その具体的な調整手順を見てみましょう。例えば、1.3節の例

では $Z = \{$地域$\}$ であり、地域 = 関東、地域 = 関西と固定した場合、バックドアパスが閉じるため、広告閲覧有無 (X)、購買有無 (Y) 間に Z の影響によるバイアスはなくなります。つまり、広告の閲覧有無への割り当てがランダムになっているように見なせるということです。すると、ランダム化実験と同様に、do の分布を観測した分布と等しいものと見なせるため、以下が成立します。

$P(Y|do(X=$広告閲覧有$), Z=$関東$) = P(Y|X=$広告閲覧有$, Z=$関東$)$
$P(Y|do(X=$広告閲覧有$), Z=$関西$) = P(Y|X=$広告閲覧有$, Z=$関西$)$
$P(Y|do(X=$広告閲覧無$), Z=$関東$) = P(Y|X=$広告閲覧無$, Z=$関東$)$
$P(Y|do(X=$広告閲覧無$), Z=$関西$) = P(Y|X=$広告閲覧無$, Z=$関西$)$

Z を固定するとは、興味ある確率分布に条件を付けることと同じであることに注意してください。あとは、この右辺の確率に従う分布の平均などを実際のデータから推定します。クロス集計表の平均値(図 4.4.1 では購買割合)は、その推定量の1つです。

図 4.4.1　広告閲覧有無と購買有無のクロス集計

(a)

関東	購買無	購買有	横小計	購買割合
広告閲覧有	1,980	117	2,097	5.6%
広告閲覧無	200	7	207	3.4%
縦計	2,180	124	2,304	5.4%

関西	購買無	購買有	横小計	購買割合
広告閲覧有	110	12	122	9.8%
広告閲覧無	550	42	592	7.1%
縦計	660	54	714	7.6%

(b)

全体	購買無	購買有	横小計	購買割合
広告閲覧有	2,090	129	2,219	5.8%
広告閲覧無	750	49	799	6.1%
縦計	2,840	178	3,018	5.9%

出所：筆者作成。

具体的に、図 4.4.1 をもとに計算してみましょう。まずは、調整下での確率分布に従う期待値の差、

関東での処置の効果 = $E(Y|X=$ 閲覧有$, Z=$ 関東$)$
$\qquad - E(Y|X=$ 閲覧無$, Z=$ 関東$) \approx 5.6 - 3.4 = 2.2$
関西での処置の効果 = $E(Y|X=$ 閲覧有$, Z=$ 関西$)$
$\qquad - E(Y|X=$ 閲覧無$, Z=$ 関西$) \approx 9.8 - 7.1 = 2.7$

これが、各々の層に対する処置（広告）の効果です[19]。全体で見た場合の効果は関東、関西のそれぞれの重みを付けた加重平均です。図4.4.1のデータをもとに計算してみましょう。次のようになり、シンプソンのパラドックスのねじれ構造が解消されました。

$P(Y|do(X=$ 閲覧有$))$
$=P(Y|do(X=$ 閲覧有$), Z=$ 関東$)P(Z=$ 関東$)$
$\qquad + P(Y|do(X=$ 閲覧有$), Z=$ 関西$)P(Z=$ 関西$)$
$= 5.6 * 2304 / (2304+714) + 9.8 * 714 / (2304 + 714) = 6.59$
$P(Y|do(X=$ 閲覧無$))$
$=P(Y|do(X=$ 閲覧無$), Z=$ 関東$)P(Z=$ 関東$)$
$\qquad + P(Y|do(X=$ 閲覧無$), Z=$ 関西$)P(Z=$ 関西$)$
$= 3.4 * 2304/(2304 + 714) + 7.1 * 714 / (2304 + 714) = 4.27$

関東での処置の効果と、関西での処置の効果を、その重みで加重平均しても同じ結果になります。これは、Zがカテゴリ変数集合である場合の、具体的な調整方法—固定、層別分析—の手順です。

ご覧いただいた通り、これまでクロス集計を行ってきたのはX、Y、そして調整すべき変数Zがいずれもカテゴリ変数だったからです。Zがカテゴリ変数の場合、加重平均を単純な足し算で計算できますが、Zが連続変数になると積分計算が必要となります。また、Xが連続変

[19] Yは購買有無の2値変数なので、有 = 1、無 = 0とすると、$E(Y|X=$ 閲覧有$, Z=$ 関東$) = 1 * P(Y=1|X=$ 閲覧有$, Z=$ 関東$) + 0 * P(Y=0|X=$ 閲覧有$, Z=$ 関東$) = P(Y=1|X=$ 閲覧有$, Z=$ 関東$)$ となります。

数の場合、クロス集計表を作成するのが難しくなります。列の区分が多くなりすぎ、各セルに対応する標本サイズが小さくなってしまうためです。もちろん、連続変数を適当な閾値で区切り、「高い」「低い」などのラベルを付けることも可能ですが、これでは多くの情報が失われてしまいます。そこで、連続変数に対して有効な調整方法として、重回帰モデルを用いた調整法を紹介します。

重回帰モデルと因果推論

回帰モデルを導入します。図4.4.2のような散布図があった場合、一方ともう一方の関係を何らかのルールで対応させることを考えます。

図4.4.2 相関している2つの変数の散布図

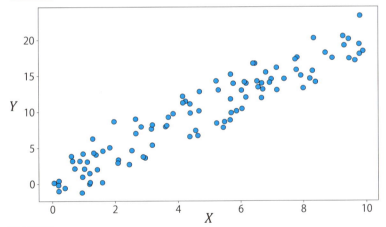

出所：筆者作成。

このとき、1次式で対応させるモデルを考えます。つまり、

$$Y = \beta_0 + \beta_1 X$$

と対応させます。1つの変数XとYの対応をモデル化しているので、

単回帰モデルと言います。X, Z と 2 つ以上の変数の 1 次式で対応させたものを、重回帰モデルと言います。右辺にある変数を説明変数（独立変数）、左辺にある変数を目的変数（従属変数）と呼びます。これに説明変数だけでは説明できない誤差項が確率的に振る舞うと仮定して、加えて以下のように記述します。

$$Y = \beta_0 + \beta_1 X + \epsilon$$

得られたデータから、左辺、右辺を最もよく対応させる切片と回帰係数を推定します（機械学習の文脈では、これを学習とも言います）。なお、回帰分析に関する細かな事項は、専門の統計書を参照してください[20]。

回帰モデルは相関関係をモデル化するため、X、Y の因果関係の有無に関わらず対応するモデルを作成可能です。その用途は幅広く、因果推論のみならず、2.4 節で取り上げたように予測分析などにも用いられています。

誤差項が平均 0、分散 σ^2 の正規分布に従うと仮定すると、Y も確率的に振る舞い、X と A を説明変数とすると、その分布は

$$Y \sim N(\beta_0 + \beta_1 X + \beta_2 A, \sigma^2)$$

に従います。つまり、X と A の値によって、中心（山の峰）が変わる正規分布に従うということです（図 4.4.3 は単回帰でその様子を示した場合）。

---

[20] 例えば、豊田利久, 大谷一博, 小川一夫, 長谷川光, & 谷﨑久志. (2010). 基本統計学（第 3 版）. 東洋経済新報社. などです。

図4.4.3 回帰モデルによる出力が分布する様子

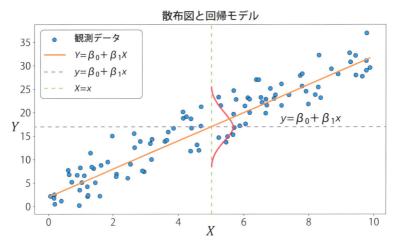

出所：筆者作成。

$X = x$、$A = a$ と固定すると、Y の平均値（期待値）は次のように書けます。

$$E(Y|X=x, A=a) = \beta_0 + \beta_1 x + \beta_2 a$$

$X \to Y$ の因果を識別したいとしたとき、$\{A\}$ がバックドア基準を満たすとすると、

$$P(Y|do(X=x), A=a) = P(Y|X=x, A=a)$$

が成り立ちます。すると、X を 1 大きくした場合の因果効果は次のようになり、

$E(Y|do(X=x+1), A=a) - E(Y|do(X=x), A=a)$
$\qquad = E(Y|X=x+1, A=a) - E(Y|X=x, A=a)$
$= \beta_0 + \beta_1(x+1) + \beta_2 a - \beta_0 + \beta_1 x + \beta_2 a$
$= \beta_1$

X の回帰係数 β_1 と一致します。バックドア基準を満たす変数集合が、2つ以上の変数からなる変数集合であっても同様です。バックドア基準を満たす変数集合 $Z = \{A, B\}$ ならば、次のようになります。

$$Y = \beta_0 + \beta_1 X + \beta_2 A + \beta_3 B + \epsilon$$

ただし、上記のような重回帰モデルで調整する場合、調整変数の値によって β_1 が変わらないことを前提としています。また、{ 広告閲覧有 , 広告閲覧無 } のような2値カテゴリ変数であっても、$X = 1$（広告閲覧有）、$X = 0$（広告閲覧無）とすれば、回帰モデルの枠組みで同様に扱うことができます[21]。

次に、単回帰と重回帰で結果がどう異なるか調べてみましょう。図4.4.4(a) で示した DAG は、X と Y の間にバックドアパスはありません。ですから、X と Y の因果効果を識別するための調整は必要ありません。つまり、X のみを説明変数として、Y に対する回帰モデルを作れば良いわけです。このモデルの回帰係数そのものが、$X \to Y$ の因果効果です。

図4.4.4 様々な3変数のDAG

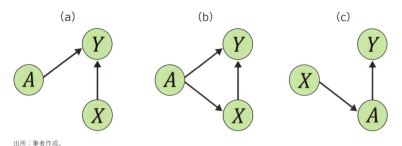

出所：筆者作成。

---

[21] ダミー変数と呼びます。3つ以上の値を取るカテゴリ変数、例えば {a,b,c} のようなものは、a ならば X_a=1、それ以外ならば X_a=0、b ならば X_b=1、それ以外は X_b=0 となる2つの変数を作成して重回帰します。

さらに、図 4.4.4(a) の場合、X の単回帰係数と、A と X の両方を説明変数として Y を重回帰したときに得られる X の回帰係数の推定値は、理論的に一致します。図 4.4.5 では、生成した疑似データをもとに、X だけの単回帰と、X と A を用いた重回帰による回帰係数のヒストグラムを示しています。どちらの推定値も、真の回帰係数を中心に分布しており、単回帰と重回帰による X の回帰係数が一致することを実験結果からも確認できます。

このことは、A を説明変数に含めても含めなくても、$X \to Y$ の因果効果を回帰係数の値から判断できるということを示しています。X、Y のバックドアパスがないため、X の子孫ではない頂点集合はいずれも X、Y をブロックしていると考えると、変数集合 $\{A\}$ もバックドア基準を満たすと解釈でき、このことからも、A をモデルの説明変数に入れても OK と考えることができます。

図4.4.5 単回帰の推定係数と重回帰の推定係数のヒストグラム (図4.4.4(a))

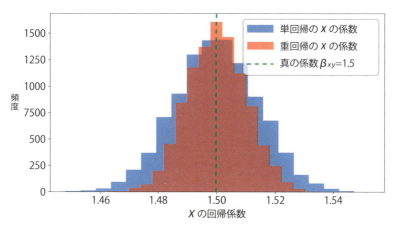

出所：筆者作成。

次に、図 4.4.4(b) のケースを考えます。バックドア基準を満たす最小の変数集合は $\{A\}$ なので、A と X を説明変数とした回帰モデルの X

の回帰係数が、$X \rightarrow Y$ の因果効果を表します。しかし、X のみで Y を回帰した場合、得られる X の回帰係数は重回帰モデルのそれとは一致しません。図 4.4.6 では、図 4.4.4(b) の DAG に基づいて生成したデータを用いて、回帰係数を推定し、その結果をヒストグラムで示しています。重回帰を行った場合、推定された係数は真の係数の周辺に分布していますが、X の単回帰の場合、係数が真の係数より過大に評価されていることがわかります。従って、この場合は図 4.4.4(a) とは異なり、A を説明変数に必ず含める必要があります。

図4.4.6 単回帰の推定係数と重回帰の推定係数のヒストグラム（図4.4.4(b)）

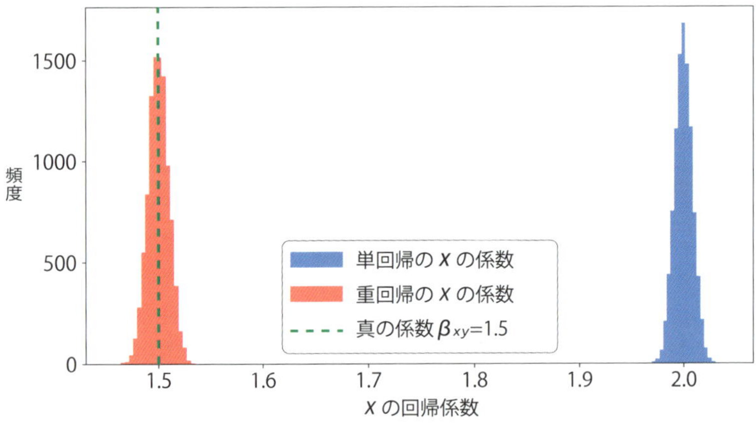

凡例：
- 単回帰の X の係数
- 重回帰の X の係数
- 真の係数 $\beta_{xy}=1.5$

出所：筆者作成。

最後に、図 4.4.4(c) のケースを考えます。まず、X と Y の間にはバックドアパスが存在しません。従って、X のみで回帰モデルを作成すれば十分です。しかし、もし X の子孫である A を説明変数としてモデルに含めてしまうと、どうなるでしょうか？

X と Y の関係は、A を調整（説明変数として含める）することでブロックされてしまい、正しい因果効果を識別できなくなります。図 4.4.7 を見ると、重回帰の場合、A によって X と Y のパスがブロックさ

れ、X の回帰係数は 0 を中心に分布しています。これは、X と Y が無関係である、つまり因果関係がないと判断されることを意味します。このような状況では、X のみの単回帰を行うのが正しい選択です。

図 4.4.7 単回帰の推定係数と重回帰の推定係数のヒストグラム（図 4.4.4(c)）

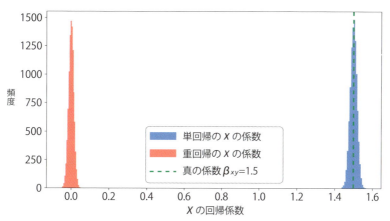

出所：筆者作成。

以上のように、「因果推論」における回帰分析の「説明変数に何を入れるか問題」はマーケターにとって大変悩ましい問題ですが、まずは因果仮説を立て、それに対応した DAG を構築、バックドア基準を満たす変数集合 Z を特定するという流れを抑えておけば、この問題も恐れるに足らずということです。

マーケティング・ミックス・モデリングとの関連

昨今のデータ・ドリブン・マーケティングにおいて、特に注目を集めているのがマーケティング・ミックス・モデリング（Marketing Mix Modeling: MMM）です。簡単に言えば、広告の効果（売上など）に対

する費用対効果を推定する手法です。様々な実装方法がありますが、Meta の Robyn[22)] や Google の Lightweight MMM[23)] など、重回帰モデル[24)] を用いた実装が主流となっています。前項の議論からもわかるように、適切な因果仮説を構築できれば、回帰モデルは広告効果の検証に適したツールです。

MMM では、広告費用に加えて、周期変数や季節変数、イベント変数（オリンピックや台風などの災害）を説明変数として設定することが可能です。季節性のある商品では、季節が売上だけでなく広告の出稿費にも影響を与えます。これは、企業が需要の高まる時期に合わせて広告費を増やし、売上を最大化する戦略を取るからです。例えば、夏のビールや 12 月のクリスマスケーキがその典型です。このような場合、季節変数や周期変数（12ヶ月や 365 日を周期とする変数）で調整することで、広告の売上に対する因果効果を識別することができます。例えば、図 4.4.8 のような因果仮説のもとでは、{ 季節 , イベント } がバックドア基準を満たす最小の変数集合となります。従って、次のような回帰モデルを作成します。

$$売上 = \beta_0 + \beta_1 * 広告費 + \beta_2 * 季節 + \beta_3 * イベント + \epsilon$$

このとき推定された β_1 が、図 4.4.8 の因果仮説のもとでの因果効果です。季節変数は、季節ダミーや周期関数の和など、イベント変数は 0 か 1 の値を取るダミー変数と考えてください。

また、複数の広告の効果を 1 つの回帰モデルで推定することも可能です。図 4.4.9(a) では、テレビ広告とインターネット広告が互いに無関係である場合を示しています。前節で確認したように、この場合は、

---

22) Robyn 公式 HP「https://facebookexperimental.github.io/Robyn/」
23) Google Lightweight MMM Github「https://github.com/google/lightweight_mmm」
24) Meta 社の Robyn は、正確には 2 乗ノルムでの正則化回帰モデルです。

各広告費と売上の単回帰でも重回帰でも、因果効果の識別が可能です。従って、以下のようなモデルを作成することで、1つの回帰モデルで両方の広告効果を推定できます。

$$売上 = \beta_0 + \beta_1 * TV広告費 + \beta_2 * インターネット広告費 + \epsilon$$

図4.4.8 季節とイベントが交絡因子となるDAG

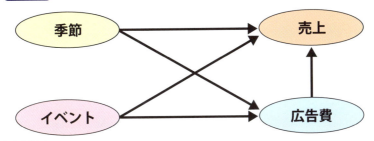

出所：筆者作成。

図4.4.9 複数の広告費が売上に影響を与えるDAG

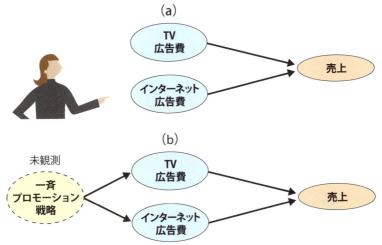

出所：筆者作成。

図 4.4.9(b) は、より現実的なシチュエーションを示しています。新商品のローンチ時などに、テレビ広告とインターネット広告が同時に一斉配信されることがあります。この場合、未観測変数を介してインターネット広告と売上の間にバックドアパスが存在します。未観測変数自体を調整することはできないため、インターネット広告費と売上の因果関係を識別するには、TV 広告費で調整する必要があります。逆に、TV 広告と売上の因果関係を識別するためには、インターネット広告費で調整します。つまり、先ほどのモデルと同様に回帰係数を推定することで、2 つの広告費それぞれの売上に対する因果関係を識別することが可能です。ただし、先の例とは異なりバックドアパスが開いているため、それぞれの広告費と売上の単回帰では因果効果を正しく推定できません。

このように、マーケティング・ミックス・モデリング（MMM）は、マーケティングにおける因果仮説をしっかり設計した上で行うことで、より効果的になります。そして、この因果仮説を作るのは、データサイエンティストやエンジニアではなく、マーケターの皆さんです。現実のマーケティングにおける因果構造はもっと複雑なものですが、バックドア基準や回帰モデルの要点を押さえることで、広告やキャンペーン効果の検証に伴う統計的な悩みや迷いから解放されるのではないでしょうか。その結果、マーケターは、最も重要なタスクである適切な因果仮説の構築に集中できるはずです。なお、MMM に関しては 7 章で詳しく説明しています。

本章では、因果仮説を直感的に把握することのできる DAG を導入しました。そしてバックドアパスとそれを閉じるために調整すべき変数、してはいけない変数を DAG から読み取ることを学びました。さらに、調整すべき変数集合が満たすべき条件を、バックドア基準として与えました。また、連続量の調整手法としての回帰モデル、そのマー

ケティングへの応用である MMM についても触れました。

ここまでで、マーケター向けの因果推論の基礎は終了です。お疲れさまでした。ここまでの内容でも十分に実務で活かせるかと思いますが、第 5 章以降では、昨今主流となっている傾向スコア、時系列因果推論、そしてより先進的な手法について学んでいきます。

どうぞ最後までお付き合いいただけますと幸いです。

4.4 のまとめ

- $X \to Y$ の因果関係を分析する際、X と Y の両方に影響を与える変数の影響を除去する必要があり、適切な変数集合 Z を用いて「固定」や「調整」を行う。調整することで、データがランダム化実験のように扱えるため、因果関係を識別できる。
- クロス集計は、X、Y、Z がカテゴリ変数の場合に使える。Z が連続変数の場合は重回帰モデルを用いた調整法が効果的で、より多くの情報を保持できる。
- バックドア基準を満たしている変数と原因変数 X を説明変数として回帰させることで、推定された X の回帰係数を因果効果として見なせる。
- MMM は広告の費用対効果を推定する手法であり、重回帰モデルを用いて、広告や季節、イベントなどの変数を説明変数として設定できる。複数の広告の効果を 1 つの回帰モデルで推定可能であり、広告効果を正しく識別するためには調整が必要。

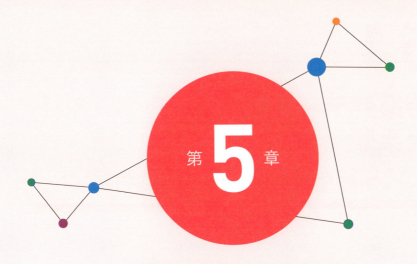

第5章

時系列で見る因果推論

分岐した未来を比較する - あの時にこうしていたら

　時系列データとは、時間の推移とともに観測されるデータのことです。時系列的な順序は大きな意味を持つことがあるため、いつ事象が起きたのかや、いつデータが取得されたのかが記録されていることは分析にとって有用です。原因に対して結果が時間的に後であることは、どんな場合にも成り立つ原則なので、因果推論においてもデータの時系列に注目することは重要なのです。しかしながら、時系列ならではのデータの解釈の難しさもあり、前後関係がわかるだけで因果関係が簡単に推論できるわけではありません。

　本章ではまず、時系列データと因果推論の関係を整理し、時系列データを利用すると因果推論においてどのような利点と課題があるかを明らかにします。続いて、課題への対応策として差分の差分法や合成コントロール法、CausalImpactといった手法を紹介します。そして最後の節では、独立した話題として見せかけの回帰について説明し、時系列データを使って数値を予測する際に陥りやすい間違いについて述べます。ビジネスにおけるデータ分析の利用が一般的になる中で、見せかけの回帰には特に気を付けたほうが良いため取り上げました。

5.1 時系列データと因果関係
-ごく単純な原則とやっかいな特徴

■ CM効果の測定と時系列データ

　テレビCM（以下、CM）の効果測定について考えてみましょう。テレビ番組の評価指標としては、視聴率がよく用いられます。番組の視聴率が高ければCMの視聴率も高く、CMの視聴率が高ければCMの効果も高いという前提が正しければ、視聴率はCMの効果を測定する指標になっていると言えます。では実際のところ、このような考え方はどれくらい有効なのでしょうか？

　まず、番組の視聴率が高ければCMの視聴率も高いという前提について考えてみます。ニュースなどで大々的に報道される番組の視聴率は、開始から終了までの平均です。一方で、番組によってはCMの時間帯に視聴率が大きく下がるものもあります。

　最近では、TVAL now[1]といったサービスで、1分単位の視聴率を一般人でも簡単に知ることできるようになっています。図5.1.1は、TVAL nowのWEBサイトから取得した、ある日の放送局別視聴率推移です。赤いグラフに注目してください。この放送局では19:10ごろから21:00過ぎまでスポーツの試合を放送していましたが、20:00を過ぎたあたりで視聴率が大きく下がっています。これはちょうど競技

---

[1]「テレビ番組リアルタイム視聴率：TVAL now（https://tval-now.switch-m.com/）」から2024年6月11日に取得したデータ。なお、ニュースで取り上げられることの多いビデオリサーチ社提供の視聴率とは情報源が異なるため、同じ番組でも数値は完全には一致しません。

の前半から後半の間に、CMが集中的に放送された時間帯にあたります。このような場合、平均視聴率とCMの時間帯の視聴率に差が生まれます。また、CMの間にトイレに行ったりお茶を沸かしたりする人が多いと、CMの時間帯の視聴率と実際にCMを見た人数が乖離することがあります。

図5.1.1　スポーツ番組の試合開始からの経過時間と視聴率の関係（赤いグラフ）

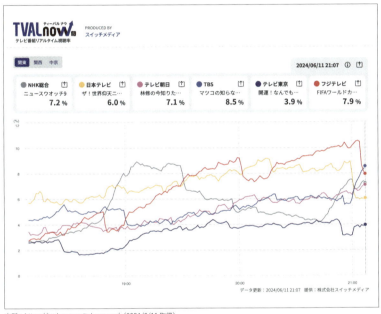

出所：https://tval-now.switch-m.com/（2024/6/11 取得）

　次に、CMの視聴率が高ければCMの効果も高いという前提について考えてみます。そもそも、CMの効果とは何でしょうか？商品の売上が伸びる、商品のWEBサイトへのアクセス数が増える、商品名の認知度が上がるなど、いろいろな効果が考えられますし、CMを出す企業の目的によって測定すべき効果は変わってきます。
　いずれにしても、CMを視聴すること自体は、効果でなく原因に関する事象です。つまり、視聴率の測定は効果でなく原因の測定なので

す。視聴率が高ければ比例する形で効果も大きくなるだろうという考えに基づいて、視聴率という原因の測定を効果の測定に代えていると言えます。

しかしながら、例えば車のように高価で購入機会が少ない商品のCMで、特徴的なフレーズで商品名が連呼されて「バズった」場合、商品名の認知度が飛躍的に上がったものの、すぐには販売数が増加しないという結果が想定されます。この場合、効果を認知度とするか販売数とするかで、放映直後のCMの効果が大きかったかどうかの評価が変わってくるでしょう。また高齢者に人気の番組において、スマホゲームのような若者が主な消費者の商品と、健康食品のような高齢者が主な消費者の商品のCMを続けて流した場合、ほぼ同じ人がどちらのCMも視聴したにもかかわらず、販売数への影響は異なると考えられます。このように、効果を定義せず漫然と視聴率を「効果のようなもの」として扱うと、見当違いの結論に陥る恐れがあるのです。

いろいろな視聴率とその意義

近年では、従来から測定されてきた世帯視聴率だけでなく、個人視聴率やコア視聴率といった様々な切り口の視聴率が発表されるようになっています。これは、番組の視聴者層を把握して商品の購買層に合った番組にCMを出す助けになり、世帯視聴率と実際にCMで訴求できている人数のギャップを埋める役割を果たしていると言えるでしょう。

よって、CMの効果を測定するためには「効果とは何か」を定義し、さらに効果を定量的に表すデータを取得する必要があります。ただ、様々なログデータが記録されているインターネット広告と比べ、CMの効果測定に使えるようなデータが十分に蓄積されている場合は限ら

れています。だからこそ、視聴率が簡便な効果指標として使われてきたわけです。

近年では、CMの効果測定においてもインターネットを活用する動きがあります。ある広告系スタートアップ企業は、CM放映前後における商品に関連するWEBサイトへのアクセス数を計測する発明で特許を取得し、CM効果分析・可視化ツールを開発しています[2]。この発明は、図5.1.2のようなCM放映前後3分間におけるアクセス数の変化に注目したものです。

CM放映がなくてもWEBサイトにはある程度の数のアクセスがありますが、CM放映後3分間にはどのような商品でもほぼ例外なく、アクセス数の急上昇が見られます。そして、CM放映からおおむね3

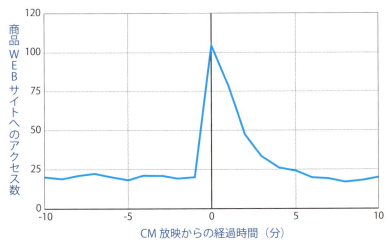

図5.1.2　CM放映からの経過時間と商品WEBサイトへのアクセス数の関係（架空の例）

出所：筆者作成。

---

2) 同様の考え方で、CM放映前後のアプリダウンロード数を計測する発明でも特許を取得しています（https://corp.raksul.com/news/press/211119_novasell_app/）。なお、筆者が過去に在籍していた企業です。

分間を過ぎると、伸びは収まっていく傾向にあります。このような経験的事実から、CM 放映前 3 分間と放映後 3 分間のアクセス数の差分をとることで、アクセス数に対する短期的な CM 効果が測定できます。同じ CM を様々な番組で放映することで、視聴率や視聴者層、曜日や時間帯によるアクセス数の伸びの違いを比較できるのです。さらに言うと、CM 素材による効果の違いを分析するための材料も与えてくれます。

時間は信頼できる因果関係

これまでに見てきたように、一般に因果関係を特定することは困難です。ある事象が原因なのか結果なのかを判別することさえも、簡単ではない場合があります。2 つの事象の間に相関関係が見られたとしても、それだけではどちらが原因でどちらが結果かがわからず、峻別する確立された方法もないからです。

ですが、実はどちらが原因でどちらが結果なのかが確実に決まる関係があります。それは時間の前後関係です。当然のことながら図 5.1.3 のように、先に起きた事象が原因、後に起きた事象が結果となります。これを踏まえると、あるマーケティング施策の効果を検証したいとき、施策の実施時点より後の期間に注目するために時系列データを利用することが重要になります。

先ほどの例で見たような施策の前後数分間にとどまらず、数日間、数週間といったより長い期間で効果を検証する場合にも、この時系列の原則に従います。また、ここでも効果の定義が大事で、効果をどのように定義するかによって、どれくらいの期間の長さで効果を見るかが決まってきます。

| 図5.1.3 | 時間の流れと因果関係

出所：筆者作成。

時系列データ分析の難しさ

このように書くと、時系列データが入手できて原因と結果の時間的な前後関係が明らかな場合には、簡単に因果推論ができると思われるかもしれません。しかし、時系列データには時系列ならではの、扱いの難しさがあるのです。

例えば、夏の子ども向け映画の宣伝のために CM を放映するとしましょう。通常、このような映画は夏休みの数週間前から上映が開始されます。制作会社は「夏休みになったらすぐに観に行こう」と思ってもらうために、夏休みが始まる数日前に集中的に CM を放映しました。

結果、夏休み最初の1週間の興行収入は、前週の2倍になりました。つまり、CM は興行収入を2倍にする効果がありました！…と結論付けて良いのでしょうか？

多くの方が、「いや、その理屈はおかしい」と思ったことでしょう。それはなぜか？

それは、CM を放映しようとしまいと、夏休みになれば子ども向け映画に足を運ぶ人が増えるからです。前週比での興行収入の増加に

は、CMの効果だけでなく、時期が夏休みであることの効果も含まれていて、上記の情報だけではどちらの効果がどれくらい大きかったかを判別できないのです。これは、2.2でも触れた季節性の問題です。

では、今度は別の例として、急速に事業を拡大しているスポーツジムのチェーンがさらなる集客のため、CMを放映するとします。同社は、これまでは主にSNSで知名度を高めてきましたが、CMによってSNSをあまり使わない層にもジムの存在を知ってもらい、新たな顧客を獲得しようとしています。結果、CM放映開始から1ヶ月間の利用者数は、前月比で30%増加しました。

さて、これなら「CMのおかげで利用者数が30%増えた」と言って良いのでしょうか？

実はこの場合も、CMとは異なる効果が紛れ込んでいると考えられます。このスポーツジムは急速に事業を拡大しているため、図5.1.4のように、直近のどの1ヶ月をとっても前月比で利用者数が増加しているのです。もともとの増加傾向を取り除いた残りが、純粋なCMの効果だと言えます。

先ほど、「施策の前後数分間でなくても、数日間や数週間の単位で効果測定は可能」と書きましたが、一方で、期間が延びるほど効果と関係のない要因が紛れ込みやすくなることも事実です。CMの長期的効果の測定がどのように難しいかについては、2.2でも説明しました。先の広告系スタートアップの特許も、数分間ならCM以外のアクセス数増加要因はほぼ生じないからこそ成り立っているのであり、そのままの手法をより長い期間に当てはめても、長期間におけるCM効果の測定は困難なのです。

図5.1.4 スポーツジム利用者数前月比の推移（架空の例）

月	2024/1	2024/2	2024/3	2024/4（CM放映）
利用者数前月比	126%	118%	116%	130%

出所：筆者作成。

時系列データの特徴

ここで、時系列データの特徴をまとめておきましょう。

まず、時系列データとは「時間の推移とともに観測されるデータ」のことです。これは特別に珍しいデータではなく、株価やGDP、気温、心拍数などは、時間的な順序が記録されていればすべて時系列データになります。

時系列データには様々な性質があります。夏休みの例は、周期変動の一種です。規則的に繰り返される同じような変動を、周期変動と言います。他にも夏になるとアイスが売れたり、冬になるとおでんが売れたり、土日になると朝夕の電車の乗車率が下がったりすることが、周期変動の例に挙げられます。また、スポーツジムはトレンドの例です。ある一定の期間に一貫して増加、あるいは減少の傾向が継続しているとき、それを「トレンドがある」と言います。

図5.1.5は、1949年から1960年にかけての、航空機乗客数の月別推移です[3]。横軸が月、縦軸が航空機乗客数を表しています。このグラフからは、2つの特徴が読み取れます。1つは、12ヶ月単位で見ると同じような上下を繰り返していることで、これが周期変動です。もう1つは、1950年代を通して乗客数が増加傾向にあることで、これがトレンドです。

---

[3] https://www.rdocumentation.org/packages/datasets/versions/3.6.2/topics/AirPassengersI

図5.1.5　航空機乗客数の推移

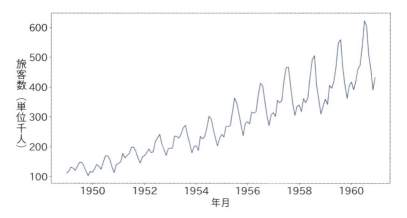

出所:「https://www.analyticsvidhya.com/wp-content/uploads/2016/02/AirPassengers.csv」より筆者作成。

5.1のまとめ

- 因果関係は時間的な順序に従い、原因の後に結果が起きる。
- CMの効果は放映した後に現れるので、CMの効果を測定するには時系列データを利用することが有効である。
- 単にCM放映前後の数値を比較するだけでは、CMの効果をうまく測定できない。
- 時系列データには周期変動やトレンドといった、様々な変動要因が含まれる。

5.2
ローカルCMの効果を検証する
-差分の差分法

■ ローカルCMを利用した効果検証

　一斉に同じ内容を放送するテレビの性質上、世帯によってCMを出し分けるようなA/Bテストを実施することは困難です。また、CMを放映する時期と放映しない時期を分けて両者を比較することで効果を測定しようとしても、うまくいくとは限りません。先の例のように周期変動やトレンドがあると、異なる時期の比較は厳密な比較にならないからです。

　一方で、CM放映の依頼は放送局単位にするものであり、全国には数多くの放送局が存在します。関東や近畿、中京では複数の県に放送する局が多いですが、他の地域では基本的に1つの局が1つの県に対する放送事業を行っています。このため、ある県で流れたCMが隣の県では流れていないということもあるのです。このようなCMを、ローカルCMと呼ぶことにします[4]。

　このような放送局の事情を利用すれば、CMの効果が測定しやすくなります。ある商品のCMを放映してその効果を測定したいとき、まずはその商品の効果を表すデータの時系列的な推移がほぼ同一である2つの放送区域を選出します。次に、このうちいずれかの放送区域の

---

[4] ローカルCMは「ローカルな商品に関するCM」を指すこともありますが、ここでは特定の地域でしか流れないCMを意味することにします。

みでCMを放映します。そしてCM放映後に2つの放送区域のデータを比較し、その差分からCM放映前の差分を引いたものが、おおよそCMの効果によるものと考えられます。

　CM効果測定の実務においても、こういった考え方は活用されており、ここでもやはりWEBサイトへのアクセスデータが利用できます。というのも、WEBサイトのアクセス元の位置情報を取得していれば、アクセスがCM放映地域からなのか、それ以外からなのかを区別できるからです。例えば、近年ではテレビCM放映の広告投資対効果を視覚的に比較・把握することが可能になるという「可視化UI（成長グラフ）」[5]のようなものもあります。放映地域と未放映地域のデータの推移がほぼ同じで、かつCMの効果が十分に出ている場合にグラフで可視化できるようになれば、効果の大きさが一目でわかるようにもなるでしょう。

■ 差分の差分法

　CM放映のような処置が行われたグループ（処置群）と、行われなかったグループ（非処置群）の時系列データを集計し、介入前後の変化を比較することで介入効果を検証する因果推論の手法を、差分の差分法（Difference in Differences、DID）と言います。この手法ではまず、介入が行われた後の時系列データで、処置群と非処置群の差分をとります。次に、介入が行われる前の時系列データで、処置群と非処置群の差分をとります。最後に、この2つの差分から差分をとった結果を、介入効果として算出します。差分からさらに差分をとるので、差分の差分法という名前が付いているのです。

　あるいは、次のように考えても良いです。

---

[5] https://corp.raksul.com/news/press/220318novasell_patent/

まず、処置群における介入前後の差分をとります。次に、非処置群における介入前後の差分をとります。最後に、2つの差分から差分をとった結果を介入効果として算出します。この場合にもやはり、差分からさらに差分をとっています。

最初の考え方は、介入後のデータから求めた差分を、もともと処置群と非処置群の間に存在する差分で補正するというものです。2番目の考え方は、介入前後の処置群の差分を、非処置群にも生じている差分で補正するものと言えます。いずれの考え方も同じ結果になることは、式で表して変形すると明らかです。介入前後の処置群の数値を順に Y_{0t}, Y_{1t}、介入前後の非処置群の数値を順に Y_{0c}, Y_{1c} とします。これによって最初の考え方を式で表し、次のように変形すると上に述べた考え方を表す式になるのです。

$$(Y_{1t} - Y_{0t}) - (Y_{1c} - Y_{0c})$$

$$= Y_{1t} - Y_{0t} - Y_{1c} + Y_{0c}$$
$$= Y_{1t} - Y_{1c} - Y_{0t} + Y_{0c}$$
$$= (Y_{1t} - Y_{1c}) - (Y_{0t} - Y_{0c})$$

■ 平行トレンド

CMの効果測定で差分の差分法を適用するには、先述したように、2つの放送区域において効果を表す数値の時系列的な推移がほぼ同一でなければなりません。これを、差分の差分法では平行トレンドと言います。なお、平行トレンドを介入前のデータに関する仮定として、介入後については、処置以外の変動要因が処置群と非処置群で同一であるとすることを共通ショック仮定と呼ぶ向きもありますが、単純に考えれば「介入前後ともに、処置を別とすれば平行トレンドである」という仮定が差分の差分法の適用には必要であるということです。

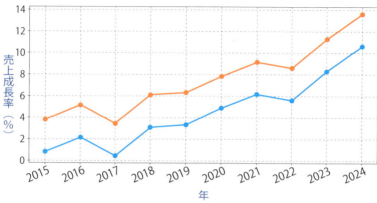

図5.2.1　平行トレンド仮定が成立している時系列データ

出所：筆者作成。

　地理的に隣り合っていたり、人口規模が似通っていたりするからといって、平行トレンドが成り立つわけではありません。また、ある商品について2つの放送区域で平行トレンドが成り立つからといって、別の商品でも成り立つとも限りません。例えば、同じような緯度、地形であれば防寒用具への反応は似ているかもしれませんが、食文化は全く異なるかもしれません。宮城県と山形県だと、気候が比較的似ていたとしても、牛肉や豚肉の需要が大きく異なることが考えられます[6]。つまり、実際のデータを確認することが何よりも重要なのです。

　ところで、差分の差分法で使う2組の時系列データの間に、平行トレンド仮定が成り立っていると厳密に示すことはできません。平行トレンドは、介入前だけでなく介入後においても成り立っていなければなりませんが、介入後において処置群は処置されているがゆえに、非処置群と平行になっていません。処置がなかった場合の処置群のデータは平行になっていたのかもしれませんが、現実に起きていない場合

---

[6] 宮城県では芋煮に豚肉を入れ、山形県では牛肉を入れることが多いためです。

なので、そのようなデータは存在しません。そのため、介入後も含めて平行トレンドが成り立っているとは立証できないのです。

次善の策として、介入前の複数時点でのデータを取得し、介入前の期間を通じて平行トレンドであることをもって仮定が成り立つとすることがあります。介入前に長期間ずっと平行だったから、介入後も処置がなければ平行だったに違いないという論法です。ここで平行かどうかの判断は目で見て行うこともありますが、定量的に検証する方法も複数考えられます。ただし一般論として、平行でないと結論付けるよりも、平行であると結論付けることは難しいです。例えば、仮説検定は2つの数値に差があるという結論は出せても、差がないという結論は厳密には出せません[7]。

加えて、介入後に処置群と非処置群の一方のみに影響を与える事象が、処置を除いて存在しないかを確認することも重要です。これは主に、ドメイン知識から判断することになります。例えば、CM放映地域と非放映地域での商品の売上を比較してCMの効果を検証するのに、いずれかの地域のみでCM放映期間に店頭での販促キャンペーンが実施されていれば、差分の差分法は使えません。販促がCM放映地域で実施されていればCMの効果が過大評価され、非放映地域で実施されていれば過小評価される可能性が高いからです。

■ 実務上の方針案

何らかの方法で平行トレンドかどうかを判定するとしても、現実問題として平行トレンド仮定が完全に成立する場合は少ないかもしれません。そして、完全な平行トレンドと言い切れない場合の差分の差分

---

[7] 仮説検定を用いる場合、帰無仮説が棄却されなかった場合に差がない、つまり平行トレンドが成り立っていると暫定的に判断することが、実用上の対応になるでしょう。

法の活用方針としては、運用サイクルにおける指針とすることが考えられます。

　差分の差分法に限らず因果推論をビジネスで活用したい場合には、ビジネス上の目的や目標を具体化・定量化することが重要です。仮に、完全な平行トレンドが成り立っていたとして、CM による効果がごくわずかだったと判明すれば、ビジネスへのインパクトは極めて薄いと言わざるを得ません（今回の CM は効果が弱かったという知見が得られたという点では、意味がないわけではありませんが）。一方で、完全な平行トレンドではないかもしれないものの、CM による効果が大きいという示唆が出た場合、不確実性は承知のうえで示唆を参考情報に次の CM 放映方針を立てることは、有意義と言えるのではないでしょうか。

　ビジネスにおいてきれいなデータが取得できる場合は少ない反面、何らかの形で意思決定に役立つ分析になれば十分な場合もあります。ありあわせの材料で工夫しようとする姿勢が求められ、差分の差分法もそのための道具の 1 つとして使います。そして、このような考え方は、後で紹介する差分の差分法以外の手法を活用する際にも当てはまるものです。

実装例に入る前に 〜プログラミング関連の用語説明

　この後、プログラミング言語による差分の差分法の実装例を紹介します。また 5.3 や 5.4、6 章、7 章でも取り扱う内容に関するプログラミング例を紹介します。本書において実装例は手法に対するイメージを持ちやすくするために紹介しており、プログラミングに馴染みのない読者の方々でも内容の理解には支障が出ないようにしております。とはいえ、本文中でもプログラミング関係の用語を使った記述があり

ますので、若干の用語説明をしておきます。

　世の中には様々なプログラミング言語がありますが、本書で実装例を紹介している言語のほとんどはPythonです。Pythonは因果推論に限らず、データ分析を行う際に最もよく使われる言語です。その理由は、データ分析に関するライブラリが充実しているからです。

　ライブラリは複雑な処理を簡単に実行できる、プログラムの道具箱のようなものだと思ってください。例えば、「数字を入力し、3が付くならFizz、3の倍数ならBuzz、3が付いてかつ3の倍数ならFizzBuzzと表示する」という処理を実装したいとしましょう[8]。これを自分で一から実装するには、入力された数字に3が付くか、3の倍数かの判定や、各々の場合について表示する文字列の指定といった各処理をプログラミング言語で逐一書かなければなりません。

　一方で、もし他の誰かがこのような処理を実装したプログラムを作成し、全世界に向けて公開してくれていたら、そのプログラムを実行するだけでやりたいことができます。これがライブラリです。Pythonでは、データ分析に関する処理をまとめたライブラリが豊富にあります。やりたい分析が実装されているライブラリを読み込んで、個別のデータに対応させるための処理だけを自分で書けば良いのです。

　Pythonの他にも、データ分析でよく使われる言語にRがあります。Rもライブラリが充実しています。7.2では、Rでの実装例も登場します。これは、7.2で紹介するマーケティング・ミックス・モデリングに関する優れたライブラリがRで使えることによります。

　なお、Python、Rいずれの実装例でも、プログラム内の#以降に書かれた部分はコメントと言い、本書では色を変えています。コメント

---

[8]　プログラミングスキルを判定する有名な問題に、条件によってFizz、Buzz、FizzBuzzという文字列を出し分けるというものがあります。俗に、このような問題自体もFizzBuzzと呼ばれます。

はプログラムの処理内容を記述するものではなく、プログラムが何をしているかをプログラムを読む人にとってわかりやすくするものであり、自然言語で書かれています。プログラミングをしたことのない方は、コメントだけには目を通すのも良いと思います。なお、プログラムを動かしてみたい方は、本書のサポートページも活用してください。

差分の差分法の実装

差分の差分法は、Python のライブラリを使って実施することができます。複数のライブラリが公開されていますが、CausalPy が特に有名です。CausalPy は差分の差分法に限らず、後で紹介する合成コントロール法など様々な因果推論の手法を備えています。

以下で、CausalPy を用いて差分の差分法を実装してみましょう。まずはプログラム 5.2.1 で、CausalPy など必要なライブラリとデータを読み込みます。

プログラム 5.2.1 ライブラリとデータの読み込み

```
#ライブラリを読み込む
import causalpy as cp
from sklearn.linear_model import LinearRegression
#データを読み込む
data = cp.load_data("did")
#データの中身を確認する
data.head()
```

出所：https://causalpy.readthedocs.io/en/stable/notebooks/did_skl.html

読み込んだデータは、図 5.2.2 のようになっています。group が 1 なら処置群、0 なら非処置群のデータであることを表します。ここでの処置はマーケティング施策の実施であり、処置群は施策を実施した店舗、非処置群は施策を実施しなかった店舗であるとします。t は時系列

を表し、このデータでは 0 か 1 のいずれかです。post_treatment は処置がなされた後かどうかを表し、t が 1 なら True、0 なら False になっています。すなわち、t が 0 のデータは施策の実施前、t が 1 のデータは施策の実施後になります。また、y の数値の大きさによって介入効果が測定されます。ここでの y は店舗の販売額を表すとします。

図5.2.2 差分の差分法で使うデータ

	group	t	unit	post_treatment	y
0	0	0.0	0	False	0.897122
1	0	1.0	0	True	1.961214
2	1	0.0	1	False	1.233525
3	1	1.0	1	True	2.752794
4	0	0.0	2	False	1.149207

出所:「https://causalpy.readthedocs.io/en/stable/notebooks/did_skl.html」を元に筆者作成。

プログラム 5.2.2 の DifferenceInDifferences で、差分の差分法を手法として指定しています。model の後に続く LinearRegression() は、代わりに cp.pymc_models.LinearRegression() としても良いです。違いは効果の推定に用いる手法であり、cp.pymc_models.LinearRegression() とするとベイズ推定を行います。推定方法が異なると推定結果も異なることがあり、推定すべき係数の数が多いわりにデータが少ないような場合には、ベイズ推定が適しているとされます[9]。

プログラム 5.2.2 では、プログラム 5.2.1 でファイルを読み込んで作

---

[9] ベイズ推定については、7.2 でも触れます。

成した data を入力するデータに指定しています。time_variable_name では時系列を表す変数がどれかを、group_variable_name では処置群かどうかを表す変数がどれかを指定します。そして、model は前述のように、「どのようなモデルで効果を推定するか」を指定します。

プログラム 5.2.2　差分の差分法の実行

```
result = cp.DifferenceInDifferences(
  data,
  formula="y ~ 1 + group*post_treatment",
  time_variable_name="t",
  group_variable_name="group",
  model=LinearRegression(),
)
```

出所：https://causalpy.readthedocs.io/en/stable/notebooks/did_skl.html

プログラム 5.2.3 を実行すると、図 5.2.3 のような結果が出力されます。横軸の pre, post はそれぞれ介入前、介入後の時点を表し、縦軸は各時点での数値の大きさを表します。オレンジと青の点はそれぞれ処置群、非処置群の各時点での数値の大きさを表します。そして緑の点は処置群で、処置がなかった場合の数値の大きさを推定したものです。これにより、差分の差分法で測定された効果の大きさは、post 上の緑の点から橙の点までの緑の矢印で示されている長さになります。すなわち、矢印の長さはマーケティング施策による販売額の変化の大きさということです。このように、CausalPy は施策の効果を視覚的にわかりやすく表現してくれるのです。

プログラム 5.2.3　実行結果の可視化

```
fig, ax = result.plot()
```

出所：https://causalpy.readthedocs.io/en/stable/notebooks/did_skl.html

5.2　ローカルCMの効果を検証する - 差分の差分法

図5.2.3　差分の差分法の実行結果

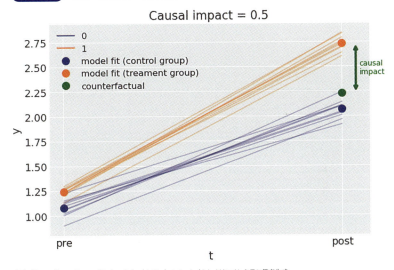

出所:「https://causalpy.readthedocs.io/en/stable/notebooks/did_skl.html」を元に筆者作成。

5.2のまとめ

- 差分の差分法は、処置群と非処置群各々の介入前後のデータを使って、介入効果を推定する手法である。
- 差分の差分法を適用するには、処置群と非処置群の間に平行トレンドが成り立っていると仮定しなければならない。
- 平行トレンド仮定を厳密に立証することは困難だが、ビジネスにおいては不確実性を踏まえて差分の差分法を活用することで、施策実行のサイクルを回す助けになりうる。

5.3
ローカルCMの効果をさらに検証する
-合成コントロール法

差分の差分法が使えない場合

　差分の差分法を適用するには、処置群と非処置群の間に平行トレンドが成り立っていることが必要でした。でも現実には、どれだけ甘く見ても平行トレンドが成り立っているとは言えないようなデータしか手に入らないこともあるでしょう。

　図 5.3.1 は、アメリカ各州のたばこの年別売上の推移です。赤い線で表されているカリフォルニア州では、1988 年（表の縦線に当たります）にたばこ税および健康保護法が導入されました。では、これらの政策がたばこの売上に与えた効果を、差分の差分法で測定できるでしょうか？

　他の州でのたばこの売上を表す、他の色の点線の動きを見たところ、どの州も差分の差分法の非処置群として扱うことが難しそうです。同様の事態は、ローカル CM の効果測定でもでもありえます。CMを放映した県と平行トレンドが成り立つ県が、都合良く存在するとは限りません。

図5.3.1 平行トレンドが成立しない時系列データ

出所:「https://causalpy.readthedocs.io/en/stable/notebooks/sc_skl.html」を元に筆者作成。

平行トレンド仮定が成り立っていなくても使える合成コントロール法

　図5.3.1のデータをもう少し見てみましょう。やはり、どの非処置群の推移も処置群と平行ではありませんが、どのように違うかはまちまちです。そこで複数の非処置群の数値を足し合わせれば、違いがうまい具合に打ち消しあって、平行トレンドが成り立つ数値が得られないかと考えてみます。言い換えれば、カリフォルニア以外の複数の州を組み合わせて、擬似カリフォルニア州を作れないかを考えるのです。このアイデアを理論的に実行する手法が、合成コントロール法です。

　合成コントロール法では、複数の非処置群を足し合わせる際に各非処置群の重みを自動的に決定します。このとき、足し合わせた数値が処置群に最も近くなるように重みが調整されます。なお、ただ1つの非処置群にすべての重みを与えると非処置群は1つになるので、合成コントロール法は差分の差分法を一般化したものとも言えます。

自動的に重みが決まるという手法の性質は、文脈によっては結論の説得力を強めることもあります。ある処置がなされた後になってから、蓄積されたデータを用いて差分の差分法で分析することが決まったとしましょう。このとき、事後的に非処置群を選択することがチェリーピッキング[10]にならないかという問題があります。特に、平行トレンドに関する確からしさが同程度である非処置群の候補が複数ある場合、いずれについても平行トレンドであると証明できない以上、どの候補を選んでもこのような批判は可能です。この点、合成コントロール法であれば、人為的な非処置群の選択をしないで済むのです。

さらに図を見るとわかるように、合成コントロール法の推定結果には、差分の差分法とは異なる点があります。それは、介入後における介入効果をただ1つ算出するのではなく、介入後の各時点での介入効果を推定するという点です。介入効果に関するより詳細な情報を提供してくれるので、介入後の特定の時点や期間における効果を知りたいときには便利です。

平行トレンド仮定が成り立つ対象がなくても使える分、合成コントロール法は差分の差分法よりも活用できる場面が多くなりますが、非処置群のデータがあればどんな場合でも使えるわけではありません。

極端な例として、図5.3.2のような時系列データを考えてみましょう。これは図5.3.1のように異なる地域におけるある商品の売上の推移を表すと考えてください。実線の処置群には数値が下がっている期間が見られますが、点線の非処置群のどれを見ても一貫して上昇傾向を示しています。このような非処置群をどのように組み合わせても、処置群に似たようにはならず、それゆえに適切な介入効果を推定できないと考えられます。

---

[10] 導きたい結論にとって都合の良い対象を選ぶこと。

図5.3.2 合成コントロール法が適用できない時系列データ

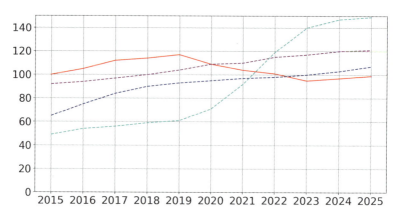

出所：筆者作成。

合成コントロール法の実装

5.2節で触れたように、合成コントロール法もCausalPyを使って実施できます。合成コントロール法では差分の差分法よりも複雑な計算をしなければなりませんが、CausalPyを使うとほとんど変わらないコード記述量で実装できるのです。プログラム5.3.1でライブラリとデータを読み込みます。差分の差分法と異なる点として、treatment_timeという変数の値を指定しています。これは、どの時点から介入が開始されたかを表します。

プログラム5.3.1 ライブラリとデータの読み込み

```
#ライブラリを読み込む
import causalpy as cp
from sklearn.linear_model import LinearRegression
#データを読み込む
df = cp.load_data("sc")
```

```
#介入時点を指定する
treatment_time = 70
#データの中身を確認する
data.head()
```

出所:「https://causalpy.readthedocs.io/en/stable/notebooks/sc_skl.html」より筆者作成。

では、データを見てみましょう(図5.3.3)。このデータは1行目から順に時系列に並んでいます。先ほどtreatment_timeに70を指定したので、71行目以降が介入開始以降のデータになります[11]。ここでの処置は緊急事態宣言です。actualが処置群の数値であり、ここでは緊急事態宣言を受けた商業施設の売上を表します。これに対して、aからgまでは複数の非処置群各々の数値であり、ここではそれ以外の商業施設の売上を表します。

図5.3.3 合成コントロール法に使うデータ

	a	b	c	d	e	f	g	counterfactual	causal effect	actual
0	0.793234	1.277264	-0.055407	-0.791535	1.075170	0.817384	-2.607528	0.144888	-0.0	0.398287
1	1.841898	1.185068	-0.221424	-1.430772	1.078303	0.890110	-3.108099	0.601862	-0.0	0.491644
2	2.867102	1.922957	-0.153303	-1.429027	1.432057	1.455499	-3.149104	1.060285	-0.0	1.232330
3	2.816255	2.424558	0.252894	-1.260527	1.938960	2.088586	-3.563201	1.520801	-0.0	1.672995
4	3.865208	2.358650	0.311572	-2.393438	1.977716	2.752152	-3.515991	1.983661	-0.0	1.775940

出所:「https://causalpy.readthedocs.io/en/stable/notebooks/sc_skl.html」を元に筆者作成。

プログラム5.3.2のSyntheticControlで、合成コントロール法を手法として指定しています。手法名が異なることを別にすれば、差分の差分法とそっくりのコードであり、CausalPyを使えば様々な因果推論の手法が統一された記法で実装できることがわかります。ただし、設定するパラメータには違いがあります。介入の前と後で期間を2分割する差分の差分法に対し、合成コントロール法は介入以降の時点によっ

---

[11] 図5.3.3の一番左を見るとわかるように、行番号は0から開始しているので、treatment_timeが70の行は71行目にあたります。

て変化する効果を推定するので、先ほど値を代入した treatment_time で介入開始時点を指定します。また、formula には非処置群に採用する複数の変数を指定します。

プログラム 5.3.2　合成コントロール法の実行

```
result = cp.SyntheticControl(
    df,
    treatment_time,
    formula="actual ~ 0 + a + b + c + d + e + f + g",
    model=LinearRegression(positive=True),
)
```
出所:「https://causalpy.readthedocs.io/en/stable/notebooks/sc_skl.html」より筆者作成。

　プログラム 5.3.3 を実行すると、図 5.3.4 のような結果が出力されます。3 つのグラフのいずれにおいても、横軸は時点を表します。1 番上のグラフの縦軸は各時点における actual の数値の大きさ、すなわち商業施設の売上を表します。一番上のグラフから処置がない場合との差分を抜き出したものが、真ん中のグラフになります。つまり真ん中のグラフの縦軸は、緊急事態宣言による商業施設の売上の変化の大きさを表します。青く塗られている部分が介入効果で、緊急事態宣言を受けた商業施設の売上が減少していることがわかります。また、緊急事態宣言後でも時点によって売上の減少幅が異なることもわかります。一番下のグラフでは、各時点までの累積での売上の減少も可視化されています。

プログラム 5.3.3　実行結果の可視化

```
fig, ax = result.plot(plot_predictors=True)
```
出所:「https://causalpy.readthedocs.io/en/stable/notebooks/sc_skl.html」を元に筆者作成。

図5.3.4 合成コントロール法の実行結果

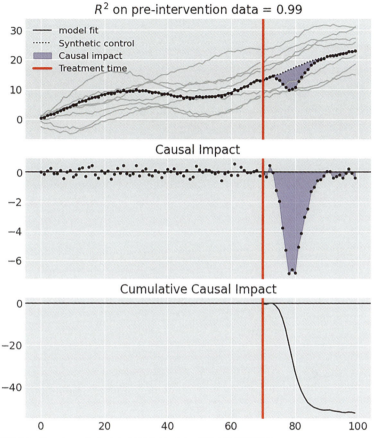

出所:「https://causalpy.readthedocs.io/en/stable/notebooks/sc_skl.htm」を元に筆者作成。

またプログラム 5.3.4 を実行することで、図 5.3.5 のように、各非処置群をどれくらいの重みで組み合わせているかもわかるようになっています。この結果によると、a に最も大きな重み 0.32 が与えられており、e に最も小さな重み 0.0042 が与えられていることがわかります。

プログラム5.3.4　非処置群の重みの確認

```
result.summary()
```

図5.3.5　非処置群の重み

```
=================================Pre-Post Fit=================================
Formula: actual ~ 0 + a + b + c + d + e + f + g
Model coefficients:
    a           0.32
    b           0.058
    c           0.29
    d           0.056
    e           0.0042
    f           0.23
    g           0.038
```

出所：「https://causalpy.readthedocs.io/en/stable/notebooks/sc_skl.html」を元に筆者作成。

5.3のまとめ

- 合成コントロール法は、複数の非処置群のデータを組み合わせて介入効果を推定する手法である。
- 合成コントロール法は、処置群と非処置群の間に平行トレンドが成り立っていなくても適用できる。

5.4 全国CMの効果を検証する
-CausalImpact

差分の差分法も合成コントロール法も使えない場合

　差分の差分法や合成コントロール法を用いるには、前提として比較対象の非処置群データが使える状態でなければなりません。しかしながら、このようなデータが使えなくても効果を検証したい場合もあるでしょう。これまでの例では、CMの効果を検証したい地域のみでCMが放映されていましたが、全国的に同一期間に放映されたCMの効果を検証したい場合には、差分の差分法も合成コントロール法も適用できません。

　当たり前ですが、全国的に同一期間に放映されたCMの効果を検証したい場合、CMが放映されたある地域でCMが放映されなかった場合の数値を、CMが放映されなかった地域の数値から推定することはできません。CMが放映されなかった地域が存在しないからです。そのため、他の方法で推定することを考えます。

　ある商品の売上がどのように説明できるかを考えます。CM放映開始期間には総じて数値が上昇しており、これがCMの効果と言えます。一方で、上昇を除いた分はCM以外の要因によって決まるとすると、そのような要因に関するデータが取得できればCM放映がなかった場合の数値を予測できないかと考えてみます。

例えば、アイスの売上と気温の間に強い相関関係が成立しているとしましょう。気温とアイスの売上の日別データがあれば、毎日の気温からその日のアイスの売上を予測できます。この予測をCM放映があった期間に対して行うことで、CM放映がなかった場合の売上の予測値が得られます。

比較対象がなくても使えるCausalImpact

　このような考え方を精緻に理論化した論文をGoogleが発表し、手法を実装したCausalImpactというRライブラリをリリースしています。このため手法自体をCausalImpactと呼ぶことが多く、本書でもそのように呼ぶことにします[12]。

　CausalImpactは目的変数と説明変数（コラム参照）の時系列データを入力して、介入後の処置がなかった場合の目的変数の時系列データの予測値を出力します。出力されたデータと実際の介入後のデータを比較することによって、介入効果を推定できるわけです。自社が運用する広告の一定期間にわたる効果を測定するためにGoogleが開発した手法であるため、まさに時系列データを活用した因果推論のための手法だと言えます。

　CausalImpactは状態空間モデルでもあります。状態空間モデルは時系列モデルの1つであり、過去の実績から将来の値を予測するものです。時系列モデルの中でも、状態空間モデルは複雑な時系列の推移に対応できることが特徴です。

　合成コントロール法と同じく、CausalImpactは介入後における介入効果をただ1つ算出するのではなく、介入後の各時点での介入効果を推定することができます。そして、非処置群のデータがなくても介入

---

12) なお、「causal impact」は日本語に訳すと「原因が及ぼす効果」くらいの意味で、英語の文章では差分の差分法や合成コントロール法の説明でも見られる普通の表現です。これを「CausalImpact」と、スペースなし、かつ単語の先頭を大文字にすると、上記のライブラリ・手法を指すことが日本語の文章では多いです。

効果を推定できる点が、合成コントロール法にはないCausalImpactの強みです。

> **目的変数と説明変数**
>
> 4.4にも出てきた目的変数と説明変数の説明を、改めてしておきましょう。前述のアイスの売上の例で考えます。この場合、「アイスの売上」は予測しようとしている対象、すなわち予測の目的であるため、このような数値を目的変数と言います。一方、気温が何度なのかによってアイスの売上がいくらくらいになるかが予測できるとすると、気温はアイスの売上を説明していると言えます。従って、ここでの気温のような数値を説明変数と言います。
>
> 目的変数は非説明変数、従属変数と呼ばれることもあります。説明変数は独立変数、特徴量と呼ばれることもあります。呼び名によって込められたニュアンスは微妙に異なるものの、基本的には同じ意味と考えて良いです。

CausalImpactの実装

CausalImpactはPythonでも複数のライブラリで実装されており、ここではtfcausalimpactというライブラリを使います。まずは、プログラム5.4.1でライブラリとデータを読み込みます。pre_periodとpost_periodで介入実施前、実施後各々の期間を指定しています。

プログラム5.4.1 ライブラリとデータの読み込み

```
#ライブラリを読み込む
import pandas as pd
from causalimpact import CausalImpact
#データを読み込む
```

```
data = pd.read_csv('https://raw.githubusercontent.
com/WillianFuks/tfcausalimpact/master/tests/
fixtures/arma_data.csv')[['y', 'X']]
data.iloc[70:, 0] += 5
#介入期間を指定する
pre_period = [0, 69]
post_period = [70, 99]
#データの中身を確認する
data.head()
```

出所:「https://github.com/WillianFuks/tfcausalimpact」を元に筆者作成。

データを見てみましょう(図5.4.1)。このデータも、1行目から順に時系列に並んでいます。post_periodで指定したように、71行目(表左端のインデックス番号70)以降が介入開始後になります。yが処置群の数値で、Xがyの値を予測するために使う説明変数です。ここでは先ほどの例と同じく、yがアイスの売上、Xが気温、処置がアイスの販促キャンペーンと考えてください[13]。

図5.4.1 CausalImpactに使うデータ

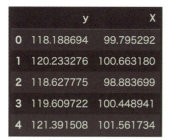

出所:「https://github.com/WillianFuks/tfcausalimpact」を元に筆者作成。

---

13) 実際には人工的に作られたデータであるため、話をわかりやすくするための仮の設定です。Xの数値が気温としては不自然ですが、ご容赦ください。

プログラム 5.4.2 の CausalImpact で効果推定を実行します。先ほど指定した pre_period と post_period で、いつの時点で処置したかを伝えています。

結果は、図 5.4.2 のように表示されます。3 つのグラフのいずれにおいても、横軸が時点を表し、時点 69 における縦の点線は介入時点を表します。また、縦軸は y の数値の大きさを表し、1 番上のグラフでは各時点での売上、真ん中のグラフでは各時点での処置がない場合との売上の差分、1 番下のグラフでは各時点までの累積での売上の増加額を表します。1 番上のグラフで介入後の各時点の実線と点線の差を見ることで、効果の大きさがわかります。つまり、販促キャンペーンによりアイスの売上がどれくらい増えたかを測定できるのです。また、介入前においても実線に対する点線の当てはまり具合を見れば、推定の良さがわかるようになっています。点線が実線に重なっているほど、販促キャンペーンがない場合のアイスの売上を気温によってうまく予測できており、それゆえに販促キャンペーンの効果をうまく推定できていると言えるでしょう。

プログラム 5.4.2　CausalImpact の実行と可視化

```
#CausalImpactを実行する
ci = CausalImpact(data, pre_period, post_period)
#実行結果を表示する
print(ci.summary())
print(ci.summary(output='report'))
ci.plot()
```

出所:「https://github.com/WillianFuks/tfcausalimpact」を元に筆者作成。

図5.4.2　CausalImpactの実行結果

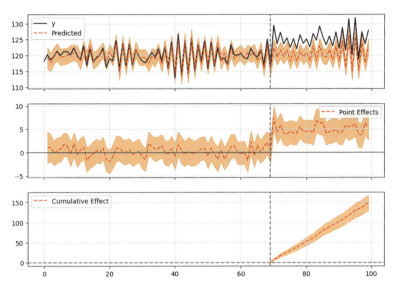

出所：「https://github.com/WillianFuks/tfcausalimpact」を元に筆者作成。

差分の差分法、合成コントロール法、CausalImpactの比較

　ここまでに紹介した差分の差分法、合成コントロール法、CausalImpactの違いをまとめると、図5.4.3のようになります。3つの手法の共通点と違いを振り返ってみましょう。いずれの手法も、処置群以外のデータを工夫して使うことで介入効果を測定しようとするものです。

　差分の差分法では、平行トレンド仮定が成立している非処置群の目的変数[14]を使います。合成コントロール法では非処置群が複数セット必要になりますが、差分の差分法と違って個々の非処置群において平

---

[14] ここでの目的変数は、販促を実施する場合の商品の販売額など効果の測定対象を指します。

行トレンド仮定が成立していなくても良いです。CausalImpactでは非処置群は不要になり、代わりに処置群の目的変数を予測できる説明変数があれば良いです。また、差分の差分法では介入の平均的な効果を推定できるのに対し、合成コントロール法とCausalImpactでは介入後の各時点における介入の効果を測定できます。

図5.4.3 差分の差分法、合成コントロール法、CausalImpactの違い

手法	必要なデータ	推定できる効果	Pythonでの実装方法
差分の差分法	平行トレンド仮定が成立している非処置群の目的変数	介入の平均的な効果	CausalPyなど
合成コントロール法	複数の非処置群の目的変数	介入後の各時点における介入の効果	CausalPyなど
CausalImpact	処置群の目的変数の予測に使える説明変数	介入後の各時点における介入の効果	tfcausalimpactなど

出所：筆者作成。

5.4のまとめ

- CausalImpactは、目的変数と説明変数の時系列データを入力して、介入後の処置がなかった場合の目的変数の数値を推定する手法である。
- CausalImpactは、非処置群のデータを使うことなく実行できる。

5.5 トレンドを持ったデータの罠
- 見せかけの回帰

■ つい早合点したくなる見せかけの回帰

　本章の最後に、異なる観点から時系列データの因果関係を考えてみます。

　図 5.5.1 と図 5.5.2 で、指標 A、B はどちらも期間を通じて上昇トレンドにあります。似たような推移をしているように見えるので、もしかすると A によって B を説明できるかもしれません。A を説明変数、B を目的変数とした回帰分析をしてみると、0.58 とかなり高い決定係数が得られました。回帰モデルによって目的変数の動きをどれくらい説明できるかを表す指標が決定係数なので、簡単に言うと A だけを説明変数に入れたモデルで B の動きの 58% を説明できるということになります。

　では、このことから「A によって B を説明できる」と結論付けても良いのでしょうか？

　実は、A と B は別々に人工的に生成したデータで、両者の間には何の関係もありません。つまり、A と B の間に因果関係があるはずがないのです。では、なぜ決定係数が高くなったのでしょうか？

　これは、見せかけの回帰と呼ばれる現象です。A、B のように各々がトレンドを持つ 2 組の時系列データの一方を説明変数、他方を目的変数にすると、実際には両者の間に因果関係がなくても高い決定係数

が得られることが知られています[15]。

図5.5.1　指標Aの時系列データ

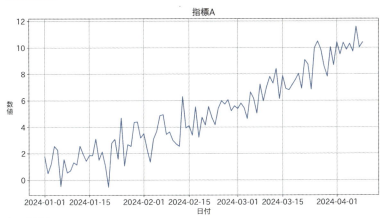

出所：筆者作成。

図5.5.2　指標Bの時系列データ

出所：筆者作成。

---

[15] さらに極端な場合だと、見た目にも目的変数と説明変数の間に何の関係もないようにも見えるような場合にも、統計的に有意な結果が出てしまうことがあります（https://avilen.co.jp/personal/knowledge-article/spurious-regression/）。

■ 見せかけの回帰への対処法

　見せかけの回帰を回避する方法はいくつかあります。例えば、前の時点の目的変数の値を説明変数に追加するという方法や、図 5.5.3、図 5.5.4 のように各時点のデータを前の時点との差分に変換する方法です。いずれの方法も、トレンドが見せかけの回帰の原因になっているので、トレンドの影響がなくなるようにデータを処理すれば良いという考え方に基づいています。結果として、差分データで回帰分析を実行すると、決定係数は 0.00058 と極めて低くなっています。

　本章では、時系列データに関わる因果推論の手法として、差分の差分法、合成コントロール法、CausalImpact の 3 つを紹介しました。時系列データが取得できることが前提になっていることから、どんな場合にでも使えるわけではないものの、CausalImpact のようなライブラリが近年開発されている事実から推察されるように、条件が揃えば実践での活用機会がそれなりに考えられます。また、データ分析に詳しくない人にとっても、推論ロジックが比較的理解しやすく受け入れやすいものと言えそうです。最後に解説した見せかけの回帰は、データ分析でよくやってしまう失敗の 1 つです。

　本章の内容は比較的実践的だと思いますので、ぜひマーケティングの現場で活用してみてください。

5.5 トレンドを持ったデータの罠 - 見せかけの回帰

図5.5.3 指標Aの時系列データの差分

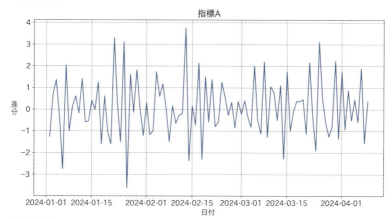

出所：筆者作成。

図5.5.4 指標Bの時系列データの差分

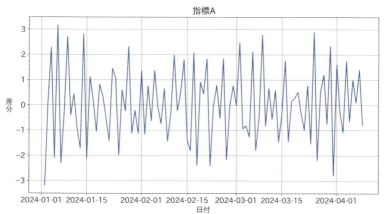

出所：筆者作成。

5.5のまとめ

- 各々トレンドを持つ2組の時系列データの間には、見せかけの回帰が生じることがある。
- 見せかけの回帰を回避するには、前の時点の目的変数の値を説明変数に追加する、前の時点との差分を使うなどの方法がある。

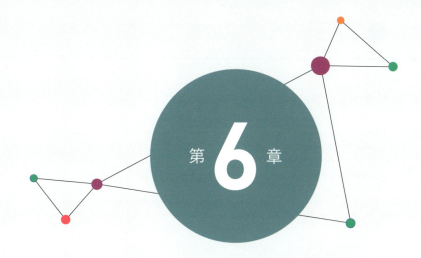

第6章

比べる因果推論

データを使って「似たもの」を見つけだし比較する

　何かを評価するときに他の何かと比べることは、データ分析に限らず普遍的なやり方です。比較によって、評価したい指標がクリアに浮かびあがることがあるからです。ここで大事なのは、比較は似たもの同士で行った方が良いという点です。例えば、広告を見た人と見なかった人を比較することによって「広告が売上に与えた効果」を測定したいなら、両者はなるべく似たものであることが望ましいでしょう。特に、効果に影響を与える要因について似たものであることが強く要求されます。例えば、ある商品の購買傾向が性別や年齢、居住地、年収などによって異なる場合、広告を見た人と見なかった人でこれらの属性が似ていないと適切な比較にならないと考えられます。

　しかしながら、例えば広告を見た人が特定の属性に偏っているため、似たもの同士の比較が簡単にできない場合もあります。対策として、本章では似たもの同士の比較という観点から、以前の章で紹介した層別分析を改めて取り上げ、その際にしばしば直面する「次元の呪い」という問題について説明します。また、選挙運動における街頭演説を例にとりながら、次元の呪いを乗り越える傾向スコアマッチング・逆確率重み付けといった手法を紹介します。さらに、傾向スコアの利用において問題になる抜け落ちた要因への対応策としての感度分析や、マッチングという観点からの差分の差分法や合成コントロール法との共通点や違いについても触れていきます。

6.1 簡単でわかりやすいが万能ではない
-層別分析の振り返りとその限界

■ 層別分析の振り返り

　ここでは似たもの同士を比較するという観点から、層別分析が何をやっているのかを振り返ります。1.3節の地域別キャンペーンの例では、関東と関西のデータを混ぜて集計すると、あるはずの広告効果がないような結果が出てしまいました（図6.1.1として再掲）。これは関東と関西で購買傾向が異なる、つまり似ていないにもかかわらず、両者を区別せずに分析したことが原因の1つです。4.2の言い方をすると、バックドアパスの開いている状態です。

図6.1.1 広告の閲覧有無と購買有無のクロス集計表（図1.3.1の再掲）

(a)

関東	購買無	購買有	横小計	購買割合
広告閲覧有	1,980	117	2,097	5.6%
広告閲覧無	200	7	207	3.4%
縦計	2,180	124	2,304	5.4%

関西	購買無	購買有	横小計	購買割合
広告閲覧有	110	12	122	9.8%
広告閲覧無	550	42	592	7.1%
縦計	660	54	714	7.6%

(b)

全体	購買無	購買有	横小計	購買割合
広告閲覧有	2,090	129	2,219	5.8%
広告閲覧無	750	49	799	6.1%
縦計	2,840	178	3,018	5.9%

　ここでは関東の消費者同士、あるいは関西の消費者同士なら似ていて、関東の消費者と関西の消費者は似ていないとしているわけですが、これは平均の話です。関東より関西である商品が浸透していると

しても、関東にもその商品を積極的に購入している人はいるでしょうし、関西の消費者でまったく関心のない人もいるでしょう。関東の消費者から広告を見た人と見なかった人を1人ずつ選んでも、商品への嗜好が大きく異なる可能性はあります。関西でも同じことです。しかしながら、広告を見た人と見なかった人、各々の数を増やしていけば、両者で平均的な商品への嗜好は同じくらいになるはずです。つまり、似たもの同士です。この似たもの同士の比較が層別分析です。似たもの同士なのに購買割合に差があれば、それは広告効果であると言えます。

関東と関西を合わせた全体での広告効果の求め方の1つとして、関東と関西各々の広告効果を重み付けして平均する方法があります。図6.1.1の例だと、関東で2.2ポイント、関西で2.7ポイント購買割合が上昇しているので、これを総計の人数で重み付けすると、平均で2.3ポイントの上昇という結果が得られます。図6.1.1(b)のようにマイナスの効果にならず、かつ人数の多い関東にやや引っぱられた自然な結果と感じられるでしょう。

ただし、1.3節で説明があったように、この広告キャンペーンでは関東での出稿に力を入れたため、関西に比べて関東では広告を見た人の割合が高くなっています。このため、関東と関西では広告を見た人の属性が異なる可能性があり、重み付け平均では正しい全体の効果にならないかもしれません（このような問題については、本章でこの後に出てきます）。また、重み付けの際に広告を見た人でなく、総計の人数を使って良いのかという問題もあります。

共変量とバランス

関東に住んでいる消費者と関西に住んでいる消費者で購買傾向が異なるとき、消費者の住んでいる地域のことを共変量と言います。共変

量は目的変数に影響を与える要因であるため、その意味では説明変数[1] の一種です。処置群と非処置群で共変量の値が平均的に等しいことを、共変量がバランスしていると言います。関東の消費者だけで広告を見た人と見なかった人を比較すれば、どちらも住んでいる地域が関東で同じであり、これが「共変量がバランスしている」ということです。

　説明変数の定義に含まれない共変量の要件として、処置の影響を受けないことがあります。今回の例で言うと、広告を見ることによって関東に住んでいる消費者が関西に住んでいることになったりしないということです。当たり前だと思うかもしれませんが、説明変数の中には目的変数に影響を与え、かつ処置の影響を受けるものも存在します。
　例えば、商品のWEBサイトへのアクセス数を考えてみましょう。アクセス数が多いほど、購入意向が高まっているような事態はありえます。一方で、広告を見ることによってアクセス数が増加することもあり得そうです。購入を目的変数、WEBサイトへのアクセス数を説明変数、広告の閲覧を処置とすると、商品のWEBサイトへのアクセス数は共変量の要件を満たしません。なお、本章では特に断りがない限り、「効果」は「介入の目的変数に対する効果」を意味します。また、介入の有無を表す変数として、介入変数という語を使うこともあります。

重み付き平均に捉われすぎない方が良い場合

　層別分析の結果から全体の効果を分析するには、前述のように各層の効果の重み付き平均をとる方法があります。各層のデータを区別せずに平均を算出すると、シンプソンのパラドックスのような事象が生

---

[1]　説明変数の意味は、4.4節に出てきたものと同じです。

じてしまうことがあるからです。しかしながら、目的によっては重み付き平均にこだわりすぎない方が良い場合もあります。

図6.1.2と図6.1.3は、あるサブスクリプションサービスの販促を2種類行ったときの年代別の反応です。販促Aは年齢が低い層で、販促Bは年齢が高い層で効果的であることがわかります。重み付き平均により全年代での効果を見ると、年齢が高い層の人口が多いことを反映して、販促Bの方が効果的だという結論になります。これは、現時点でサブスクリプションの新規契約をどれだけ増やせるかという観点では正しい結論です。

しかし、現在の未成年が成人して販促対象となってきたとき、年齢が低いほど販促Aの方が有効だという傾向から見ると、彼らに対しても販促Aを実施した方が良いと考えることが自然です。そうすると、将来的には販促Aの効果が販促Bを逆転することも考えられます。また、サブスクリプションビジネスは契約をとったら終わりでなく、長期間にわたって契約を継続してもらうことが重要です。この点、年齢が低いほどより長期間の契約をしてくれる可能性を秘めており、1人の契約が生み出す売上の期待値が大きいと言えます。

図6.1.2 販促Aの効果

	20代以下	30代	40代	(40代以下)	50代	60代以上	(50代以上)	全世代
対象人数	250	150	200	(600)	200	600	(800)	1400
購入人数	20	9	10	(39)	10	24	(34)	73
購入割合	8.00%	6.00%	5.00%	(6.50%)	5.00%	4.00%	(4.25%)	5.21%

出所：筆者作成。

図6.1.3 販促Bの効果

	20代以下	30代	40代	(40代以下)	50代	60代以上	(50代以上)	全世代
対象人数	250	150	200	(600)	200	600	(800)	1400
購入人数	10	6	10	(26)	10	40	(50)	76
購入割合	4.00%	4.00%	5.00%	(4.33%)	5.00%	6.67%	(6.25%)	5.43%

出所：筆者作成。

このような場合には、重み付き平均による結果だけで判断するのではなく、個別の事情を定性的に評価すべきでしょう。あるいは可能であれば、将来の人口動態による影響や年齢が低いことによる付加価値を何らかの方法で算出して、それらを組み入れた効果を販促Aと販促Bで比較するのも良いでしょう。人口動態には複雑な要因が関わることもありますが、10年後に新たに成人している人は少なくとも現在8歳以上、といったごく単純な論法を持ち込むだけでも、ある程度の予測ができます。また、1人の顧客が将来にわたってもたらす価値をライフタイムバリュー（Lifetime Value、LTV）と言い、その推計には様々な方法が考案されています。

　効果の良し悪しだけで意思決定をすることに対して、意見が分かれる場合もあります。図6.1.4、図6.1.5は、公的な政策C、Dを実行した場合に各年代が受ける便益をまとめたものです。政策Cは年齢が高い層で、政策Dは年齢が低い層で1人あたり便益が大きく、人口比に従って全年代で合計すると政策Cのほうが便益が大きいです。
　ここで考えていただきたいのは、世代ごとの人口構成の違いを反映

図6.1.4 政策Cの効果

	20代以下	30代	40代	50代	60代以上	全世代
人口比	20%	10%	15%	15%	40%	100%
1人あたり便益	10	15	20	25	30	-
便益×人口比	2	1.5	3	3.75	12	22.25

出所：筆者作成。

図6.1.5 政策Dの効果

	20代以下	30代	40代	50代	60代以上	全世代
人口比	20%	10%	15%	15%	40%	100%
1人あたり便益	30	25	20	15	10	-
便益×人口比	6	2.5	3	2.25	4	17.75

出所：筆者作成。

させて、全体での便益が大きい政策を実行することが公的に好ましいのかということです。現行の日本の選挙などは制度上そうなっていると言えますが、特に若い世代の人口が少なく意見が反映されにくい場合は、便益の最大化を目的とすべきかについては議論の余地があるようです。公的な政策だけでなく、ビジネスの施策でもこういった議論が生まれる場合があるかもしれません。

層別分析と次元の呪い

層別分析は万能なのでしょうか？

効果に影響を及ぼすと考えられる要因が、数多く存在する場合を考えてみます。まずは、いずれの要因もとりうる値が2つしかない場合についてです。要因が1つのとき、とりうる2つの値によってデータは2つの層に分かれます。要因が2つあれば、1つ目の要因で分けられた各々の層について2つ目の要因が2つの値をとりうるので、層は4つに分かれます。以降、要因が1つ増えるにつれて、層の数は2倍になっていきます。同様に、いずれの要因もとりうる値が3つの場合を考えてみると、要因が1つ増えるにつれて、層の数は3倍になっていきます。

図6.1.6、6.1.7に要因のとりうる値が2つ、3つの場合の、要因の数に対応する層の数をまとめています。各要因のとりうる値が2つしかなくても、要因の数が10になると層の数は1,000を超えており、要因を増やせば増やすほど層の数が急激に増えることがわかります。さらに、各要因のとりうる値が3つになると層の数の増え方はいっそう大きくなり、要因の数が10だととりうる値が2つの場合の60倍近くになっています。

ところで、層の数が増えれば増えるほど、データが全く存在しない層が現れやすくなります。データが全く存在しない層では分析のしよ

うがありません。そうでなくても、ある層に非常に少数のデータしか入っていなければ、それだけのデータだけをもとにして推定された効果は信頼できるのかという問題があります。さらに言うと、今回の例では各要因が2つあるいは3つの値しかとらないとしましたが、実際にはもっと多くの値をとることもあり、とりうる値が増えるほど層の数は増えていきます。

このように、要因の数が増えると層の数が指数関数的に増加し、分析に困難が生じることを、次元の呪いと言います。

図6.1.6 要因の数と層の数の対応（とりうる値が2つの場合）

要因の数	1	2	3	4	5	6	7	8	9	10
層の数	2	4	8	16	32	64	128	256	512	1,024

出所：筆者作成。

図6.1.7 要因の数と層の数の対応（とりうる値が3つの場合）

要因の数	1	2	3	4	5	6	7	8	9	10
層の数	3	9	27	81	243	729	2,187	6,561	19,683	59,049

出所：筆者作成。

6.1のまとめ

- 層別分析は似たもの同士を同じ層に割り当てることで、効果検証を可能にする。
- 共変量は目的変数に影響を与える要因であり、また介入の影響を受けない。層別分析により、処置群と非処置群で共変量の値が平均的に等しくなるとき、これを共変量がバランスしていると言う。
- 目的によっては、重み付き平均による結果以外も見た方が良い。
- 要因の数が増えると次元の呪いが生じ、層別分析が難しくなる。

6.2 結局どんな人が自分に投票してくれたのか？
－選挙運動の例から考える層別分析

街頭演説の効果測定

架空の選挙運動の例から、層別分析について考えてみます。A党は、B候補をC県の知事選挙に擁立し、B候補が当選しました。そして、今後のA党の選挙活動に活かすため、アンケートをとって街頭演説の効果を測定しようとしています。アンケートでは街頭演説を聴いたかどうか、B候補に投票したかを含め、図6.2.1のような質問をしました。なお、街頭演説は複数回行われましたがどれも同じ内容、すなわ

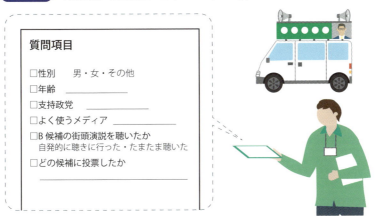

図6.2.1　街頭演説の効果測定のためのアンケート例

出所：筆者作成。

ち、同じ効果を及ぼしたとします。また、1人につき1回しか聴くことはなかった、すなわち複数回聴いたことによる追加の効果はなかったとします。

街頭演説の効果を正確に検証するため、自発的に聴きに行ったか、たまたま聴いたのかを、回答で区別できるようにしている点に注意してください。熱心なA党あるいはB候補の支持者ならば、はじめからB候補に投票することを決めていて、街頭演説を自発的に聴きに行っている可能性があるからです。

このような支持者の場合、街頭演説を聴いてB候補に投票しようと思ったのではなく、B候補に投票しようと思っているから街頭演説を聴きに行ったのであり、因果関係が逆転しています。その他、どの候補に入れようか迷っていて、参考にするために自発的に聴きに行った可能性なども考えられます。

アンケートの目的は、テレビ視聴者がCMを見るように、自らの意思ではなくその場に居合わせたためにたまたま街頭演説を聴いたことによって、B候補に投票しようと思うようになった、その程度を明らかにすることです。従って、回答から「街頭演説をたまたま聴いた人」を「聴かなかった人」と比較しなければなりません。

■ データについて注意すべき点

図 6.2.2 から図 6.2.5 は、アンケートの回答結果からまとめた投票先の傾向を表しています。男女、年代、支持政党、よく使うメディアによって、どの候補に投票する傾向が強かったかが大きく異なることがわかります。つまり、いずれも投票先に影響を与える要因です。これらすべてを使って層別分析をすると層の数が多すぎるうえ、各層に含まれるサンプルサイズが小さくなります。男女で2パターン、年代で

6.2 結局どんな人が自分に投票してくれたのか？ - 選挙運動の例から考える層別分析

図6.2.2　男女別の投票傾向

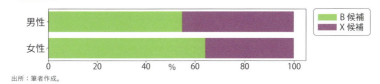

出所：筆者作成。

図6.2.3　年代別の投票傾向

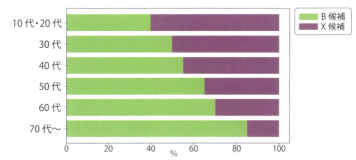

出所：筆者作成。

図6.2.4　支持政党別の投票傾向

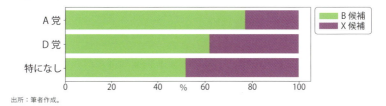

出所：筆者作成。

図6.2.5　よく使うメディア別の投票傾向

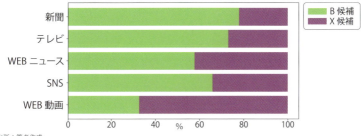

出所：筆者作成。

6パターン、支持政党で3パターン、よく使うメディアで5パターン存在するので、全部で $2 \times 6 \times 3 \times 5 = 180$ の層が存在するのです。

　選挙は、サンプルサイズの確保が問題になりうる例です。性質上、すべての有権者の実際の投票データを取得することはできません。そこでアンケートをとることになりますが、アンケートを実施するリソースの都合から、限られたサンプルサイズのアンケート結果を使って分析をせざるを得ないかもしれません。このような場合に、例えば10・20代であり、かつよく使うメディアが新聞である人の数が極めて小さかったりすれば、次元の呪いが問題になります。

　また、街頭演説ができる回数にも限度があります。Ｃ県知事選挙でも県内で満遍なく演説したわけではなく、会場の立地に偏りがありました。そしてこれは、たまたま街頭演説を聴いた人にも偏りがあることを意味します。男女、年代、支持政党、よく使うメディアなどの分布が、たまたま街頭演説を聴いた人と投票者全体で異なるということです。

　街頭演説の効果を検証する際は、たまたま街頭演説を聴いたような層への効果と、仮に投票者全体がたまたま聴いた場合の効果を区別して測定してください。前者は演説会場の近くに住んでいたり、通勤や通学で演説会場の近くを通ったりする人の割合が後者より高いと考えられるからです。今後、同じ会場で街頭演説をすることを計画しているなら前者が、会場の変更を検討しているなら後者が役に立つでしょう。

　選挙に限らず、マーケティングにおいてアンケート調査を実施する場面は多くありますが、やはりサンプルサイズの問題からは逃れられません。むしろ、有権者の数十％が参加する選挙と比べると、ごく一部の人を対象とした商品に関するアンケートをとる場合にはいっそう厳しい制約に直面するかもしれません。

6.2のまとめ

- 街頭演説の効果を検証するには、効果を定義し、適切な質問文を作らなければならない。
- 選挙は実際の投票結果のデータを取得できず、アンケートなどでデータを収集せざるを得ないため、サンプルサイズの問題に直面することもある。
- 演説会場へのアクセス性などの理由から、街頭演説を聴いた層の特徴は投票者全体を代表しない。このため、実際に街頭演説を聴いた層への効果と、仮に投票者全体が聴いた場合の効果は異なる。

6.3 街頭演説を聴きに来そうな人はどんな人?
-傾向スコアとマッチング

層別分析からマッチングへ

次元の呪いに対応できる効果測定の方法を検討するにあたり、まず層別分析の考え方を応用したマッチングという手法を紹介します。層別分析では、要因ごとにデータを層に分割し、同じ層に割り振られた処置群と非処置群を比較しました。同じ層に入っているデータは、処置群であろうと非処置群であろうとすべての要因の値が同じになっています。そこで、処置群と非処置群から要因の値が同じデータを1つずつ取り出し、ペアを作って比較することを繰り返して、最後に各ペアの比較結果を合わせるという手順でも介入効果を測定できると考えられます。各ペアにおいて、介入以外に効果に影響を及ぼすと考えられる要因が同じだからです。処置群と非処置群のデータを1つずつマッチングするため、このような手法をマッチングと言います。

マッチングのやり方によって、測定される効果が変わります。

処置群、非処置群のデータの行数を、それぞれ n_t、n_c とします。処置群のデータ n_t 個各々に対して非処置群のデータをマッチングすると、処置群における効果が測定されます。非処置群のデータ n_c 個各々に対して処置群のデータをマッチングすると、非処置群における効果が測定されます。そして両者を合わせると、全体における効果が測定されます。さらに、n_t と n_c の量的あるいは質的な違いが大きいほど、3つの測定される効果の違いも大きくなります。

街頭演説の効果検証の場合、街頭演説を聴いた人の特徴が投票者全体を反映していないことを前提として、実際に街頭演説を聴いた人に対してどれくらいの効果があったのかを知りたい場合には、処置群における効果を測定すべきです。一方、今後の選挙ではより幅広い層へ街頭演説でアピールする狙いがあることを踏まえて、投票者全体に対してどれくらいの効果がありそうかを知りたいなら、全体における効果を測定すべきです。

　マッチングだけでは、次元の呪いの問題を解決できません。介入以外に効果へ影響を及ぼすと考えられる要因が多いと、処置群と非処置群の両方からすべての要因の値が等しいデータを取り出せる回数が少なくなる傾向にあるからです。層別に効果を見る層別分析と違い、マッチングではデータ全体での効果のみを見るため、極論すればマッチングできたペアが1組でもあれば効果測定の数字自体は出せますが、少ないデータから導き出された数字には信頼を置けません。結局、マッチングでも層別分析と同じような問題に直面することになるのです。

次元の呪いを乗り越える傾向スコア

　次に、効果に影響を及ぼすと考えられる要因が多い場合にもマッチングをする方法について考えてみます。

　話を層別分析に戻しましょう。そもそも何のために層別分析をするのかというと、介入以外の要因の影響をなくすためです。要因によってデータを層に分けることで、各層での処置群と非処置群の違いを介入による効果であると見なせます。言い換えると、仮に介入がなかった場合の処置群の数値が非処置群の数値と等しいと考えられるということで、これが層別分析で効果を測定する基盤になっています。

見方を変えると、層別分析を用いなくても、仮に介入がなかった場合の処置群の数値が非処置群の数値と等しくなるようにデータを抽出してマッチングできれば、効果を測定できると言えそうです。そこで、このようなデータの抽出方法を考えます。まず、単純に処置群と非処置群を比較するとどうなるかに立ち帰ります。介入が完全に無作為に行われていれば、それだけで効果を測定できますが、偏った介入になっているとうまくいきません。偏った介入とは、例えば男性よりも女性が多く街頭演説を聴いている、若者よりも高齢者が多く街頭演説を聴いているといった状況です。このままだと、街頭演説の効果が性別や年齢の影響と切り分けられていません。

　層別分析だと、性別や年齢でデータを分割して対処したわけですが、今回は別の方法で偏りをなくします。ここで、性別や年齢のみによって街頭演説を聴く割合が変化するということは、性別や年齢が同じなら街頭演説を聴く割合、言い換えれば確率が同じと捉えられることに注目します。

　この点、層別分析以外でも、データを街頭演説を聴く確率が同じであるものに絞り込む方法はあります。例えば、男性より女性の方が多く、若者より高齢者の方が多く街頭演説を聴いているなら、60代の男性と20代の女性が街頭演説を聴く確率は同じくらいになるかもしれません。すると、性別と年齢から各個人が街頭演説を聴く確率を算出し、確率が等しい集団の中で実際に街頭演説を聴いた人と聴かなかった人をマッチングすれば、偏りなく効果を測定できそうです。ここでの各個人の街頭演説を聴く確率が、傾向スコアになります。また、傾向スコアを使ってマッチングを行うことを、傾向スコアマッチングと言います。

　傾向スコアマッチングにより測定される効果に偏りがなくなることを、別の方法で説明しましょう。街頭演説を聴いたかどうかを表す変

数を Z とし、街頭演説を聴いたときを $Z=1$、聴いていないときを $Z=0$ とします。また、$Z=1, Z=0$ の人が候補 B に投票したかどうかを、それぞれ Y_1, Y_0 で表し、候補 B に投票した場合に 1、投票しなかった場合に 0 をとるとします。ここで Y_1, Y_0 の期待値を $E[Y_1], E[Y_0]$ で表すと、0 から 1 までの値をとり、候補 B への投票割合を表します。そして、推定したい街頭演説が候補 B への投票割合に及ぼす効果は、$E[Y_1] - E[Y_0]$ で表されます。

一方で、実際に $Z=1, Z=0$ であった人の候補 B への投票割合の差は $E[Y_1|Z=1] - E[Y_0|Z=0]$ と表され、これは $E[Y_1] - E[Y_0]$ と一致するとは限りません。先に書いたように、街頭演説を聴いた性別や年齢には偏りがあり、性別や年齢が街頭演説とは別に候補 B に投票したかどうかにも影響するからです。このとき、Y と Z は独立していないと言います。

ここで、街頭演説を聴く確率が等しい人をマッチングした場合を考えてみましょう。

傾向スコアが等しければ、Z が 1 であろうと 0 であろうと確率的にたまたま実現した値であり、実現した Z の値以外に違いがありません。イカサマをせずにサイコロを振って 1 が出た場合だけに注目しても、1 以外が出た場合と出目以外に何も違うところがないようなものです。これは性別や年齢が総合的に候補 B に投票したかに与える影響も等しいということを意味し、Y と Z が独立していることになります。すなわち、$E[Y_1|Z=1] = E[Y_1], E[Y_0|Z=0] = E[Y_0]$ より $E[Y_1|Z=1] - E[Y_0|Z=0] = E[Y_1] - E[Y_0]$ となり、推定したい効果が求められるのです。

マッチングは傾向スコアが同一のデータ間で実施するわけですが、この傾向スコアは連続的な値をとります。データによっては、小数点以下を厳密に見ると、傾向スコアが完全に同じ数値になるものがほぼ

存在しない場合もあります。そこで、実用上は傾向スコアに関して何らかの基準を設定し、基準を満たすデータに対してマッチングを行うことになります。

次元の圧縮としての傾向スコア

　傾向スコアは、次元の圧縮の一種とも解釈できます。次元の圧縮の例として、試験の成績があります。

　例えば今、国語、英語、社会、数学、理科の5教科の試験を生徒が受けた結果があるとしましょう。このデータを使って生徒の学力の特徴を分析する際、5教科の成績を別々に見る以外にも、次元の圧縮をする方法があります。国語、英語、社会の3教科間、数学、理科の2教科間に強い成績の相関があるとすると、前者を「文系の学力」、後者を「理系の学力」とでも呼べるような各々1つの変数にしてしまった方が、見るべき変数の数が5つから2つになるので用途によっては扱いやすいです。このように、複数の変数から数を減らした新しい変数を作ることを、次元の圧縮と言います。

　ここで「文系の学力」を横軸、「理系の学力」を縦軸にとると、各生徒を平面上にプロットすることができます。これにより、似たような学力の生徒がどれくらいいるかがひと目でわかります。変数が3つあると、平面上でなく空間上なら各生徒の位置を平面上に表せますが、変数の数が4つ以上になると空間上であっても不可能です。次元の圧縮は、平面上や空間上にデータを可視化する助けにもなるのです。

　次元の圧縮には様々な手法があります。古くから使われている主成分分析や、特に平面上での可視化を目的としたt-SNEなどが代表的です。ディープラーニングにおいても、入力層よりも中間層の変数の数が少ない構造が見られますが、これは次元の圧縮が結果的に性能を向

上させている例です。

　傾向スコアに話を戻すと、今、数多くの変数はどれも「街頭演説へ行きそうか」に影響していて、どれくらい影響するかという点でのみ、それらの変数に興味があると言えます。すると、複数の変数を「街頭演説へ行きそうか」という1つの変数に圧縮しても、目的に適うわけです。

傾向スコアマッチングの実装

　傾向スコアマッチングの具体的な実装方法はいくつも考えられますが、現在では causallib[2] のような、公開されている Python のライブラリを使えば簡単に実装できます。以下では causallib を使った実装例を見ていきます。まず、プログラム 6.3.1 でライブラリとデータを読み込みます。ここでは禁煙が体重変動に与える影響を分析します。共変量を出力した結果が、図 6.3.1 です。年齢や人種、性別といった体重変動に影響を与えうる変数が含まれています。

プログラム6.3.1　ライブラリとデータの読み込み、共変量の出力

```python
#必要なライブラリを読み込む
from causallib.datasets import load_nhefs
from causallib.estimation import PropensityMatching, IPW
from sklearn.linear_model import LogisticRegression
#データを読み込む
data = load_nhefs()
#共変量を見てみる
data.X.head()
```

出所：「https://causallib.readthedocs.io/en/latest/index.html」を元に筆者作成。

---

2) https://causallib.readthedocs.io/en/latest/index.html

図6.3.1 傾向スコアマッチングで使う共変量

	age	race	sex	smokeintensity	smokeyrs	wt71	active_1	active_2	education_2	education_3	education_4	education_5	exercise_1	exercise_2
0	42	1	0	30	29	79.04	0	0	0	0	0	0	0	1
1	36	0	0	20	24	58.63	0	0	1	0	0	0	0	0
2	56	1	1	20	26	56.81	0	0	1	0	0	0	0	1
3	68	1	0	3	53	59.42	1	0	0	0	0	0	0	0
4	40	0	0	20	19	87.09	0	0	1	0	0	0	1	0

出所：筆者作成。

　続いて、介入変数を見てみます。プログラム 6.3.2 の出力が図 6.3.2 です。ここでは 1 が禁煙したことを表し、0 が禁煙しなかったことを表すので、このデータには禁煙した人が 403 人、禁煙しなかった人が 1,163 人存在することになります。

プログラム6.3.2 介入変数の集計

```
#介入変数の数を値ごとに集計する
data.a.value_counts()
```

出所：筆者作成。

図6.3.2 介入変数の集計結果

出所：筆者作成。

　プログラム 6.3.3 で目的変数を出力した結果が、図 6.3.3 です。各々の数値は 1971 年から 1982 年にかけての各個人の体重変動（単位 kg）を表します。正の数だと体重が増加し、負の数だと体重が減少したことになります。

プログラム 6.3.3　目的変数の出力

```
#目的変数を見てみる
data.y.head()
```
出所：筆者作成。

図 6.3.3　目的変数の出力結果

	wt82_71
0	-10.093960
1	2.604970
2	9.414486
3	4.990117
4	4.989251

出所：筆者作成。

プログラム 6.3.4　傾向スコアマッチングの実行と結果の出力

```
#アルゴリズムを指定し、傾向スコアマッチングを実行する
propensity_matching = PropensityMatching(LogisticRegression(), matching_mode='both')
propensity_matching.fit(data.X, data.a, data.y)
#結果を計算する
potential_outcomes = propensity_matching.estimate_population_outcome(data.X, data.a, data.y)
effect = propensity_matching.estimate_effect(potential_outcomes[1], potential_outcomes[0])
#結果を出力する
print('非介入群の体重変動: ', potential_outcomes[0])
```

```
print('介入群の体重変動： ', potential_outcomes[1])
print('介入群と非介入群の体重変動の差： ', effect["diff"])
```

出所：「https://causallib.readthedocs.io/en/latest/index.html」を元に筆者作成。

図6.3.4 傾向スコアマッチングの実行結果

```
非介入群の体重変動：  1.7381550543614301
介入群の体重変動：  5.027733998531289
介入群と非介入群の体重変動の差：  3.2895789441698593
```

出所：筆者作成。

　プログラム 6.3.4 で傾向スコアマッチングを実行します。PropensityMatching で学習に使用するアルゴリズムを指定します。ここではロジスティック回帰[3]（LogisticRegression）を使っていますが、傾向スコア、すなわち処置のされやすさを算出するものなら他のアルゴリズムでもかまいません。マッチングは最近傍法で行われます。距離は初期設定でマハラノビス距離で定義されていますが、ユークリッド距離を指定することもできます（これらのマッチング手法や距離については、この後のコラムでの説明もご参照ください）。

　そして、matching_mode でマッチングの方法を指定します。treatment_to_control、control_to_treatment、both の 3 種類のいずれかを指定し、それぞれ処置群における効果、非処置群における効果、全体における効果を測定したい場合に使います。ここでは both にしています。

　次の行の fit でデータを入力して、傾向スコアの算出とマッチングを実行します。図 6.3.4 が実行結果です。1971 年から 1982 年にかけて、非処置群と比べると処置群は 3kg 以上体重が増加していることがわかります。

---

[3] ロジスティック回帰の説明は 7.1 で出てきます。一旦は傾向スコアを算出するための手法という理解で良いです。

マッチングの方法といろいろな距離

マッチングの基準はいくつか考えられます。傾向スコアが全く同一のデータがなければ、傾向スコアが最も近いデータをマッチングすることは自然な考え方でしょう。このような方法を、最近傍法と言います。あるいは、傾向スコアの差がある範囲に収まるデータなら、マッチングして良いという基準を設ける方法も考えられます。両者を併せたような考え方としては、傾向スコアが最も近く、かつ傾向スコアの差がある範囲に収まるデータのみをマッチングさせることも考えられます。

また、近さの尺度、すなわち距離を定義することも必要です。ユークリッド距離とマハラノビス距離がよく用いられます。ユークリッド距離は、平面上の2点間の距離を求める場合の、距離の定義と同様に考えれば良いです。2点が、$P(x_1, y_1), Q(x_2, y_2)$ で表されるとすると、x_1 と x_2、x_2 と y_2 各々の差の二乗和の平方根をとれば良く、これは高校までの数学で習った距離の考え方と同じです。

しかしながら、このような考え方は物理的な平面上の点の x 座標と y 座標のような例なら良いのですが、例えば身長と体重のような2変数を持つデータの近さを定義するには、必ずしも適切ではありません。

身長180cm、体重80kgのAさんと、身長170cm、体重70kgのBさんと、身長168cm、体重72kgのCさんがいるとします。3人の近さを比較するとき、身長と体重各々の差の二乗を単純に足して良いのでしょうか？ 身長の10cm差と体重の10kg差が、同じ10だと言って良いのかわかりません。さらに、身長の単位をmに変更すると、10の差は0.1の差に変わってしまいます。

そこで、身長、体重各々の平均と標準偏差を使い、各個人の身長と体重が平均からどれくらい離れているかを算出します。このような

データの操作を標準化と言います。これによって、身長と体重が比較可能となり、演算も可能になります。標準化したデータから算出される距離を、マハラノビス距離と言います。

6.3のまとめ

- マッチングにより処置群、非処置群、全体各々における効果を測定できる。なおマッチングにおいても、層別分析と同様に次元の呪いの問題が生じる。
- 傾向スコアを使うことにより、次元の呪いに捉われずにマッチングを実施できる。

6.4 もう1つの傾向スコアの使い方
－逆確率重み付けと、その他の傾向スコア関連トピック

■ 逆確率重み付けの考え方

　全体における効果を測定する方法を、別の方向から考えてみます。傾向スコアは介入のされやすさを表すので、処置群には傾向スコアが高めのデータが多く、非処置群には傾向スコアが低めのデータが多くなります。単純に処置群と非処置群を比較すると、どちらにも傾向スコアに偏りがあるので、全体における効果を正しく測定していることになりません。

　偏りを補正するためには、傾向スコアに注目します。今、全体で20個のデータが存在し、10個の傾向スコアが0.1、10個の傾向スコアが0.7だとします。期待値通り、傾向スコアが0.1のデータのうち1個が処置群に、9個が非処置群に割り振られ、傾向スコアが0.7のデータのうち7個が処置群に、3個が非処置群に割り振られました。このとき、処置群で傾向スコアが0.1のデータの個数を1/0.1倍、0.7のデータの個数を1/0.7倍すれば、各々のデータの個数が10個になり全体のデータの個数が再現されます。また、1-傾向スコアを使うことで、非処置群についても同様に再現できます。結果として、各々20個の処置群と非処置群が得られたことになり、両者を比較することで全体における効果を測定できます。

　このように、傾向スコアの逆数でデータの個数を重み付けすること

で全体における効果を測定することを、逆確率重み付け（Inverse Probability Weighting、IPW）と言います。

　ところで、全体における効果を測定する方法と書いているように、逆確率重み付けが測定しようとしている効果は、全体における効果を測定するための傾向スコアマッチングと同じです。言い換えると、処置群もしくは非処置群における効果を測定するための傾向スコアマッチングとは異なる効果を測定しようとしているので注意が必要です。また、傾向スコアマッチングではマッチングの基準によって結果が変わったり一部のデータが使われなかったりするのに対し、逆確率重み付けではそのような恣意性が生じず、限られたデータしかなくても無駄なく活用できると言えるでしょう。

■ 逆確率重み付けの実装

　マッチングと同様に、逆確率重み付けも causallib を使って実装できます。具体的には IPW を使います。逆確率重み付けは全体における効果を測定する方法なので、マッチングに使う PropensityMatching の matching_mode のように設定する値によって測定される効果が変わることはありません。前節のプログラムに続けて、プログラム 6.4.1 を実行した結果が図 6.4.1 です。

プログラム6.4.1　逆確率重み付けの実装

```
#アルゴリズムを指定し、逆確率重み付けを実行する
ipw = IPW(LogisticRegression())
ipw.fit(data.X, data.a)
#結果を計算する
potential_outcomes = ipw.estimate_population_outcome(data.X, data.a, data.y)
```

```
effect = ipw.estimate_effect(potential_outcomes[1],
potential_outcomes[0])
#結果を出力する
print('非介入群の体重変動: ', potential_outcomes[0])
print('介入群の体重変動: ', potential_outcomes[1])
print('介入群と非介入群の体重変動の差: ', effect["diff"])
```

出所:「https://causallib.readthedocs.io/en/latest/index.html」を元に筆者作成。

図6.4.1 逆確率重み付けの実行結果

```
非介入群の体重変動:   1.7233379253242884
介入群の体重変動:   5.375877210999798
介入群と非介入群の体重変動の差:   3.65253928567551
```

出所:筆者作成。

共変量のバランスの確認

　傾向スコアマッチングや逆確率重み付けでは、データのペア個々の共変量は等しくなくても良い一方で、共変量がバランスしていることが望ましいとされます。共変量がバランスしているとは、処置群、非処置群で各共変量の平均が同じくらいになっていることです。層別分析では分割に使った共変量の値が各層で一致していましたが、この条件が各データから平均に緩和されたものとも言えます。

　共変量のバランスを確認するには、処置群と非処置群で各共変量の平均をとって比較することが必要ですが、共変量によって数値の大きさが違うので、平均の差がどれくらいならバランスしているかを一概に判断しにくいです。まとめて一律に判断するには、処置群と非処置群で各共変量の平均の差の絶対値をとり、さらに標準偏差で割った結果を使う方法があります。このような処理を標準化と言い、各共変量のスケールが同じになり、1枚の図に表しやすくもなります。

プログラム6.4.2 共変量のバランスの確認の実装

```
from causallib.evaluation import evaluate
import matplotlib.pyplot as plt
results = evaluate(ipw, data.X, data.a, data.y)
fig, ax = plt.subplots(1, 1, figsize=(6, 6))
#以下でkindにloveを指定することで、図6.4.2のようなグラフが得られる
#slopeにすると折れ線グラフ、scatterにすると散布図になる
results.plot_covariate_balance(kind="love", ax=ax, thresh=0.1)
```

出所：https://github.com/BiomedSciAI/causallib/blob/master/examples/evaluation_plots_overview.ipynb より筆者作成。

図6.4.2 共変量のバランスの可視化

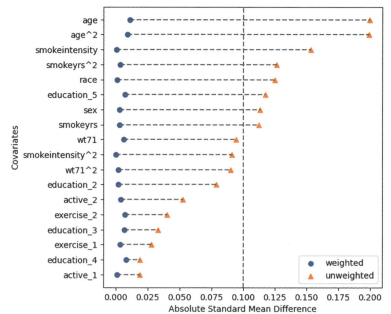

出所：https://github.com/BiomedSciAI/causallib/blob/master/examples/evaluation_plots_overview.ipynb より筆者作成。

プログラム 6.4.2 のように、共変量のバランス確認も causallib を使って実行でき、図 6.4.2 のように可視化することもできます。縦軸に共変量が並んでおり、横軸がそれらの標準化された平均の差の絶対値を表しています。この図では、逆確率重み付けを適用される前のデータ（unweighted）と比べて、適用された後のデータ（weighted）の標準化された平均の差の絶対値が 0 に近づいていることを示しています。図で破線が入っているように、目安として標準化された平均の差の絶対値が 0.1 以下であれば共変量が十分にバランスしているとされます。

傾向スコアの注意点

処置群と非処置群から同一の傾向スコアを抽出してマッチングすれば介入の効果測定ができるというのが、傾向スコアマッチングの仕組みでした。ここで気を付けなければならないのは、処置のされやすさを表すという傾向スコアの定義上、処置群には傾向スコアが 1 に近いデータが多く、非処置群には傾向スコアが 0 に近いデータが多いという点です。マッチングをする際に、処置群では傾向スコアが 1 に近いデータが余り、非処置群では傾向スコアが 0 に近いデータが余り、すべてのデータが有効に使えないことになります。

プログラム 6.4.3 によって、傾向スコア別の処置群・非処置群のデータの分布を可視化した結果が図 6.4.3 です。横軸が傾向スコアの大きさを表し、縦軸は傾向スコアの大きさごとにどれくらいの割合のデータが分布しているかを表します。また、オレンジのグラフは処置群の分布、青のグラフは非処置群のデータを表します。処置群・非処置群でスコアの分布に違いがあることがわかります。この違いが顕著になると、処置群では傾向スコアが 0 に近いデータがほぼ存在せず、非処置群では傾向スコアが 1 に近いデータがほぼ存在しないため、十

分な量のマッチングできるデータを抽出できません。分類性能の高いアルゴリズムを使用した場合に生じることが多いです[4]。

プログラム6.4.3 傾向スコア別の処置群・非処置群のデータの分布の可視化

```
results.plot_weight_distribution()
```

出所：https://causallib.readthedocs.io/en/latest/causallib.evaluation.plots.mixins.html より筆者作成。

図6.4.3 傾向スコア別の処置群・非処置群のデータの分布を可視化した結果

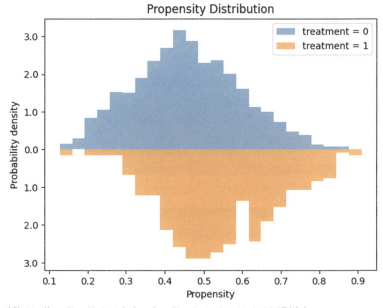

出所：https://causallib.readthedocs.io/en/latest/causallib.evaluation.plots.mixins.html より筆者作成。

一方で、傾向スコアを算出するアルゴリズムを変更することによって、マッチングに使えるデータが増える場合があります。ただし、データが増えるという理由だけでアルゴリズムを変更することは好ましく

[4] LightGBM や XGBoost といったライブラリで使用できる勾配ブースティングというアルゴリズムを使用する際に、このような事象が確認されているようです。

ありません。代わりに、傾向スコアの算出性能が低下しているかもしれないからです。性能が悪いアルゴリズムから算出された傾向スコアをマッチングに使うと、傾向スコアマッチングによる効果測定の結果も信頼の置けないものになります。

　加えて、傾向スコアの算出には、処置のされやすさに影響を与えるすべての要因を使わなければなりません。抜け落ちている要因があるままで傾向スコアマッチングを行っても、適切な効果測定にはならないのです。要因の抜け落ちが存在しないと示すことは難しいので、まずはドメイン知識から考えられる要因を洗い出します。この時点でデータを取得できない要因があれば、偏った効果測定になってしまいます。

　考えられる要因がすべて傾向スコアの算出に組み込めるとしても、他に影響を与える要因が存在しない保証はありません。介入対象に関してどれくらい不確定な要素があるかによって、ドメイン知識による要因の洗い出しがどれくらい有効かが変わってきます。また、3.1 で述べたように処置の影響が処置を施していない対象に及んでいないかにも気を配る必要があります。

　このように、他の手法と比べても傾向スコアを用いた手法は複雑で理解しにくいうえ、実践にあたって注意すべき点が多いです。率直に言って、本書を読むだけで使いこなすことは難しいと思われます[5]。本書をきっかけに傾向スコアの活用に興味を持たれた方は、参考文献に挙がっているような他の本を手にとったり、詳しい人に聞いてみたりしてはいかがでしょうか。

---

[5] 他の手法についても同じことは言えるのですが、傾向スコアについては特にそうです。

6.4のまとめ

- 傾向スコアを各データの重み付けに使うという逆確率重み付けによって、全体における効果を測定できる。
- マッチングと比較すると、データの抽出が恣意的にならない点や、すべてのデータを無駄なく使える点が利点である。
- 共変量はデータのペア個々で等しくなくも良いが、処置群と非処置群でバランスしているかを確認したほうが良い。
- 傾向スコアの問題点として、十分な量のマッチングできるデータを抽出できない場合があることと、抜け落ちた要因があるのに実施すると適切な効果測定にならない点が挙げられる。

6.5
その効果測定結果は、どれほど信用できるのか？
-感度分析

抜け落ちた要因への対応としての感度分析

　もし、抜け落ちた要因が存在したとしても、それによりどれくらい効果測定の結果が偏っているかがわかれば、傾向スコアマッチングの利用を検討できる場面が広がりそうです。

　抜け落ちた要因の影響を測定する方法に、感度分析があります。感度分析によって、偏った結果をもとに意味のない施策や逆効果になる施策を推進してしまうことを防ぐことができます。

　感度分析では相対リスク（Relative Risk、RR）が用いられます。相対リスクの定義は単純で、例えば広告が購入割合に及ぼす効果を検証する場合には以下のように表されます。

> RR = 広告を見た人の購入割合 / 広告を見なかった人の購入割合

　図 6.1.1 の関東では、広告を見た人の購入割合が 5.6%、広告を見なかった人の購入割合が 3.4% になっています。これらの数値を上の式に当てはめると、5.6/3.4 ≒ 1.65 となります。素朴に考えると、広告を見た人の購入割合が広告を見なかった人の購入割合と比べて高いほど、つまり相対リスクが高いほど、広告に確かな効果があったと言えそうです。相対リスクは、この素朴な考え方を定式化・定量化したものなのです。

E-Value

感度分析では相対リスクをそのまま使うのではなく、相対リスクを組み込んだ E-Value を使います。E-Value は以下のように定義されます。

$$E\text{-}Value = RR + \sqrt{RR \times (RR-1)}$$

相対リスクと同じ例で E-Value を計算すると、2.68 となります。E-Value も大きければ大きいほど介入の効果が信頼でき、抜け落ちた要因の影響を受けにくくなります。最小値は 1 で、最大値はありません。

E-Value の実装例も紹介します。これまでに説明した相対リスクと E-Value の式をプログラムで書けば良く、E-Value のための特別なライブラリを使う必要はありません。

プログラム 6.5.1 では、メール受領と購入に関する架空のデータを 10,000 個生成しています。図 6.5.1 の EmailCampaign には、顧客がメールを受け取った場合に 1、受け取らなかった場合に 0 が入り、Purchase には顧客が購入した場合に 1、購入しなかった場合に 0 が入ります。なお、Purchase の値を生成する際、メールを受け取った顧客は 0.7、受け取らなかった顧客は 0.5 の確率で購入するように設定しています。

プログラム6.5.1 サンプルデータの作成

```
import pandas as pd
import numpy as np
import matplotlib.pyplot as plt
import random
#サンプルのマーケティングデータセットを作成
```

```
random.seed(0)
n = 10000 #顧客数
data = {
    'CustomerID': range(1, n + 1), #顧客ID
    #メールに関する変数を生成する。顧客がメールを受け取った場合に
は1、受け取らなかった場合には0
    'EmailCampaign': [np.random.choice([0, 1]) for
_ in range(n)],
}
df = pd.DataFrame(data)
#購入に関する変数を生成する。顧客が購入した場合には1、購入しなかっ
た場合には0
df['Purchase'] = df['EmailCampaign'].apply(lambda
x: np.random.choice([0, 1], p=[0.3, 0.7]) if x == 1
else np.random.choice([0, 1]))
df.head()
```

出所：金本 . (2024). を元に筆者作成。

図6.5.1 サンプルデータの出力結果

	CustomerID	EmailCampaign	Purchase
0	1	1	0
1	2	1	1
2	3	0	1
3	4	0	0
4	5	1	1

筆者作成。

　プログラム 6.5.2 では、生成したデータからリスク比と E-Value を計算しています。乱数の設定ではメールを受け取った顧客の購入確率

が 0.7、受け取らなかった顧客の購入確率が 0.5 なので、理論上のリスク比は 0.7/0.5=1.4 ですが、乱数を 10,000 個生成した結果から計算したリスク比もそれに近い値となっています。

プログラム 6.5.2 リスク比と E-Value の計算

```
#リスク比とE-Valueの計算
purchase_email = df[df['EmailCampaign'] == 1]
['Purchase'].mean()
purchase_control = df[df['EmailCampaign'] == 0]
['Purchase'].mean()
rr_treatment_effect = purchase_email / purchase_
control
e_value = rr_treatment_effect + np.sqrt(rr_
treatment_effect * (rr_treatment_effect - 1))
#リスク比とE-Valueの出力
print(rr_treatment_effect)
print(e_value)
```

出所：金本 . (2024). を元に筆者作成。

図 6.5.2 リスク比と E-Value の出力結果

```
リスク比:  1.3760609598661055
E-Value:  2.095423737191651
```

筆者作成。

その他の感度分析の手法

E-Value 以外にも、感度分析の手法はあります。部分決定係数 R_p^2 は、以下のような定義になっています。

分母の RSS_r は観測された変数のみを用いたモデルの残差平方和、分子の RSS_f は観測されていない変数もすべて含んだモデルの残差平

方和です。すべての変数を使っている以上、RSS_f は RSS_r よりも小さくなりますが、どれくらい小さくなるかは、観測されていない変数が及ぼす影響の大きさによります[6]。このため、RSS_f と RSS_r の差が小さいほど部分決定係数は 0 に近づき、抜け落ちた要因の影響が小さいことを意味します。逆に、RSS_f と RSS_r の差が大きいほど部分決定係数は 1 に近づき、抜け落ちた要因の影響が大きいことを意味します。

$$R_p^2 = 1 - \frac{RSS_f}{RSS_r}$$

ただし、残差平方和を使って算出することから、部分決定係数による感度分析は回帰モデルを使った因果推論で行うもので、本章で取り上げた傾向スコアマッチングや逆確率重み付けで感度分析を実施したい場合には、E-Value を使うのが良いでしょう。部分決定係数の計算方法は省略しますが、Pysensemakr といったライブラリを使えば、Python で部分決定係数を用いた感度分析を実施できます。

6.5 のまとめ

- 感度分析を使うことで、仮に抜け落ちた要因が存在する場合、どれくらい効果測定の結果が偏っているかを明らかにできる。
- 処置群の結果と非処置群の結果の比率をとったものを、相対リスクと言う。相対リスクを変換した E-Value が大きいほど介入の効果が信頼でき、抜け落ちた要因の影響を受けにくい。
- 残差平方和の比率をとった部分決定係数が 0 に近づくほど介入の効果が信頼でき、抜け落ちた要因の影響が小さい。

---

[6] 観測されていない以上、これは直接的にはわかりません。詳細は省略しますが、どれくらい影響するかを算出する方法はあります。

6.6 時系列で見る因果推論と比べる因果推論をまとめて理解する
- マッチングと差分の差分法・合成コントロール法の比較

マッチングという観点からの比較

5章で紹介した差分の差分法や合成コントロール法を、マッチングという観点から捉え直すこともできます。差分の差分法は、処置群に非処置群を1対1対応させることで介入効果を測定します。これはマッチングの一種とも考えられます。

異なる点としてはまず、傾向スコアマッチングでは複数のマッチングが行われるのに対し、差分の差分法や合成コントロール法では、ある県全体と別の県[7]全体といったようにただ1つのマッチングしかされません[8]。また、平行トレンドが成り立っているデータが存在せず差分の差分法が使えない場合に、処置群と同じような推移をするデータを合成して作り出す手法が合成コントロール法ですが、これは既存の変数を使って層別分析ができない場合に、それら既存の変数から傾向スコアを合成して作り出す傾向スコアマッチングと発想としては似ています。

---

[7] 合成コントロール法では、複数の県を合成して作った架空の県になります。
[8] ここでは時点ごとに集計済みのデータのみを使って、差分の差分法や合成コントロール法を実施することを想定しています。時点ごとに集計する前のデータを使う場合には、この限りではありません。

6.6 時系列で見る因果推論と比べる因果推論をまとめて理解する -マッチングと差分の差分法・合成コントロール法の比較

以上のことから、層別分析・傾向スコアマッチングと、差分の差分法・合成コントロール法の特徴は図6.6.1のようにまとめられます。

図6.6.1 層別分析・傾向スコアマッチングと差分の差分法・合成コントロール法の比較

	層別分析	傾向スコアマッチング	差分の差分法	合成コントロール法
処置群・非処置群各々のデータサイズ	複数	複数	1つ	1つ(ただし、複数のデータから生成したもの)
マッチング基準	変数の値が等しい	傾向スコアが等しい	平行トレンドが成り立つ	介入前において、合成したデータと処置群の推移が一致する
マッチングに使うデータ	既存のデータ	手法の実施のために生成したデータ	既存のデータ	手法の実施のために生成したデータ
介入効果の測定方法	処置群と非処置群の比較	処置群と非処置群の比較	処置群と非処置群の比較および介入前後の比較	介入後における処置群と非処置群の比較

出所:筆者作成。

本章ではまず、層別分析から似たもの同士を比較することについて考え、次元の呪いなどの層別分析が抱える問題に対応できる手法として、傾向スコアマッチングや逆確率重み付けを紹介しました。いずれの手法も、他の章で扱った手法と比べて概念的に理解しにくいものだったのではないでしょうか。

ライブラリの利用によって、プログラミングのスキルがあれば実装は特に難しくないですが、本章で挙げたように注意点も多く、決して使い勝手が良いわけでもありません。マーケティングで使える因果推論の手法を幅広く取り上げる趣旨から、本書では傾向スコアマッチングや逆確率重み付けに1章分の分量を割きましたが、実務で無理に使おうとする必要はないと考えます。

一方で、自分で使おうとしなくても、傾向スコアマッチングや逆確率重み付けによる分析結果を読む立場として、これらの手法に触れるケースも考えられるでしょう。そのような場合にこそ、本章を理解の助けとしていただければと思います。

6.6のまとめ

- マッチングという観点から、層別分析・傾向スコアマッチングと差分の差分法・合成コントロール法の考え方の共通点と違いを捉えることもできる。
- 処置群・非処置群各々のデータサイズ、マッチング基準、マッチングに使うデータ、介入効果の測定方法といった軸から手法を分類できる。

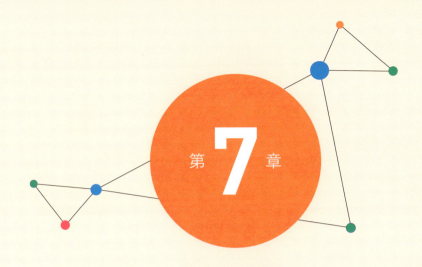

第7章

その他、様々な因果推論

機械学習と因果推論の交差点はどこにあるのか？

　前章までに紹介してきた数々の手法を使い分けると、様々な場面における介入効果の測定に対応できます。とはいえ、これだけで実践上の要望にすべて対応できるわけではありません。例えば、個別の介入効果を測定したい場合もあるでしょう。人によって属性や趣味嗜好が異なると、同じ処置をしても効果が異なることは普通に考えられます。この他、マーケティングの現場においては、異なる施策の効果を切り分けたり、期間によって変化する効果を捉えたりする必要があるかもしれません。

　本章では、こういった要望に対応する手法を紹介します。それらは機械学習の技術を活用したものです。そこで、機械学習の概要を解説したうえで、アップリフトモデリングとマーケティング・ミックス・モデリングという手法・枠組みを見ていきます。アップリフトモデリングは個人の介入効果を測定できるので、介入効果の大きい個人を優先して施策を実施するのに役立ちます。マーケティング・ミックス・モデリングは測定した施策の効果に基づいた予算の最適化までの実施を可能とするものです。

7.1 因果推論の機械学習への広がり
-アップリフトモデリング

因果推論と個別の介入効果

　第5章と第6章では、介入効果を測定するための、いくつかの手法を見てきました。いずれの手法にも共通する点として、測定対象が平均的な介入効果であることが挙げられます。

　処置群でも非処置群でも、同じグループ内には様々な人がいます。とはいえ、適切な分け方がされていれば、処置群も非処置群も平均的には同じような人が同じくらい含まれていると考えられるので、処置群全体と非処置群全体を比較することで平均的な介入効果を求めることが可能です。また、ありあわせのデータを使うような場合で適切な分け方がされていないケースでも、前章までに紹介した手法によって、処置群全体と非処置群全体を比較できるようになることがあります。ここでも結果として算出されるのは、平均的な介入効果です。

　これらの手法は個別の介入効果に関する情報を提供しません。しかし、同じ処置がなされても人によって効果が異なる場合があることは、簡単な例を考えてみればわかるでしょう。

　例えば、家電量販店がポイントカード会員向けに、特定の商品に使えるクーポンを配布するとします。家電量販店は数多くの商品を取り扱っており、会員によって目当ての商品が異なると考えられます。クーポンの対象がPCの場合とドライヤーの場合と炊飯器の場合で

は、会員の中でも反応する人が変わってきそうです。

　ダイレクトメールの送付のように、処置する数が増えるだけ費用が大きくなる場合には、個別の介入効果を活用し、大きな効果が見込まれる人に対して優先して送付することで効率的な送付を実現できます。ダイレクトメールによって引き起こしたい行動を購買とすると、処置の有無と購買の有無によって、図7.1.1のような4つのセグメントが作成されます。

　処置してもしなくても購買する人を、ここでは「鉄板」と呼んでいますが、実はこのセグメントにはダイレクトメールを送付しない方が良いのです。処置しなくても購買してくれるのですから、処置するとその費用だけ利益が減ってしまうからです。また、処置してもしなくても購買しない「無関心」についても、処置するだけ費用が無駄なので避けた方が良いでしょう。送付対象とすべきは、処置しないと購買しないが処置すると購買する「説得可能」です。個別の介入効果がわかれば、「説得可能」だけを抽出してダイレクトメールを送れば良いのです[1]。この人は絶対に購買する、あるいは絶対に購買しないと判断することは難しいため、現実的にはダイレクトメールを送付しなかった場合に比べて送付した場合に購買する確率が大きく上昇する人から順

図7.1.1　処置と購入の有無による4つのセグメント

		処置なし	
		購入する	購入しない
処置あり	購入する	鉄板	説得可能
	購入しない	天邪鬼	無関心

出所:『仕事ではじめる機械学習 第2版』より筆者作成（有賀康顕, 中山心太 他、オライリージャパン）。

---

[1] 以上は、あくまで利益の最大化のみを考えれば良い場合の考え方です。実際には差別的な顧客対応をどこまで良しとすべきかなど、他にも検討すべき点があるかと思われます。

に、ダイレクトメールの送付対象にすることになります。

　なお、処置しないと購買するが処置すると購買しない「天邪鬼」は、非現実的に聞こえますがありえないとは限りません。例えば、ダイレクトメールの内容を読んだ結果、思っていたものと違って購入をとりやめることもあれば、本当に天邪鬼な性格で勧誘されると買う気がなくなる人もいるかもしれません。

　本節では、機械学習の技術を用いて、個別の介入効果を測定して施策へ活用するための手法を紹介します。そこで、まずは「機械学習とはどのような技術なのか」について解説するところから始めたいと思います。

機械学習で商品の購買モデルを構築する

　ここでは1.4のコラムや2.4で登場した機械学習について、もう少し詳しく説明します。データを入力すると、機械[2]が規則やパターンを自動的に学習するために用いられる手法の総称が機械学習です。言葉で定義すると堅苦しいので、具体例を見てみましょう。

　あるコンビニが、毎日の気温とおでんの売上を記録していたとします。横軸に気温、縦軸に売上をとると、図7.1.2のようになったとしましょう。大まかに言って、気温が下がるほどおでんの売上が増える傾向がありそうです。この傾向を例えば直線で表すとき、直線の引き方をデータから自動的に決めてくれるのが機械学習です。そして、得られた直線をモデルと言います。また、ここでの気温を説明変数、おでんの売上を目的変数と言います[3]。

---

[2] ここでの機械は物理的な動作を伴う物体に限らず、コンピュータやコンピュータ上で動くプログラムのような、人工的に作られたものくらいに捉えてください。
[3] 説明変数と目的変数については、5.4でも解説しています。

図7.1.2 気温とおでんの売上の関係（数値は架空のもの）

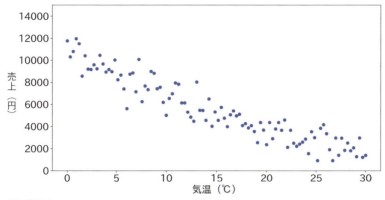

出所：筆者作成。

　気温とおでんの売上の関係を表すモデルには、大きく分けて2つの使い道があります。

　1つは解釈です。気温が1度上がるとおでんの売上にどれくらい影響があるのかを、直線から知ることができます。そして、もう1つは予測です。将来の予想気温を直線に当てはめることで、おでんの売上がどれくらいになりそうかを予測できます。

　もちろん、図7.1.2を見ればわかるように、気温とおでんの売上を表す点は、直線と完全には一致しません。このため、解釈にしても予測にしても、正確さが完全に保証されているわけではありません。特に予測の場合、ある気温に対してモデルから予測した売上と、実際の売上のずれがあまりにも大きいと、モデルは使い物にならないという話になります。また、そのようにずれが大きく質の悪いモデルを解釈しても、当てにならないとも言えるでしょう。

　また、ある個人がある商品を購買したか・しなかったかのように、目的変数が2つの値しかとらない場合にも、目的変数と対応する説明変数のデータを入力することで機械学習モデルを構築することができ

ます。機械学習の世界では、離散値、すなわち限られた数の値をとる目的変数を予測する問題を、分類と呼びます。これに対し、おでんの売上のように連続値[4]をとる目的変数を予測する問題を、回帰と呼びます。分類においては、目的変数がある値をとることを1、とらないことを0と表し、予測結果としては各々の値に対して、その値をとる確率として0から1までの数値を返すことが普通です。

　質の良いモデルを構築できるかどうかはまず、データに依存します。仮に、気温とおでんの売上に何の関係もなかったとすれば、このデータをどのように使ってもまともなモデルはできません。機械学習の世界には、「Garbage in, garbage out」という言葉があります。ゴミのようなデータを入力しても、ゴミのような結果しか出力されないという意味です。

　機械学習では、説明変数を複数使うこともできます。例えば、気温だけでなく曜日も説明変数に使うと、おでんの売上をよりよく表せるかもしれません。機械学習では単一の説明変数で良いモデルを構築できない複雑な問題を扱うことが多いので、様々な説明変数を投入することになります。

　なお、気温については、それ自体よりも前日との気温差の方が、おでんの売上との明確な関係が見出せる可能性があります。このような場合、気温そのものの代わりに前日との気温差を説明変数にすると、モデルが改良されると考えられます。前日との差をとるなど、説明変数に加工を施すことは、特徴量エンジニアリングと呼ばれます[5]。

　モデルの構築手法を変更することによって、モデルが改良されることもあります。最も単純な手法の1つが、4.4でも登場した線形回帰

---

[4] 金額は1円のように最小単位があるため、厳密には連続値ではありませんが、近似的に連続値として扱うことが多いです。
[5] 特徴量は、説明変数と同じ意味だと理解して差し支えないです。

です。目的変数を Y とし、説明変数が $X_1, X_2, ..., X_k$ の k 個あるとき、

$$Y = \beta_0 + \beta_1 X_1 + \beta_2 X_2 + ... + \beta_k X_k$$

という関係式のモデルを構築するものです。$\beta_1, \beta_2, ..., \beta_k$ は回帰係数であり、各説明変数が目的変数にどのように影響するかを決めます[6]。入力したあらゆるデータに対して関係式が平均的に最もうまく当てはまるように、回帰係数の値が決定されます。

次に、個人の商品購買を予測する場合を考えます。ある説明変数の値が大きくなるほど、購買しやすくなるか購買しにくくなる、すなわち説明変数と購買のしやすさの間に線形の関係があるようなモデルを構築するなら、ロジスティック回帰[7]という手法を使うことが考えられます。

目的変数を購買する確率 p とすると、

$$\log\left(\frac{p}{1-p}\right) = \beta_0 + \beta_1 X_1 + \beta_2 X_2 + ... + \beta_k X_k$$

という関係式のモデルを構築します[8]。

あるいは、説明変数のある閾値を境に購買のしやすさが変化するようなモデルを構築するなら、決定木という手法が採用されるかもしれません（決定木がどのような手法であるかは、後ほど説明します）。ここまでに紹介したような有名な手法は、scikit-learn といった Python のライブラリを使うことで簡単に実行できます。線形回帰なら LinearRegression、ロジスティック回帰なら LogisticRegression、決定木なら DecisionTreeClassifier といった、scikit-learn での各手法の名称を

---

[6] β_0 は切片と言い、説明変数の値がすべて 0 の場合に目的変数がとる値となります。
[7] 名前に「回帰」と付いていますが、回帰ではなく分類に使う手法であることに注意しましょう。
[8] 関係式の左辺がなぜ p ではなく、このような形をしているのかを簡単に説明します。まず、右辺は説明変数の値によって任意の正負の値をとることができます。ここで左辺を p とすると、0 から 1 までの値しかとれません。一方、これを p/(1-p) とすると任意の正の値をとることができ、さらに対数をとることで任意の負の値もとれるようになります。このようにして、説明変数と購買のしやすさを関係式で結びつけられるようになるのです。

指定して呼び出すだけで、個々の手法の違いを意識せず同じような記法で機械学習モデルを構築できます[9]。

予測や解釈のために求められる性能

モデルの出来があまりに悪いと、予測にも解釈にも役に立ちません。かといって、モデルが現実を抽象化したものである以上、完璧なモデルができることはありません。では、モデルの性能はどれくらい必要なのでしょうか？

モデルに求められる予測性能に、一般的に適用できる基準はありません。モデルを使う問題の性質によって決まります。ダイレクトメールの送付のような場合だと、機械学習モデルの出力に基づいて送付対象を決めた結果、一部で実際にはあまり効果のない送付をしてしまっていたとしても、特に実害はありません。

同じ枚数をランダムに送付する場合と比べて、モデル構築・運用コストを差し引いても利益が出そうなら、モデルは実用上求められる性能を満たしているという考え方もできるでしょう。

一方で、装置の故障を人手に代わって機械学習モデルで検知したい場合、故障が重大な事故を招くとすれば、故障の見落とし（間違って故障でないと分類されるので、偽陰性と言います）は許されないので、確実に検知するような性能を実現しなければなりません。すると、今度は故障と判定したが実は故障でないケース（間違って故障であると分類されるので、偽陽性と言います）が増えてくることがあり、モデルが故障と判定したケースを人が確認するような運用を設計する必要も出てくるかもしれません。

解釈についても一概には言えず、性能にも増して様々な観点が入っ

---

9) ただし、手法の設定を調整する（ハイパーパラメータチューニングなどと呼ばれます）には、各手法の特徴をある程度知っている必要があります。

てくるのですが、ここでは線形回帰の回帰係数の一例を述べます。線形回帰では、回帰係数の推定値の信頼区間というものを計算できます。区間内に0が入っていれば、その回帰係数に対応する説明変数に意味があると言い切れず、0が入っていなければ意味があると統計的に判断されます。ただし、信頼区間内に0が入っていないことは、統計的に回帰係数が0ではないと言っているにすぎず、推定された回帰係数が実用上十分に意味がある大きさかどうかについては何も教えてくれません。

「統計的に有意」と「実用上有意義」は全く別の概念です。特に、ビッグデータでモデルを構築すると「統計的に有意」な結果は得られやすくなりますが、「実用上有意義」かどうかについてはモデルの利用目的に応じて別途検討しましょう。

教師あり学習と教師なし学習

　ここまでで紹介した機械学習は、分類にしても回帰にしても教師あり学習にあたります。そして機械学習には他に、教師なし学習があります。ここで言う教師とは、目的変数と考えて差し支えないです。目的変数なしで説明変数のみを入力として、データの規則やパターンを自動的に学習する手法が教師なし学習です。目的変数がないので、構築されたモデルの出力は目的変数の予測値ではありません。代わりに、説明変数の規則やパターンに関する情報を出力します。P260のコラム「次元の圧縮としての傾向スコア」で紹介した、複数の説明変数をより少ない数の説明変数で表す主成分分析や、説明変数の値の傾向から似ているデータを同じクラスタに割り振るクラスタリングなどが、教師なし学習の代表例です。

　目的変数という言葉からわかるように、教師あり学習の場合には分

類・回帰する対象が定まっているという意味で目的がはっきりしており、また正解率や誤差といった指標を計算することで構築されたモデルの性能を評価する方法も確立されています。一方で、教師なし学習では主成分分析にしてもクラスタリングにしても、どのような結果が得られるかが前もってわからず、結果を定量的に評価することも教師あり学習に比べると難しいです。機械学習を使う目的を明確にしておくことで「目的に役に立つかどうか」を評価することが、教師なし学習の実用上では大事になるでしょう。

アップリフトモデリングとメタラーナーで、個別の介入効果を測定する

　機械学習を活用することで、個別の介入効果を測定することができます。再び、ダイレクトメールの送付と商品の購買の例で考えてみましょう。各個人が商品を購買したかどうかを目的変数とし、商品の購買に影響するような個人の特徴を説明変数とします。このようなデータから構築した機械学習モデルによって、様々な特徴を持った各個人が商品をどれくらい購買しやすそうかを知ることができます。

　ここで手持ちのデータセットをモデル構築用とテスト用に分けておき、さらにモデル構築に使うデータセットを、ダイレクトメールが送付された人のデータセットとされなかった人のデータセットに分けます。そして、ダイレクトメールが送付された人のデータセットとされなかった人のデータセット各々を使ってモデルを構築します。これにより、異なる2つのモデルが得られるわけです。2つのモデル各々に対して、テスト用のデータセット（これはダイレクトメールが送付された人もされなかった人も含んでいます）を入力すると、購買のしやすさに関する2種類の出力結果を得られます。

　出力結果から、同じ個人に対して、購買のしやすさに関する2つの

予測値が得られている状態です。一方は、ダイレクトメールが送付された人のデータセットで学習したモデル（モデル A とします）から得られた値であり、各個人がダイレクトメールを送付された場合に、どれくらい購買しそうかを予測していると言えます。もう一方は、ダイレクトメールが送付されなかった人のデータセットで学習したモデル（モデル B とします）から得られた値であり、各個人がダイレクトメールを送付されなかった場合に、どれくらい購買しそうかを予測していると言えます。そして、各個人に関する 2 つの予測値の差分は、ダイレクトメールを送付された場合とされなかった場合で購買のしやすさがどれくらい変わるかを表しています。

　予測値の差分の大きさは、個人によって異なります。ある個人について、モデル A の予測値がモデル B の予測値と比べて大きいほど、ダイレクトメールがその人へ与える効果が大きいことになります。この差が小さくなれば効果が小さいことになり、仮にモデル A の予測値がモデル B の予測値よりも小さければ、その人に対してダイレクトメールは逆効果ということになります。

　このような差分が「リフト」と呼ばれることから、2 つの機械学習モデルを使って各個人のリフトを推定する手法を、アップリフトモデリングと言います。また、ここで使われている機械学習の仕組みは通常のものと何ら変わりませんが、介入があった場合となかった場合の効果を予測する目的で使われる場合は、特にメタラーナーと呼ばれることがあります。

　アップリフトモデリングのモデル構築で用いる機械学習の手法には、特に制限はありません。データなどの性質に適したものを採用すれば良いです。一方で、2 つのモデル構築に割り振られるデータは、理想的にはランダムにサンプリングされていた方が良いです。2 つのデータセットで個人の特徴の傾向が異なると、ダイレクトメールの送

付の有無だけでなく、そういった傾向の違いがモデルに反映されてしまうからです。なお、ランダムに割り振られたデータが取得できない場合には、傾向スコアを使ってデータセットを分割する方法もあります。

決定木とランダムフォレスト

アップリフトモデリングのように2つのモデルを構築するのではなく、単一のモデルを構築するだけで個別の介入効果を測定するための手法に、コウザルフォレストがあります。まずは、コウザルフォレストの元になっている、決定木およびランダムフォレストがどのような手法なのかについて説明します。

前述したように、決定木は機械学習の手法の1つであり、これによってできる木でもあります。説明変数の閾値に関する規則を設定することで、決定木が作られます。

ある説明変数について、ある値を境にして目的変数である購買のしやすさが大きく変化するとします。すると、その値を閾値としてデータを分割する規則を適用することで、購買しやすい個人と購買しにくい個人を分類できます。つまり、規則によって購買のしやすさを予測できるということであり、どのような特徴を持っていれば購買しやすいかを規則から解釈できるということでもあります。

規則は、複数の説明変数に対して設定できます。ある説明変数に関する規則で分割されたデータセット各々に対して、別の説明変数に関する規則を設定すれば、データがさらに分割されます。図7.1.3のようにデータが分布している場合、まず説明変数1の15付近でデータを分割し、さらに説明変数1が15未満のデータを説明変数2の10付近で分割すれば、カテゴリ1,2,3をかなりの正解率で分類できるように見えます。このような規則の適用によるデータの分割過程は図7.1.4のように表され、その形状から決定木と呼ばれます。

図7.1.3 決定木でうまく分類できるデータの例

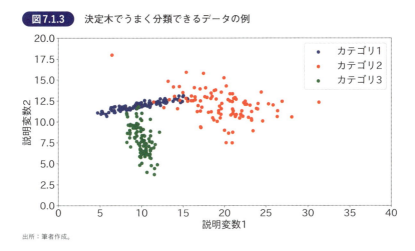

出所：筆者作成。

図7.1.4 決定木の規則例

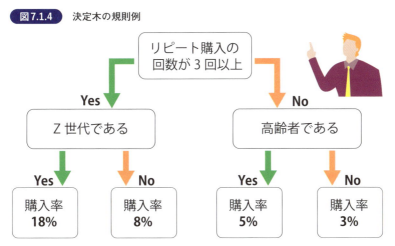

出所：「https://aismiley.co.jp/ai_news/decision-tree-regression-analysis-difference/」を元に筆者作成。

　閾値をどこに設定するか、どの説明変数から順番に規則を設定するかといった決定木の作成方法は複数存在し、scikit-learnなどを使う際に設定の詳細を変更できますが、基本的には不純度を下げることを目的としています。商品を購入した人と購入しなかった人を分類したい

場合、ある説明変数の閾値で分割された後の各データセット内で商品を購入した人も購入しなかった人も数多く混在していれば、不純度が高いことになります。逆に、各データセットに含まれる人のほとんどが購入した人か、購入しなかった人のいずれかであれば、不純度が低いことになります。説明変数やその値の選び方で様々なデータの分割パターンが考えられる中で、この不純度が最も低くなるように特定の分割パターンが選択されて行きます。

ランダムフォレストは、決定木の改良版です。モデル構築用データセットを複数に分割し、各々のデータセットで別々の決定木を作成します。また、各決定木ではランダムに選ばれた一部の説明変数のみが使われます。このため、決定木によって採用されている説明変数が異なります。できた決定木でデータを分類するには、各決定木にデータを入力した結果から多数決などの方法で最終的な出力を決定します。

このように複数のモデルを使って同じ問題を解くことをアンサンブルと言い、単一のモデルを使うよりも予測性能が向上する場合があります。理由の1つとして、過学習を防ぐことがあります。過学習は決定木やランダムフォレストに限らず、機械学習の手法一般に発生する問題で、モデルが学習データに適合しすぎた結果、学習データに対する予測性能は高いが学習に使っていない未知のデータに対する予測性能は低い現象を指します。感覚的に例えると、試験の過去問の解答を丸暗記すれば過去問に対しては完全に正答できますが、本番の新しい問題には対応できなくなるようなものです。アンサンブルは、複数の異なるモデルを組み合わせることで、このような過学習を回避できるとされます。

決定木やランダムフォレストでは、データの不純度をどれだけ下げたかによって説明変数の重要度を算出できます。簡単に言うと、重要度が高いほど、その説明変数の値の違いによって目的変数の値が大きく異なるということです。説明変数の重要度を算出するには、他にSHAP や Permutation Feature Importance といった有名な手法がありますが、不純度による算出は、不純度をモデル構築の過程で用いている決定木系の機械学習でのみ可能です。

図7.1.5 説明変数の重要度の出力例

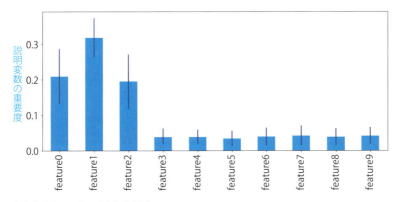

出所:「1.10. Decision Trees.」を元に筆者作成。

もう1つのアップリフトモデリング、コウザルフォレスト

ランダムフォレストと同様に、コウザルフォレストも規則に従ってデータを分割していきますが、何の値を基準にするかが異なります。ランダムフォレストでは目的変数の値に関する不純度でしたが、コウザルフォレストでは、処置の有無による目的変数の値の差に関する不均一性を上げようとします。再び商品を購入した人と購入しなかった人を分類する例を出すと、ある説明変数の閾値で分割された各データ

セット内で、処置群と非処置群の目的変数の値の差が大きくなるほど、そのような説明変数や閾値は不均一性を上げる好ましい選択ということになります。

　決定木やランダムフォレストと同様に、コウザルフォレストでも説明変数の重要度が算出されます。重要度が高いほど、値の違いで介入の効果が大きく変化することを意味します。つまり、その説明変数を活用することで、介入の効果を大きくできるということです。メタラーナーでは、複数の説明変数の値の組み合わせから介入効果が大きいと判定された個人を抽出するのに対し、コウザルフォレストでは、重要度が高い特定の説明変数に注目して介入効果が高いグループを構築できます。

　コウザルフォレストが実装されたライブラリには、EconML の CausalForestDML や、CausalML の UpliftRandomForestClassifier があります。以下、CausalForestDML での実装例を見ていきましょう。

　まずは、プログラム 7.1.1 で必要なライブラリを読み込みます。

プログラム7.1.1　ライブラリの読み込み

```
from econml.orf import DMLOrthoForest, DROrthoForest
from econml.dml import CausalForestDML
from econml.sklearn_extensions.linear_model import WeightedLassoCVWrapper, WeightedLasso
import numpy as np
from itertools import product
from sklearn.linear_model import Lasso, LogisticRegression
import matplotlib.pyplot as plt
import japanize_matplotlib
```

```
%matplotlib inline
```
出所:「EconML: A Python Package for ML-Based Heterogeneous Treatment Effects Estimation.」を元に筆者作成。

　プログラム 7.1.2 では、介入効果が表れるようなデータを人工的に生成しています。後で明らかになりますが、介入効果は一律ではなく、説明変数の値によって非線形に変化するものです。このような場合に、コウザルフォレストが効果を測定できることを確認します。

プログラム7.1.2 データの生成

```python
# 介入効果を与える関数を定義する
def exp_te(x):
    return np.exp(2*x[0])
np.random.seed(1234)
n = 1000
n_w = 30
support_size = 5
n_x = 1
support_Y = np.random.choice(range(n_w), size=support_size, replace=False)
coefs_Y = np.random.uniform(0, 1, size=support_size)
def epsilon_sample(n):
    return np.random.uniform(-1, 1, size=n)
support_T = support_Y
coefs_T = np.random.uniform(0, 1, size=support_size)
def eta_sample(n):
    return np.random.uniform(-1, 1, size=n)
# 説明変数を生成する
```

```
W = np.random.normal(0, 1, size=(n, n_w))
X = np.random.uniform(0, 1, size=(n, n_x))
TE = np.array([exp_te(x_i) for x_i in X])
log_odds = np.dot(W[:, support_T], coefs_T) + eta_
sample(n)
T_sigmoid = 1/(1 + np.exp(-log_odds))
T = np.array([np.random.binomial(1, p) for p in
T_sigmoid])
# 目的変数を生成する
Y = TE * T + np.dot(W[:, support_Y], coefs_Y) +
epsilon_sample(n)
subsample_ratio = 0.4
lambda_reg = np.sqrt(np.log(n_w) / (10 * subsample_
ratio * n))
X_test = np.array(list(product(np.arange(0, 1,
0.01), repeat=n_x)))
```

出所:「EconML: A Python Package for ML-Based Heterogeneous Treatment Effects Estimation.」を元に筆者作成。

　プログラム7.1.3でモデルを構築し、プログラム7.1.4で構築したモデルによる介入効果の測定結果を表示します。すると、P302の図7.1.6のようなグラフが作成されます。説明変数の値が大きくなるにつれ介入効果が大きくなり、しかも増加率も大きくなっていることが示されています。

　このように、一様ではない介入効果をかなりの精度で推定できていることが、真の効果と効果の推定値からわかるのです。

プログラム7.1.3　モデルの構築

```
est = CausalForestDML(model_y=Lasso(alpha=lambda_
reg),
```

```
                        model_
t=LogisticRegression(C=1/(X.shape[0]*lambda_reg)),
                        n_estimators=200, min_
samples_leaf=5,
                        max_depth=50, max_
samples=subsample_ratio/2,
                        discrete_treatment=True,
                        random_state=123)
est.fit(Y, T, X=X, W=W, cache_values=True)
treatment_effects = est.effect(X_test)
te_lower, te_upper = est.effect_interval(X_test)
```
出所:「EconML: A Python Package for ML-Based Heterogeneous Treatment Effects Estimation.」を元に筆者作成。

プログラム7.1.4　介入効果の可視化

```
plt.figure()
plt.plot(X_test, treatment_effects, label='効果の推定値')
expected_te = np.array([exp_te(x_i) for x_i in X_test])
plt.plot(X_test[:, 0], expected_te, 'b--', label='真の効果')
plt.fill_between(X_test[:, 0], te_lower, te_upper,
label="95%信頼区間", alpha=0.3)
plt.ylabel("介入効果")
plt.xlabel("説明変数")
plt.legend()
plt.show()
```
出所:「EconML: A Python Package for ML-Based Heterogeneous Treatment Effects Estimation.」を元に筆者作成。

図7.1.6 介入効果の可視化

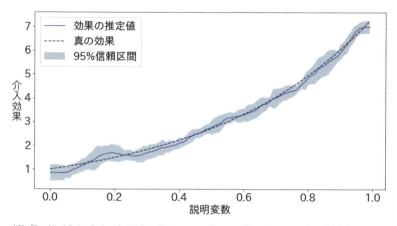

出所:「EconML: A Python Package for ML-Based Heterogeneous Treatment Effects Estimation.」を元に筆者作成。

7.1のまとめ

- 個別の介入効果を測定するために、機械学習の技術が活用されている。
- 機械学習はデータから規則やパターンを自動的に学習する手法の総称であり、解釈と予測という大きく分けて2つの使い道がある。
- アップリフトモデリングでは、処置があった場合となかった場合の予測値の差分をとることで、個別の介入効果を測定できる。
- 機械学習の手法の1つであるランダムフォレストをもとにして、個別の介入効果の測定のために考案された手法がコウザルフォレストであり、説明変数の重要度によって介入効果の変化が大きい説明変数を特定できる。

7.2 マーケティング・ミックス・モデリング
-因果推論だけでは終わらないマーケティング運用の枠組み

■ マーケティング・ミックス・モデリングとは

　1.2 や 4.4 に出てきたマーケティング・ミックス・モデリングについて、改めて取り上げます。マーケティングミックスとは、様々なマーケティング施策を組み合わせて実施することです。施策の例としては、インターネット広告やテレビ CM、屋外広告、さらには実店舗での販促活動などが挙げられます。また、例えばインターネット広告の配信先は、Google 検索の結果画面、YouTube、Instagram といったように、さらに細かく分かれています。そして、マーケティング・ミックス・モデリングとはその名の通り、マーケティングミックスの効果をモデルにすることです。

　様々なマーケティング施策は、いずれも商品の売上を伸ばし利益を増やすことを最終的な目的としていますが、実施される具体的な内容は異なり、個々の施策の効果の大きさを比較できる形で定量化することは難しいです。そして、マーケティング・ミックス・モデリングは、この課題への対応策になり得るのです。

　各マーケティング施策には費用がかかっているので、効果が定量化できれば費用対効果もわかるようになります。これを利用すると、マーケティング予算の総額を制約条件として、利益などの成果を最大

化するように各施策への予算配分を最適化できます。提示された予算配分はモデルから得られたものであるため、根拠をもって妥当性を説明できるでしょう。

　マーケティング・ミックス・モデリングの考え方自体は前世紀より存在しますが、2010年代後半より再び注目を集めています。一因として、インターネット広告の配信・効果測定をめぐる環境の変化があります。インターネット広告では、サードパーティークッキーと呼ばれるクッキーを発行することでインターネット上でのユーザ[10]の行動を把握しやすくなり、特定のユーザへ広告をターゲティング配信できるだけでなく、その効果の測定も容易になりました。インターネット広告の閲覧データと、インターネット上での商品購入データを合わせると、広告を閲覧した人が商品を購入したかどうかがユーザ単位で明らかになるからです。これにより、広告の効果を定量化するという考え方も浸透していきました。

　ところが、サードパーティークッキーの利用はプライバシーの侵害にあたるのではないかという話が出始め、法的[11]にあるいは業界として自主的に規制される方向へ動いています。特に、AppleのiPhoneの標準ブラウザSafariでは、2017年よりサードパーティークッキーの利用が制限され始め、バージョンのアップデートごとに規制が厳しくなり2020年にサードパーティークッキーは完全にブロックされました。日本ではiPhoneがスマホシェアの過半数を握り続けており、その影響は甚大です。この他、GoogleのChromeなど他社のサービスに関する規制の将来も不透明です。

---

[10] より正確には、ユーザの端末のブラウザごとにサードパーティークッキーが発行されるので、同一ブラウザでの閲覧履歴を追うことができます。

[11] 法的な扱いは国や地域によって異なります。2024年時点だと、EUやアメリカのカリフォルニア州ではそれぞれGDPRやCCPAといった法律によって、サードパーティークッキーの利用が制限されています。一方で、日本の個人情報保護法では、サードパーティークッキー自体は個人情報に当たらないとされています。日本で開発したサービスであっても、インターネット上でサービスを提供し、海外のユーザも想定されるような場合には、海外の法律にも目を配らなければならないこともあります。

ところで、ユーザ単位のデータを使ったインターネット広告の効果測定は以前よりも困難になったものの、一度掘り起こされた広告効果の定量化への需要がなくなったわけではありません。また、他のマーケティング施策についても、インターネット広告のように効果を検証したいという要望も出てきています。こうした中で、サードパーティークッキーの利用とは異なる形でインターネット広告の効果を測定するのみならず、他の施策もあわせて包括的に効果測定を実現するソリューションとして、マーケティング・ミックス・モデリングが日の目を見るようになりつつあるのです。

インターネット広告市場の成長とマーケティング・ミックス・モデリング

第 2 章のコラムでも触れたように、2019 年のインターネット広告費は 2.1 兆円にのぼり、テレビの広告費を超えました。その後もインターネット広告費は増加を続け、2023 年には 3.3 兆円に達してテレビの広告費のほぼ 2 倍になっています。

一方で、広告費の総額は 2019 年の 6.9 兆円から 2023 年の 7.3 兆円への変化にとどまっています。つまり、インターネット広告が牽引する形で広告市場が拡大しているというより、インターネット広告費が増加する代わりに他の広告費が削減されているのが実態と言えます。インターネットを使う時間は他のメディアに触れる時間を奪う形で増えている側面が大きいことや、広告を出す企業側からすると、広告に回せる予算はある程度決まっていることを考えれば自然な帰結と言えるでしょう。

メディアごとの広告予算配分が大きく変化している現在はマーケティング・ミックス・モデリングの出番が多いと言えそうです。前述

したようにインターネット広告は配信先の細分化が進んでおり、マスメディアのように人の知識や経験だけで対応することも難しいので、データドリブンなやり方の有効性が実感しやすいでしょう。

マーケティング・ミックス・モデリングに特徴的なモデル構造

マーケティング・ミックス・モデリングはマーケティング施策の効果測定を目的としているので、マーケティング特有のよく使われるモデル構造があります。ここでは、応答曲線とアドストックを紹介します。

応答曲線は、広告の投下量と商品の売上の関係を表す曲線です。基本的には、広告を投下すればするほど商品の売上は伸びるはずなので、右肩上がりの関係ではありますが、完全な比例の関係とは考えにくいです。投下量が増えると、同じ人が同じ広告に何度も接触することになるので、投下量の増加分ほど接触人数が増えなくなります。このような場合、広告の投下量に対する売上の上昇が逓減するような曲線になります。また、特に新しい商品だと、広告の投下を開始した初期は認知度が低すぎて売上に結びつかず、ある程度の投下量を超えると効果が出始めることも考えられます[12]。そしてこのような仮定を置くと、広告の投下量に対する売上の増加は初期は緩やかで、一定の投下量を超えてから急になり、さらに投下量が増えると再び緩やかになるというS字曲線が想定されます。

アドストックは、広告が一定期間にわたって及ぼす残存効果のことです。購買数の増加などの広告の効果は、投下した直後に最も大きく

---

[12] キャズム理論が、これに近い考え方です。

現れると考えるのが自然です。そして、広告に接触した人が時間を置いて購入したり、広告が接触した人の記憶の中に残っていたりするので、効果はしばらくの間持続しつつ徐々に減衰していくでしょう。広告の効果をモデリングするには、このような時間的変化を考慮しなければなりません。

図7.2.1 収穫逓減型の応答曲線のイメージ図

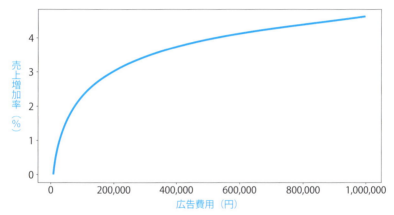

出所：筆者作成。

図7.2.2 S字型の応答曲線のイメージ図

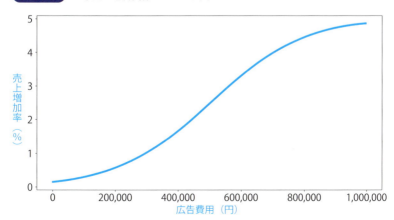

出所：筆者作成。

図7.2.3 アドストックのイメージ図

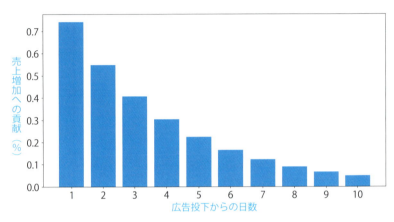

出所：筆者作成。

　応答曲線もアドストックも、具体的な形状は事前にわからないため、データを入力して学習させることによって特定します。また、この後に紹介するマーケティング・ミックス・モデリング向けのライブラリでは、自分で特別にプログラムを書かなくても、応答曲線やアドストックをモデルに簡単に組み込むことができます。

マーケティング・ミックス・モデリングに使われる手法

　近年では、マーケティング・ミックス・モデリングのためのライブラリも登場しています。特に有名なものに、Metaが開発したRobynと、Googleが開発したLightweightMMMがあります。両者は内部に実装されている手法が異なっており、Robynはリッジ回帰、LightweightMMMはベイズ回帰を用いています。
　リッジ回帰は線形回帰の改良版と言っても良く、多重共線性を抑える効果を持ちます。多重共線性とは、異なる説明変数間の相関が強い

場合に、線形回帰モデルの回帰係数の推定が不安定になることです。回帰係数は、個々の説明変数が目的変数にどれくらい影響するかを、数値の大小や符号の正負で表しています。多重共線性が生じていると、入力データが少し変わるだけで推定される回帰係数の数値が大きく変動してしまい、回帰係数に基づいた説明変数が目的変数へ与える影響の解釈が信頼できなくなります。時には、プラスの影響を与えるはずの説明変数が、回帰係数ではマイナスの影響を与えることになっていることもあります。リッジ回帰は、正則化という手法を使ってこのような問題に対応するものであり、説明変数の解釈が重要となるマーケティング・ミックス・モデリングでは有効だと言えるでしょう。また、リッジ回帰は、通常の線形回帰で生じる過学習を抑える効果があることでも知られています。

　ベイズ回帰はその名の通り、ベイズ統計学の考え方に則って回帰係数を推定します。

　推定方法の詳細については、紙面に収まらずかつ論旨から外れるため省略し、これによってできることを述べます。まず、ベイズ回帰では事前分布を設定できます。事前分布とは、回帰係数の値について事前にわかっている情報のようなものだと考えてください。「この説明変数は目的変数に対して、これくらいの影響があるはずだ」といった過去の経験などから得た知識を、事前分布という形でモデルに反映することができるのです。

　モデルに入力されるデータが増えるにつれて、事前分布のモデルへの影響は小さくなっていきますので、後に蓄積されていった実績から見て事前分布に入れた情報があまり正しくなかったとしても、大きな問題にはなりにくいです。事前分布によって仮に構築したモデルを、実績データによって更新していく手法がベイズ回帰であると捉えても良いでしょう。使えるデータが少ない場合にも事前分布と組み合わせることで、ありあわせのデータでとりあえずの分析ができることも利点です。

さらに、ベイズ回帰では階層モデルを構築できます。例えば、個人差と地域差を両方組み込んだモデルが階層モデルになります。関東と関西に広告を出稿した場合の効果のように、地域差はあるものの地域内でも個人差があるような状況をモデリングするのに役立ちます。階層モデルは構造が複雑で推定する係数の数も多くなりますが、推定方法の特性から、データサイズに対して係数の数が比較的多くても推定ができるようになっています。

　以下では、アップデート状況や利用実績の多さを考慮してRobynの実装を紹介します。RobynはRのライブラリですので、原則としてR言語のプログラムを作成して実行する必要があります[13]。このため、以下に出てくるプログラムはこれまでのPythonと違いRで書かれていることに留意してください。

マーケティング・ミックス・モデリングの実装

　まずは、プログラム7.2.1のように必要なライブラリを読み込みます。このRobynとreticulateはあらかじめインストールしておく必要があります[14]。また、結果のグラフなどの画像ファイルを保存するフォルダも指定しています。

プログラム7.2.1　ライブラリの読み込みと初期設定

```
library(reticulate) # ライブラリの読み込み
library(Robyn)
virtualenv_create("r-reticulate")
use_virtualenv("r-reticulate", required = TRUE)
use_python("~/.virtualenvs/r-reticulate/bin/python")
```

---

[13] APIを使うことによって、Pythonからでも実行できるようになっていますが、2024年時点ではベータ版です。なお、LightweightMMMはPythonのライブラリです。

[14] 詳細なインストール方法については、以下を参照してください。
https://facebookexperimental.github.io/Robyn/docs/installation/

```r
py_install("nevergrad", pip = TRUE)
create_files <- TRUE # ファイルの作成設定
if (!dir.exists("./results")) {
  dir.create("./results")
}
robyn_directory <- "./results"
```

出所：マーケターのための Robyn を用いたマーケティング・ミックス・モデリング (MMM) 広告効果を分析する (2024 年 08 月更新) - 株式会社 Crosstab より筆者作成。

続いて、プログラム 7.2.2 でデータを読み込んでいます。ここでは変数名を英語に変更しています。グラフを作成したときに文字化けを避けるためです。なお、変数名に限らずこの後に出てくるグラフの表記は英語になりますので、本文中で適宜説明を加えます。

プログラム 7.2.2 データの読み込み

```r
dt_simulated = read.csv(file='data/sample.csv') # CSVファイルを読み込む
dt_simulated = dplyr::select( # 日本語の変数名を半角アルファベットに変換する
  dt_simulated,
  datetime = 1,
  Net.Spend = 2,
  Tv.Spend = 3,
  temperature = 4,
  rain = 5,
  revenue = 6,
  Weekend.FLG = 7,
  dplyr::everything()
)
```

出所：マーケターのための Robyn を用いたマーケティング・ミックス・モデリング (MMM) 広告効果を分析する (2024 年 08 月更新) - 株式会社 Crosstab より筆者作成。

図7.2.4　日本語と英語の変数名の対応

日本語変数名	英語変数名
日付	datetime
ネット広告出稿金額	Net.Spend
TV広告出稿金額	Tv.Spend
平均気温	temperature
降水量	rain
売上金額	revenue
週末FLG	Weekend.FLG

出所：筆者作成。

　プログラム7.2.3では、モデル構築のための入力データの設定を行っています。プログラム内のコメントにあるように、モデルの各種変数が入力データのどの列にあたるかを指定しています。例えばdep_varに対してはrevenueを指定することにより、モデルの目的変数は売上になります。図7.2.4の変数の他、祝日や時系列要素、アドストックの設定もしています[15]。

プログラム7.2.3　入力データの指定

```
InputCollect <- robyn_inputs(
  dt_input = dt_simulated,           # 元データ
  dt_holidays = dt_prophet_holidays, # 祝日データ
  date_var = "datetime",             # 日付変数
  (例: "2020-01-01")
  dep_var = "revenue",               # 目的変数
  (売上高やCVなど)
  dep_var_type = "revenue",          # 目的変数の
```

[15] 詳細は割愛しますが、以下のRobyn公式ページなどが参考になります。
https://facebookexperimental.github.io/Robyn/docs/features/

7.2 マーケティング・ミックス・モデリング - 因果推論だけでは終わらないマーケティング運用の枠組み

```
タイプ（売上高かCVフラグか）
    prophet_vars = c("trend", "season", "holiday"),
# 時系列要素 ("trend", "season", "weekday",
"holiday")
    prophet_country = "JP",              # 国名（日本
の祝日を設定するために必要）
    context_vars = c("temperature", "rain", "Weekend.
FLG"),   # イベント情報
    paid_media_spends = c("Net.Spend", "Tv.Spend"),
# メディア支出
    paid_media_vars = c("Net.Spend", "Tv.Spend"),
# メディア変数（支出または露出指標を使用）
    organic_vars = c("newsletter"),      # PRなどの非広告メ
ディア
    factor_vars = c("Weekend.FLG"),      # 因子変数（イ
ベントなど）
    window_start = "2019-04-01",         # モデル構築に
使用するデータの開始日
    window_end = "2020-03-31",           # モデル構築に
使用するデータの終了日
    adstock = "geometric"                # アドストック
効果の形状
)
```

出所：「マーケターのための Robyn を用いたマーケティング・ミックス・モデリング (MMM) 広告効果を分析する (2024 年 08 月更新) - 株式会社 Crosstab」を元に筆者作成。

プログラム 7.2.4 では、ハイパーパラメータ[16]を設定して広告効果がどのように逓減するかや、アドストックがどのように減衰するかを

---

[16] この文で述べているように、どのようにモデルが構築されるかに関する規則や制限のようなものがハイパーパラメータであると考えてください。

制御します。これにより、広告効果やアドストックが明らかに非現実的なものになることを防ぎます。

プログラム7.2.4 ハイパーパラメータの設定

```
hyperparameters <- list(  # ハイパーパラメータの可変領域を設定
  Net.Spend_alphas = c(0.5, 3),
  Net.Spend_gammas = c(0.3, 1),
  Net.Spend_thetas = c(0, 0.3),
  Tv.Spend_alphas = c(0.5, 3),
  Tv.Spend_gammas = c(0.3, 1),
  Tv.Spend_thetas = c(0.1, 0.4),
  train_size = 0.7
)
InputCollect <- robyn_inputs(InputCollect = 
InputCollect, hyperparameters = hyperparameters)
```

出所:「マーケターのためのRobynを用いたマーケティング・ミックス・モデリング(MMM)広告効果を分析する(2024年08月更新)-株式会社Crosstab」を元に筆者作成。

　プログラム7.2.5では、モデルを構築します。InputCollectで入力データやハイパーパラメータの設定を反映しています。iterationsとtrialの設定で、モデル構築のための試行回数が決まります。iterationsが2000、tiralが5だと、2,000×5=10,000回モデルの候補が構築されます。試行回数が多いほど時間はかかりますが、最終的により優れたモデルが得られる傾向にあります。

　これは最初から1つのモデルしか構築されない通常の線形回帰と異なる点です。なぜRobynではこれほど多くのモデル候補を構築するかというと、多目的最適化を行っているからです。通常の線形回帰では、与えられたデータの予測誤差が最小化されるようにモデルが構築されます。これに対しRobynでは、予測誤差を小さくしつつ「現実離

れしていない[17)]」モデルを構築しようとします。複数の目的に適合したモデルを構築するために、数多くの試行が必要になると考えてください。

プログラム 7.2.5　モデルの構築

```
OutputModels <- robyn_run(
  InputCollect = InputCollect,   # モデル仕様を全て入力
  cores = NULL,
  iterations = 2000,
  trials = 5,
  ts_validation = TRUE,
  add_penalty_factor = FALSE
)
```

出所:「マーケターのための Robyn を用いたマーケティング・ミックス・モデリング (MMM) 広告効果を分析する (2024 年 08 月更新) - 株式会社 Crosstab」を元に筆者作成。

　プログラム 7.2.6 では、パレート最適なモデルが出力されます。ここでのパレート最適がどういうことかというと、出力されたモデルのうちの任意の 2 つを比較すると、予測誤差と「現実離れしていないか」の両方で他のモデルより優れたモデルがないということです。言い換えると、出力されたどのモデルも他のモデルと比べると、予測誤差か「現実離れしていないか」のいずれかで優れています。また出力されなかったどのモデルについても、その「上位互換」(すなわち、予測誤差が小さくより「現実離れしていない」) モデルが出力されたモデルに存在するようになっています[18)]。この実行結果を表した図表の画像は、指定したフォルダに保存されます。

---

17) どれくらい現実離れしていないかは数学的に定義されていますが、詳細は省略します。
18) それゆえ、モデルの性能の観点から出力する必要がないモデルが出力されていないと言えます。

プログラム7.2.6 モデルの出力

```
OutputCollect <- robyn_outputs(
  InputCollect, OutputModels,
  pareto_fronts = 1,
  csv_out = "pareto",
  clusters = TRUE,
  export = create_files,
  plot_folder = robyn_directory,
  plot_pareto = create_files
)
```

出所:「マーケターのためのRobynを用いたマーケティング・ミックス・モデリング（MMM）広告効果を分析する（2024年08月更新）- 株式会社Crosstab」を元に筆者作成。

　プログラム7.2.7では、出力されたモデルから選択した1つを指定しています。このモデルに基づいて予算最適化を実行します。

プログラム7.2.7 モデルの選択と保存

```
select_model <- "3_130_7"  # 選択するモデルのIDを指定
write_json(OutputCollect$allPareto$plotDataCollect[
[select_model]], "OutputCollect.json")
ExportedModel <- robyn_write(
  InputCollect = InputCollect,
  OutputCollect = OutputCollect,
  select_model = select_model,
  export = create_files
)
```

出所:「マーケターのためのRobynを用いたマーケティング・ミックス・モデリング（MMM）広告効果を分析する（2024年08月更新）- 株式会社Crosstab」を元に筆者作成。

　プログラム7.2.8では、予算最適化を実行しています。最適化にあたって、各メディア予算に上限と下限を設定できます。あまりに極端

な予算配分が運用上受け入れられない場合に役に立ちます。この実行結果を表した図表の画像も指定したフォルダに保存されます。

プログラム 7.2.8　予算最適化の実行

```
InputCollect$paid_media_spends # 注意：制約条件の順序は次の順番で指定する必要があります
AllocatorCollect1 <- robyn_allocator(
  InputCollect = InputCollect,
  OutputCollect = OutputCollect,
  select_model = select_model,
  date_range = NULL, # 指定しない場合は直近1カ月が対象期間となる
  total_budget = NULL, # 指定しない場合はdate_range内の総支出額がデフォルト
  channel_constr_low = c(0.7, 0.7, 0.7, 0.7), # メディア予算制約の下限
  channel_constr_up = c(1.2, 1.2, 1.2, 1.2), # メディア予算制約の上限
  scenario = "max_response",          # シナリオ：最大レスポンスを目指す
  export = create_files
)
```

出所：「マーケターのための Robyn を用いたマーケティング・ミックス・モデリング (MMM) 広告効果を分析する (2024 年 08 月更新) - 株式会社 Crosstab」を元に筆者作成。

ここからは、予算最適化に使ったモデルに関する図表を見ていきます。図 7.2.5 を見てください。広告にかかった費用（Spend Share）に比べると、広告効果（Effect Share）ではインターネットが占める割合が大きくなっています。また、テレビ（Tv.Spend）よりもインターネットの ROAS[19] が高くなっています。

---

19) Return on Advertising Spend の略で、広告の費用対効果のことです。

図7.2.5　メディア別に見た広告の費用対効果

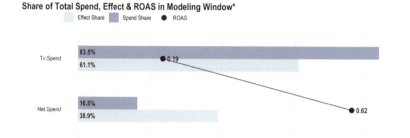

出所:「マーケターのためのRobynを用いたマーケティング・ミックス・モデリング(MMM)広告効果を分析する(2024年08月更新) - 株式会社Crosstab」を元に筆者作成。

　実行結果の図7.2.6では、インターネット、テレビのいずれにおいても効果が逓減することや、同じ費用をかけた場合にはテレビよりもインターネットの効果が大きいことが示されています。

　そして、図7.2.7が予算最適化の結果です。左のInitialがもともとの予算配分、真ん中のBoundedがプログラム7.2.8で指定した制約条件下で最適化された予算配分、右のBounded x3が制約条件の上限と下限を3倍に緩めた場合の予算配分になります。予算配分を最適化することによって、売上金額が2,960万円から2,990万円、あるいは3,050万円まで増加すると試算されています。

　本章ではまず、因果推論への機械学習の応用であり、個別の介入効果を測定できる手法であるアップリフトモデリングを紹介しました。次に、マーケティング特有の課題に対応したマーケティング・ミックス・モデリングを紹介しました。いずれも、技術的にはこれまでの章で出てきた手法と比べて複雑な部類に入り、その分、他の手法では対応できないような効果測定に関する要望に応えられます。

　アップリフトモデリングもマーケティング・ミックス・モデリング

も、便利なライブラリが提供されたことによって、実務で使いやすくなっています。要件に合うようならば、採用を検討してみても良いでしょう。

図7.2.6 メディアごとの広告効果の逓減状況

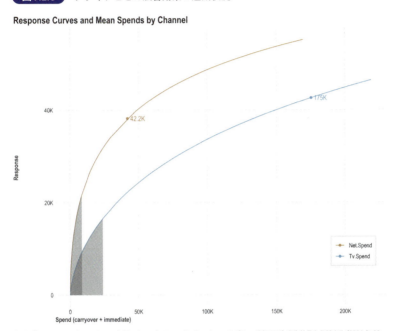

出所:「マーケターのための Robyn を用いたマーケティング・ミックス・モデリング (MMM) 広告効果を分析する (2024 年 08 月更新) - 株式会社 Crosstab」を元に筆者作成。

図7.2.7 予算最適化による売上金額の増加

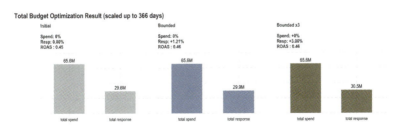

出所:「Google のマーケティング・ミックス・モデリング (MMM) ツール「lightweight MMM」を使う」を元に筆者作成。

以上で、本書の内容は全て終了です。

本書では、因果推論のための数多くの手法が紹介され、中には理解が難しいものもあったかと思います。ですが、大事なのは複雑な手法をこれ見よがしに使うことではありません。理想的なデータが収集できていない場合にも、手法の選択肢を頭の中にストックしておけば因果推論の可能性を検討できます。

本書だけで因果推論の知見を実際の仕事で使うことは難しいかもしれませんが、本書を通じて因果推論に興味を持っていただき、ビジネス活用のきっかけになれば幸いです。

7.2のまとめ

- マーケティング・ミックス・モデリングとは、様々な異なるマーケティング施策の効果をモデルにすることであり、各施策の費用対効果を可視化したり、予算配分の最適化に活用したりできる。
- 応答曲線やアドストックといった、マーケティングに特徴的なモデル構造が知られており、マーケティング・ミックス・モデリングのためのライブラリでは、そういった構造を簡単に組み込めるようになっている。
- ライブラリによって、リッジ回帰やベイズ回帰といった異なる手法が実装されている。

あとがきに代えて

　本書を書くにあたり、多くの方々のお世話になりました。この場を借りてお礼を述べさせていただきます。

　担当編集の志水宣晴氏には、本書の完成に至るまで全面的なご支援をいただきました。著者の一人にとって本の執筆は初めてのことであり、大変なことも多かったのですが、何とか乗り越えられたのはひとえに氏のおかげです。本を書くとはどういうことかを教えていただき、心より感謝申し上げます。

　専門的な内容に関しては、尾美拓哉氏やその他多くの方々にレビューをしていただきました。計量経済学などに関する確かな知見をお持ちの方々からの鋭いご指摘には身が引き締まる思いでした。また、元同僚の三阪一河氏には広告効果検証の課題について実務家の観点から助言を賜りました。これらの数々のフィードバックにより、本書の品質が高まったことは言うまでもありません。改めて深く感謝申し上げます。

　なお、本書の内容に誤りがあった場合、その責任はすべて筆者にあります。

　最後に、本書の執筆を日々の生活で支えてくれた家族に感謝いたします。

参考文献

第1章

- Frakt, A. (2009.12.16). Causation without correlation is possible. The Incidental Economist. https://theincidentaleconomist.com/wordpress/causation-without-correlation-is-possible/
- Goldacre, B. (2011.10). Battling bad science [Video]. TED Conferences. https://www.ted.com/talks/ben_goldacre_battling_bad_science
- Investopedia. (2024.8.7). Super Bowl indicator. Reviewed by Anthony Battle. Fact checked by Timothy Li. https://www.investopedia.com/terms/s/superbowlindicator.asp
- Nasdaq. (2020.1.29). The Super Bowl Indicator: Which team should investors root for? https://www.nasdaq.com/articles/the-super-bowl-indicator%3A-which-team-should-investors-root-for
- Pearl, J., Glymour, M., & Jewell, N. P. (2016). Causal Inference in Statistics: A Primer. John Wiley & Sons.
- Purba, M. B., Kouris-Blazos, A., Wattanapenpaiboon, N., Lukito, W., Rothenberg, E. M., Steen, B. C., & Wahlqvist, M. L. (2001). Skin wrinkling: can food make a difference? Journal of the American College of Nutrition, 20(1), 71-80.
- Simpson, E. H. (1951). The interpretation of interaction in contingency tables. Journal of the Royal Statistical Society: Series B (Methodological), 13(2), 238-241.
- Tech Monitor. (1998.4.6). Urban myth disproved: Beer and diapers don't mix. https://www.techmonitor.ai/technology/urban_myth_disproved_beer_and_diapers_dont_mix/
- Tyler Vigen. Spurious Correlations. (2015). Hachette Books.
- Upton, G., & Cook, I. (2010). 統計学辞典 (内田雅之 他, 訳). 共立出版.
- ジューディア・パール, ダナ・マッケンジー (著), 夏目大 (翻訳). (2022). 因果推論の科学「なぜ?」の問いにどう答えるか. 文藝春秋.
- ジョーダンエレンバーグ (著), 松浦俊輔 (翻訳). (2015). データを正しく見るための数学的思考: 数学の言葉で世界を見る. 日経BP.
- 愛知県警察. (2022). 令和4年水難事故概況. https://www.pref.aichi.jp/police/anzen/sounan/images/R4suinannjikokaiPDF.pdf
- 一ノ瀬正樹. (2016). 英米哲学史講義. 筑摩書房.
- 会社四季報オンライン編集部. (2024年5月31日). サプライズ⑥ "猛虎伝説" 再び？関西地盤「夏号」増額5銘柄: 阪神優勝なら株価上昇のジンクス. https://shikiho.toyokeizai.net/news/0/757716
- 清水昌平. (2017). 統計的因果探索. 講談社.
- 東京大学教養学部統計学教室. (1991). 統計学入門. 東京大学出版会.
- 農林水産省「令和4年牛乳乳製品統計」
- 豊田, 秀樹. (1998). 共分散構造分析 入門編－構造方程式モデリング. 朝倉書店.
- 林岳彦. (2024). はじめての統計的因果推論. 岩波書店.

第2章

- American Marketing Association. The definition of marketing: What is marketing? https://www.ama.org/the-definition-of-marketing-what-is-marketing/
- Hu, Y., Lodish, L., & Krieger, A.（2007）. An Analysis of Real World TV Advertising Tests: A 15-Year Update. Journal of Advertising Research, 47(3), 341-353.
- J-MONITOR. (2020). 読売新聞の広告効果測定. https://adv.yomiuri.co.jp/download/PDF/mediakit/general/mediadata2020/j-monitor.pdf
- MMD研究所. (2024年2月13日). https://mmdlabo.jp/investigation/detail_2306.html
- Neilsen. When it Comes to Long-Term Ad Effectiveness, Know Your Numbers. https://www.nielsen.com/insights/2015/when-it-comes-to-long-term-ad-effectiveness-know-your-numbers/.

参考文献

- PayPay株式会社. (2023年10月5日).「PayPay」の登録ユーザーがサービス開始から5年で6,000万人を突破！～日本の人口の約2人に1人が利用し、キャッシュレス決済のうち約6回に1回が「PayPay」での決済に～. https://about.paypay.ne.jp/pr/20231005/01/
- Revisio株式会社. https://revisio.co.jp/blog/Be-Xfr3O
- Video Research.「個人視聴率と世帯視聴率」ビデオリサーチが解説 視聴率基本の『キ』. https://www.videor.co.jp/digestplus/article/75947.html.
- XICA. 広告効果測定とは？媒体別の指標とそれぞれの活用ポイント. https://xica.net/xicaron/measuring-advertising-effectiveness/.
- クロスロケーションズ株式会社. (2023年9月4日). 屋外広告の効果測定に役立つ人流データ。広告接触者の居住エリアや行動傾向を把握. https://www.x-locations.com/solutions/jinryu-ooh-analytics/
- ジューディア・パール, ダナ・マッケンジー (著), 夏目大 (翻訳). (2022). 因果推論の科学「なぜ？」の問いにどう答えるか. 文藝春秋.
- バイロンシャープ (著), 前平 謙二 (翻訳), 加藤 巧 (その他). (2018). ブランディングの科学. 朝日新聞出版.
- ビデオリサーチ. (2009). 広告効果の科学: 実務家のための分析アプローチ. 日本経済新聞出版社 日経事業出版センター.
- レックス・ブリッグス，グレッグ・スチュアート，井上 哲浩 (監修). (2008). 費用対効果が23%アップする 刺さる広告－コミュニケーション最適化のマーケティング戦略. ダイヤモンド社.
- 古川 一郎, 守口 剛, 阿部 誠. (2011). マーケティング・サイエンス入門. 有斐閣.
- 森岡 毅, 今西 聖貴 (著). (2016). 確率思考の戦略論 USJでも実証された数学マーケティングの力. KADOKAWA.
- 電通. (2024年2月27日). 2023年 日本の広告費. https://www.dentsu.co.jp/news/item-cms/2024002-0227.pdf
- 日刊工業新聞社. (2017年7月30日). 夏場に平均気温が1度C上がると、ビールの販売量は何本増える？. https://newswitch.jp/p/9874
- 豊田 利久, 大谷 一博, 小川 一夫 (著). (2010). 基本統計学. 東洋経済新報社.

第3章

- Cunningham S (著), 加藤真大ほか (翻訳). (2023). 因果推論入門～ミックステープ: 基礎から現代的アプローチまで. 技術評論社.
- Facure, M. (2023). Causal inference in python: Applying causal inference in the tech industry. O'Reilly Media.
- Kevin P. Murphy. (2012). Machine Learning: A Probabilistic Perspective. The MIT Press.
- Parmley, N. (2016.4.11). A/B testing? Obama's weapon of mass election. https://www.linkedin.com/pulse/ab-testing-obamas-weapon-mass-election-nicholas-parmley/
- Paul R. Rosenbaum (著), 阿部貴行, 岩崎学 (訳). (2021). ローゼンバウム 統計的因果推論入門. 共立出版.
- Rossi, Peter H, Lipsey, Mark W and Freeman, Howard E. Evaluation: A Systematic Approach. 7th. s.l. : Sage Publications, Inc, 2003. 0-7619-0894-3.
- Rubin, D.B. (1974). "Estimating Causal Effects of Treatments in Randomized and Nonrandomized Studies." Journal of Educational Psychology, 66, 688-701.
- White, J. M. (2012). Bandit algorithms for website optimization. O'Reilly Media.
- インベンス G. W., & ルービン D. B. (著), 星野 崇宏, 繁桝算男 (監訳). (2023). インベンス・ルービン統計的因果推論. 朝倉書店.
- シグマアイ-仕事で使える統計を. 直交表って何？【分散分析と組み合わせて素早く結果を得よう！】. https://sigma-eye.com/2019/06/08/what-chokkouhyou/.

- ジューディア・パール, ダナ・マッケンジー (著), 夏目大 (翻訳). (2022). 因果推論の科学「なぜ?」の問いにどう答えるか. 文藝春秋.
- ロン・コハビィ, ステファン・トムク. (2018). A/Bテストの効果的な実施法. DIAMONDハーバード・ビジネス・レビュー（2018年7月号）.
- 厚生労働省. (2016). 喫煙と健康: 喫煙の健康影響に関する検討会報告書 概要.
- 国立教育政策研究所. (2023年). 令和5年度 全国学力・学習状況調査: 小学校 調査結果. https://www.nier.go.jp/23chousakekkahoukoku/factsheet/primary.html.
- 三輪哲久. (2015). 実験計画法と分散分析. 朝倉書店.

第4章
- Benito van der Zander, Maciej Liśkiewicz, and Johannes Textor. 2014.Constructing separators and adjustment sets in ancestral graphs. In The Thirtieth Conference on Uncertainty in Artificial Intelligence. 907–916.
- Cunningham S (著), 加藤真大ほか (翻訳). (2023). 因果推論入門〜ミックステープ: 基礎から現代的アプローチまで. 技術評論社.
- Dagitty.Adjustment sets. https://rdrr.io/cran/dagitty/man/adjustmentSets.html
- DAGitty: Drawing and analyzing causal diagrams. https://www.dagitty.net
- Facure, M. (2023). Causal inference in python: Applying causal inference in the tech industry. O'Reilly Media.
- Google. LightweightMMM: A lightweight Bayesian Marketing Mix Modeling (MMM) library. https://github.com/google/lightweight_mmm
- Imai, K. (2021). Directed Acyclic Graphs (DAGs). Harvard University, Spring 2021. https://imai.fas.harvard.edu/teaching/files/DAG.pdf
- Johannes Textor, Benito van der Zander, Mark K. Gilthorpe, Maciej Liskiewicz, George T.H. Ellison. Robust causal inference using directed acyclic graphs: the R package 'dagitty'. International Journal of Epidemiology 45(6):1887-1894, 2016.
- Johannes Textor. Drawing and Analyzing Causal DAGs with DAGitty. https://www.dagitty.net/manual-3.x.pdf
- Paul R. Rosenbaum (著), 阿部貴行, 岩崎学 (訳). (2021). ローゼンバウム 統計的因果推論入門. 共立出版.
- Pearl, J. (1995). Causal diagrams for empirical research. Biometrika, 82(4), 669-688.
- Pearl, J., Glymour, M., & Jewell, N. P. (2016). Causal Inference in Statistics: A Primer. John Wiley & Sons.
- Perković, E., Textor, J., Kalisch, M., & Maathuis, M. H. (2015). A complete generalized adjustment criterion. In Proceedings of the Thirty-First Conference on Uncertainty in Artificial Intelligence (pp. 682–691).
- Robyn: A new generation of marketing mix modeling. https://facebookexperimental.github.io/Robyn/
- Suzuki, E., Komatsu, H., Yorifuji, T., Yamamoto, E., Doi, H., & Tsuda, T. (2009). Causal inference in medicine part II: Directed acyclic graphs—A useful method for confounder selection, categorization of potential biases, and hypothesis specification. Japanese Journal of Hygiene, 64(4), 796-805.
- Valkonen, L., Helske, J. & Karvanen, J. Estimating the causal effect of timing on the reach of social media posts. Stat Methods Appl 32, 493–507 (2023).
- インペンス G. W., & ルービン D. B. (著), 星野 崇宏, 繁桝算男 (監訳). (2023). インペンス・ルービン統計的因果推論. 朝倉書店.
- ジューディア・パール, ダナ・マッケンジー (著), 夏目大 (翻訳). (2022). 因果推論の科学「なぜ?」の問いにどう答えるか. 文藝春秋.
- 山本英二. (2001). 因果ダイアグラムにおけるバックドア/フロントドア基準について. 2001年12月3-4日発表資料. https://www.math.chuo-u.ac.jp/~sugiyama/14/14-01.pdf

- 柴田 洋樹, 和泉 成裕, 津谷 喜一郎 (2008). 医学における因果推論(第2部)交絡要因の選択とバイアスの整理および仮説の具体化に役立つDirected Acyclic Graph. 日本衛生学雑誌, 64(4), 796-805.
- 豊田, 秀樹. (1998). 共分散構造分析 入門編－構造方程式モデリング. 朝倉書店.
- 豊田利久, 大谷一博, 小川一夫, 長谷川光, & 谷崎久志. (2010). 基本統計学（第3版）. 東洋経済新報社.
- 林岳彦. (2017年2月17日). バックドア基準の入門. 統数研研究集会. https://www.slideshare.net/slideshow/ss-73059140/73059140
- 林岳彦. (2024). はじめての統計的因果推論. 岩波書店.

第5章

- Brodersen, K. H., Gallusser, F., Koehler, J., Remy, N., & Scott, S. L. (2015). Inferring causal impact using Bayesian structural time-series models. Annals of Applied Statistics, 9(1), 247–274.
- CausalPy. Difference in Differences with sci-kit learn models. https://causalpy.readthedocs.io/en/stable/notebooks/did_skl.html
- CausalPy. Synthetic control with sci-kit learn models. https://causalpy.readthedocs.io/en/stable/notebooks/sc_skl.html
- Cunningham, S. (2021). Introduction to causal inference: The mixtape: From the basics to modern approaches. (加藤真大, 河中祥吾, 白木紀行, 冨田耀志, 早川裕太, 兵働亮介, 藤田光юр, 邉土名朝飛, & 森脇大輔監訳, 2023). 因果推論入門ーミックステープ：基礎から現代的アプローチまで. 日本評論社.
- Fuks, W. GitHub - WillianFuks/tfcausalimpact: Python causal impact implementation based on Google's R package. Built using TensorFlow Probability. https://github.com/WillianFuks/tfcausalimpact
- RDocumentation. AirPassengers function. https://www.rdocumentation.org/packages/datasets/versions/3.6.2/topics/AirPassengers
- Switch Media. TVAL now（ティーバルナウ）- テレビ番組リアルタイム視聴率. https://tval-now.switch-m.com/
- ノバセル株式会社. (2021). テレビCM放映とアプリダウンロード数の関係を可視化.「ノバセルアナリティクス」特許取得のお知らせ. https://corp.raksul.com/news/press/211119_novasell_app/
- ノバセル株式会社. (2022). テレビCM効果分析ツール「ノバセルアナリティクス」、「可視化UI（成長グラフ）」における特許取得. https://corp.raksul.com/news/press/220318novasell_patent/
- 安井翔太. (2020). 効果検証入門ー正しい比較のための因果推論／計量経済学の基礎. 技術評論社.
- 沖本竜義. (2010). 経済・ファイナンスデータの計量時系列分析. 朝倉書店.
- 金本拓. (2024). 因果推論ー基礎から機械学習・時系列解析・因果探索を用いた意思決定のアプローチ. オーム社.
- 森田果. (2014). 実証分析入門ーデータから「因果関係」を読み解く作法. 日本評論社.
- 西山慶彦, 新谷元嗣, 川口大司, & 奥井亮. (2019). 計量経済学. 有斐閣.

第6章

- causallib. Welcome to causallib's documentation! — causallib 0.9.6 documentation. https://causallib.readthedocs.io/en/latest/index.html
- Cunningham, S. (2021). Introduction to causal inference: The mixtape: From the basics to modern approaches. (加藤真大, 河中祥吾, 白木紀行, 冨田耀志, 早川裕太, 兵働亮介, 藤田光介, 邉土名朝飛, & 森脇大輔監訳, 2023). 因果推論入門ーミックステープ：基礎から現代的アプローチまで. 日本評論社.
- Imbens, G. W., & Rubin, D. B. (2015). Causal inference for statistics, social, and biomedical sciences: An introduction. Cambridge University Press. (星野崇宏 & 繁枡算男監訳, 2023). インベンス・ルー

ビン統計的因果推論（下）. 朝倉書店.
- VanderWeele, T., Ding, P. & Mathur, M. (2019). Technical Considerations in the Use of the E-Value. Journal of Causal Inference, 7(2), 20180007.
- 安井翔太. (2020). 効果検証入門－正しい比較のための因果推論／計量経済学の基礎. 技術評論社.
- 金本拓. (2024). 因果推論－基礎から機械学習・時系列解析・因果探索を用いた意思決定のアプローチ. オーム社.
- 江崎貴裕. (2020). データ分析のための数理モデル入門－本質をとらえた分析のために. ソシム.
- 森田果. (2014). 実証分析入門－データから「因果関係」を読み解く作法. 日本評論社.
- 大塚淳. (2020). 統計学を哲学する. 名古屋大学出版会.

第7章
- Bishop, C. M. (2012). パターン認識と機械学習 上－ベイズ理論による統計的予測 (元田浩, 栗田多喜夫, 樋口知之, 松本裕治, & 村田昇, 監訳). 丸善出版.
- Crosstab. Googleのマーケティング・ミックス・モデリング(MMM)ツール「lightweight MMM」を使う. https://crosstab.co.jp/googleのmmmツール「lightweight-mmm」を使う/
- Crosstab. LightweightMMM 落穂ひろい 事前分布/GEOモデルなど. https://crosstab.co.jp/lightweight mmm-落穂ひろい-事前分布-geoモデルなど/
- EconML Team. EconML: A Python package for ML-based heterogeneous treatment effects estimation. https://github.com/py-why/EconML/tree/main
- scikit-learn. 1.10. Decision Trees. https://scikit-learn.org/stable/modules/tree.html
- scikit-learn. Feature importances with a forest of trees. https://scikit-learn.org/stable/auto_examples/ensemble/plot_forest_importances.html
- 依田高典. (2023). データサイエンスの経済学－調査・実験, 因果推論・機械学習が拓く行動経済学. 岩波書店.
- 久保拓弥. (2012). データ解析のための統計モデリング入門－一般化線形モデル・階層ベイズモデル・MCMC. 岩波書店.
- 高村大也. (2010). 言語処理のための機械学習入門. コロナ社.
- 佐和隆光. (2020). 回帰分析（新装版）. 朝倉書店.
- 森賀新, 木田悠歩, 須山敦志. (2022). Pythonではじめるベイズ機械学習入門. 講談社.
- 博報堂DYメディアパートナーズ. マーケティングミックスモデリングガイドブック. https://www.hakuhodody-media.co.jp/aaas/news/mmmguidebook.html#download
- 平井有三. (2012). はじめてのパターン認識. 森北出版.
- 有賀康顕, 中山心太, 西林孝. (2021). 仕事ではじめる機械学習 第2版. オライリー・ジャパン.

索引

■アルファベット

A/Bテスト — 111
CausalImpact — 231, 236
CausalPy — 218, 226
CM認知率 — 56
DAG — 146
E-Value — 276
Facebook投稿とリーチ数の因果を記述したDAG — 155
GRP — 56
MMM — 69, 195
Pysensemakr — 279
Robyn — 310
tfcausalimpact — 233

■あ行

アップリフトモデリング — 284
アドストック — 306
誤りのパターン — 34
アンケート — 251
アンサンブル — 296
アンサンブルモデル — 86
因果推論の定式化 — 100
因果探索 — 26
因子数 — 135
インプレッション — 58
応答曲線 — 306
重み付き平均 — 246

■か行

回帰 — 288
解釈 — 290
街頭演説の効果測定 — 251
科学的な因果関係 — 29
学習 — 87
確率分布 — 76
偏った対象 — 33
観察研究 — 142
観察されたアウトカムの単純平均差 — 105
感度分析 — 275
ガンマ分布 — 77
偽陰性 — 290
機械学習 — 284
機械学習・AIモデル — 87
機械学習モデル — 50
棄却域 — 119
疑似相関 — 23
帰無仮説 — 117
逆確率重み付け — 267
教師あり学習 — 291
教師なし学習 — 291
偽陽性 — 290
共変量 — 245
共変量のバランス — 246, 269
共通要因 — 146
合流型 — 150, 162
比べる因果推論 — 280
クリック — 58
傾向スコア — 256
傾向スコアの注意点 — 271
傾向スコアマッチング — 258, 261
決定木 — 294
決定係数 — 238
検出力 — 120
効果検証 — 62

効果検証の困難さの原因と対処法 ……… 71
広告・キャンペーン ……… 54
広告効果についての研究例 ……… 59
広告効果の検証 ……… 62
広告の長期的効果 ……… 68
広告費用 ……… 56
コウザルフォレスト ……… 294
合成コントロール法 ……… 223,236
構造方程式モデル ……… 25,149
交絡因子 ……… 158
合流バイアス ……… 43
誇大広告 ……… 32
コンバージョン ……… 58

■さ行
サードパーティークッキー ……… 303
差分の差分法 ……… 211,236
残差平方和 ……… 279
散布図 ……… 16
サンプルサイズ ……… 113
時系列データ ……… 202
時系列で見る因果推論 ……… 280
次元の圧縮 ……… 260
次元の呪い ……… 249
実験と観察 ……… 96
重回帰分析 ……… 186
重回帰モデル ……… 189
ジョン・ワナメーカー ……… 56
条件付き独立性 ……… 164
処置の独立性 ……… 109
処置変数 ……… 102
シンプソンのパラドックス ……… 36
水準数 ……… 135

説明変数 ……… 233,288
線形回帰モデル ……… 89
全国 CM の効果 ……… 231
潜在的アウトカム ……… 102,109
選択バイアス ……… 50
相関・因果の識別 ……… 23
相関係数 ……… 18
相関と因果の違い ……… 15
相対リスク ……… 276
層別分析 ……… 158,244

■た行
第 3 の変数 ……… 37
対立仮説 ……… 117
大量の変数 ……… 172
多因子の A/B テスト ……… 129
多重共線性 ……… 308
単純平均差 ……… 105
チェリーピッキング ……… 225
注視率 ……… 63
調整すべき変数 ……… 167
直交表 ……… 132
データマイニングの有用 ……… 14
統計的仮説検定 ……… 116
統計モデル ……… 87
同時多発的な広告プロモーション
……… 65
トレンド ……… 238

■な〜は行
成り行き ……… 141
バークソンのパラドックス ……… 44
背景要因 ……… 30
ハイパーパラメータ ……… 313

バックドア基準	177
バックドアパス	158, 172
バランス	245
バンディットアルゴリズム	126
非巡回グラフ	153
部分決定係数による感度分析	279
分岐型	146
分岐型 DAG	158
分岐型のバックドアパス	163
平均アウトカムの単純差	105
平均処置効果	103
平行トレンド	213
平行トレンド仮定	224
ベイジアン A/B テスト	123
ベイズ回帰	308
ベイズ推定	219
変数集合	182
ポアソン分布	77

■ま行

マーケティング・ミックス・モデリング	69, 195, 303
マッチング	256, 280
見せかけの回帰	238
メタラーナー	292
目的変数	233
モデル構造	306
モデルの構築手法	288

■や行

有意水準	119
有向非巡回グラフ	153
予測	290
予測タスク	92
予測の仕組み	87
予測問題	84

■ら行

ランダム化実験	137
ランダム化比較試験	106
ランダムフォレスト	294
リッジ回帰	308
リフト	293
レコメンドアルゴリズム	14
連鎖型	151
連鎖型の中間点	166
連続値	41, 288
連続変数	186
ローカル CM	211

◎筆者紹介

漆畑充（ウルシバタ ミツル）
1982年愛知県生まれ。
株式会社Crosstab代表取締役。
慶應義塾大学理工学部卒業、慶應義塾大学院理工学研究科修士課程修了。
金融機関向けデータ分析業務に従事。与信及びカードローンのマーケティングに関する数理モデルを作成。その後大手ネット広告会社にてアドテクノロジーに関するデータ解析を行う。またクライアントに対してデータ分析支援及び提言/データ活用アドバイザリー・コンサルティング業務を行う。2019年株式会社Crosstab(HP: https://crosstab.co.jp/)を創業し今に至る。
統計モデルの作成及び特にビジネスアウトプットを重視した分析が得意領域である。統計検定1級。
著書に『現場のプロが伝える前処理技術～基礎から実践まで学ぶ テーブルデータ/自然言語/画像データの前処理』（マイナビ、2020/8）、『AI・データ分析モデルのレシピ』（オーム社、2021/6）がある。

五百井亮（イオイ リョウ）
1986年兵庫県生まれ。広島県育ち。
エディンバラ大学修士課程修了（情報学）。
IT系コンサルティングファームを経て広告業界に移り、データ分析に従事しながら分析部門のマネージャーを務めた。
また、データ分析関連の特許取得や国内外の大学との共同研究も経験した。
現在はSIerのDX推進部門のチームリーダーとして、流通、金融など様々な業界のデータ分析・活用を支援している。

カバーデザイン：坂本真一郎（クオルデザイン）
本文デザイン・DTP：有限会社 中央制作社

【サンプルファイルについて】
本書はプログラミングの知識・経験がなくても通読できるように書かれていますが、一部でプログラムを使った説明をしています。興味のある方は、プログラムのサンプルファイルが弊社ホームページの書籍紹介ページ（以下 URL）よりダウンロードすることができます。

https://www.socym.co.jp/book/1501

なお、サンプルは十分なテストを行っておりますが、全ての環境を保証するものではありません。また、サンプルを利用したことにより発生したトラブルにつきましては、著者およびソシム（株）は一切の責任を負いかねますので、あらかじめご了承ください。

マーケティングのための因果推論
偶然と相関の先へ進む因果思考 - マーケ戦略を再定義する分析スキルとは

2025 年 3 月 11 日　初版第 1 刷発行
2025 年 3 月 18 日　初版第 2 刷発行

著者　　漆畑 充、五百井 亮
発行人　片柳 秀夫
編集人　志水 宣晴
発行　　ソシム株式会社
　　　　https://www.socym.co.jp/
　　　　〒 101-0064　東京都千代田区神田猿楽町 1-5-15 猿楽町 SS ビル
　　　　TEL：(03)5217-2400（代表）
　　　　FAX：(03)5217-2420

印刷・製本　　中央精版印刷株式会社

定価はカバーに表示してあります。
落丁・乱丁本は弊社編集部までお送りください。送料弊社負担にてお取替えいたします。
ISBN 978-4-8026-1501-3　　©2025 MITSURU URUSHIBATA , RYOU IOI　Printed in Japan